杜威實用社會知識論及其現代價值研究

基於新實用主義的視角

劉寬紅 編著

崧燁文化

目錄

目錄

引言

　　與近代哲學相比，現代西方哲學的典型特徵之一便是對傳統形而上學思想進行深刻地批判，尤其是對二元論思想進行激烈地批判，對二元論的批判與反駁不僅代表著近代哲學開始步入到現代哲學之中，並且還體現了西方哲學內部很多觀念的重組和變革，而這樣的一種哲學變遷又在杜威實用社會知識論中獲得了淋漓盡致的展現。作為美國古典實用主義的集大成者，杜威在建構自己觀點的過程中，對傳統二元論思想進行了深入而系統地考察、批判和解構，應該說，在美國古典實用主義哲學家中，杜威對二元論思想的批判是尤為深刻、尤為激烈的，從杜威哲學的現代價值來看，杜威的這一風格也深深影響到了其繼承者與 20 世紀 70 年代出現的新實用主義思潮中，正是基於這個維度，在杜威哲學中凸顯出來的這種強烈批判精神成為杜威哲學的一大風格。正是在挑戰和批判傳統二元論思想的過程中，杜威走上了改造和重構知識論之路，這的確是一條艱辛而富有魅力的道路。他所開創的這條路賦予知識論哲學以新的視野，即重視工具主義的立場，強調認識境況的實踐和社會向度，透過重新回歸經驗的思路以及對經驗方法的追尋來探索知識論問題。進一步說，把認識活動看成是人類社會生活實踐和歷史文化的一種情境形式，試圖對人類知識的結構和主要特徵做具體研究，在這個研究方向下，對認知及其結果的理解要求放棄各種形式二元對立的分界，而對知識的主要特徵和價值做出各種經驗研究，杜威的這一研究思路使得哲學超越了傳統知識論的前提，在一種「前認識」或者「前反思」的原始經驗領域內探討知識論及其基本問題。

　　杜威所提出的實用社會知識論之意蘊並沒有消解哲學的意義，相反是讓哲學建立在生存論的情景狀態中，建立在現實社會生活的土壤之中，成為對生活本身、對現實本身的探究活動，哲學的價值不僅僅是解釋世界，更主要是改變世界，哲學從根本上說是實踐的，「杜威總是試圖對哲學進行重新定義，因為他不把哲學看作是認識實在或者沉思實在的一種努力，而是把它看作人類爭取理解自己及其環境，以便改善其處境的努力的一個重要組成部分。」[1] 正是基於這個原因，杜威並沒有讓自己的哲學活動沉浸於純思辨的

哲學領域，而是將其知識論思想作為一種方法論應用到改造哲學、道德、教育和民主的社會實踐中，解決現實問題，為社會服務，為大眾服務，為普通人謀幸福，杜威實用社會知識論的這一思路符合美國的時代特徵，展示了美國哲學強烈的實用主義情結，影響到了美國哲學的進程，推動著美國哲學的進步與發展。其實用社會知識論問世以來，在當時就獲得了很多哲學家的認同，例如，米德、帕西．威廉斯．布里奇曼、西德尼．胡克、G.H. 麥德，查理.W. 莫里斯、阿瑟 .E. 墨菲……，杜威實用社會知識論對這些哲學家們產生了重要的影響，這些哲學家們繼承了杜威實用社會知識論基本精神，並對它做了不同程度的修正與補充，促進了其實用社會知識論的發展。就算在現代，杜威實用社會知識論思想也仍然具有一種巨大的影響力，新實用主義者羅蒂、奎因、普特南、塞拉斯、戴維森、伯恩斯坦等人也皆從杜威實用社會知識論中吸取養分，來構建自己的哲學思想，從某種程度上說，新實用主義很多學者在知識論上受到了杜威實用社會知識論很多思想的影響，展現出了分析哲學實用社會化的趨勢，以及歐洲大陸哲學（尤其是後現代主義）與實用主義相結合的趨勢。以上這些表明，杜威實用社會知識論中的基本立場和很多觀唸成為美國新一代哲學家們建構其哲學思想的源泉和動力，從這個意義上說，杜威哲學並沒有過時，它在現時代煥發出了新的生機和力量。

一

　　作為美國古典實用主義的先驅，約翰．杜威（John Dewey 1859—1952）是 20 世紀美國著名的哲學家、倫理學家、教育家、心理學家和社會政治活動家。他不僅在美國是「首屈一指」的哲學家，而且在國際上也是一個享有聲譽的學者。在美國思想日益走向成熟的時代中，杜威哲學影響到了當代美國人的思想和行為，其哲學具有鮮明的「美國性」。在其有生之年，他被尊為「美國民主主義的哲學家」，歷史學家亨利．科馬格說，杜威如此忠實於自己的哲學信念，因而他成了美國人民的領路人、導師和良心，可以毫不誇張地說，整整一代人都是因杜威而得以啟蒙的。美國學者胡克（Sidney Hook）這樣描述杜威：他身後沒有留下紀念碑，沒有留下王國，也沒有留下物質財富或基金。然而他的遺產卻是巨大的、不可估量的。因為他的存在，數百萬美國兒童的生活才更加幸福、更加幸福。而對每一個成年人來說，他

則提供了一種經過深思熟慮的、合理的生活信仰。杜威哲學不僅在美國閃閃奪目，同時其哲學還對整個現代西方哲學的發展有著不可忽視的影響和作用。羅素在他的《西方哲學史 - 中對杜威這樣評價：「約翰 . 杜威生於 1859 年，被普遍認為是美國當代最重要的哲學家，對此評價，我完全贊同，他不僅在哲學家中具有深遠影響，而且深深影響了教育、美學與政治理論領域的學者。他是一個品格無比高尚的人，具有自由主義的世界觀，待人慷慨熱情，治學則孜孜不倦。」[2] 美國哲學家羅蒂認為，杜威和詹姆斯是理解我們所處現代世界的最好嚮導，他把杜威譽為：「我們可以來看一下本世紀三位最重要的哲學家的工作，他們是：維根斯坦、海德格爾和杜威。他們每一個人早先都曾試圖找到一條使哲學成為『基本的』新路，一條擬定最終思想語境的新路。維根斯坦曾企圖建立一種與心靈主義毫無關涉的新表象（再現）論；海德格爾曾企圖建立一套與科學、認識論或笛卡爾的確定性尋求毫無關涉的新哲學範疇；而杜威曾企圖建立一種自然化了的黑格爾式的歷史觀。」[3] 因此，作為美國的半官方哲學，杜威哲學在美國哲學和現代西方哲學發展史上具有著重要的影響和價值。

作為一個百科全書式的學者，杜威在其漫長的哲學生涯中，他寫了 36 部專著，815 篇論文，他自身不僅成果眾多，關於他的研究論文與著作更是數不勝數，大量湧現。從 1974 年到 1995 年中，杜威研究資料索引連續翻新三版，最新的一版收錄了從 1886 年至 1995 年發表的和出版的有關杜威的研究論文、專著和書評目錄，總共達 526 個頁碼。美國學術界對杜威的研究在很多領域同時展開，由於杜威的研究旨趣相對較廣泛，所以很多不同的學者從各自不同角度對他的實用主義、經驗自然主義、工具主義、政治哲學以及教育學、心理學、社會學等方面展開研究。隨著杜威思想之影響力的不斷擴大，其學說也不斷地進入到其它哲學流派的視域之中，使得很多哲學流派將其哲學看作是自己的代表。例如，存在主義現象學表示，杜威哲學與其哲學有著親緣關係，他們認為杜威哲學與海德格爾、梅洛 . 龐蒂的哲學很相似。某些實證主義者把杜威哲學視為盟友，例如奧斯特瓦爾德就很贊同杜威以及皮爾士的哲學。另一些哲學家，例如鮑亨斯基等則將杜威哲學與柏格森、狄

爾泰生命哲學相提並論，把他視為生命哲學的代表。科學主義哲學家們更是把杜威視為同盟，對其哲學中自然主義傾向則大加讚許。

　　從知識論的維度來說，美國對杜威的研究在情境主義方面呈現出一個趨勢，那就是對杜威的廣義情境論展開研究。艾迪遜 .W. 穆爾在《邏輯的改革》（1917 年）以及《實用主義及其批判家》（1910 年）等書中，對杜威實用社會知識論中的經驗連續性、社會傾向性以及真理觀中的客觀；性成分作了詳細的研究，與杜威所不同的是，穆爾在其真理觀裡儘量保留了傳統的真理觀內容，真觀念不僅僅體現為效用和工具，而且還是以效用和工具的方式來產生效用和工具的觀念，追求真理的目的在於消除認識中模糊不清的地方，以及阻礙認識向前發展的障礙，而不是僅僅為了滿足某種需要。斯特芬 .C. 佩普爾在《關於可能性的情境主義理論》（1934 年）、《範疇：對關係問題的研究》（1930 年）、《時間的秩序》（1935 年）、《世界的假說》（1942年）、《關於事實的爭論》（1950 年）以及《藝術工作的個別性》（1937 年）等書和文章中，大力宣揚杜威的情境主義理論，與杜威一致的是，他也強調認識與倫理選擇、審美評價具有很多相似的地方，認識與廣義的境況相互聯繫，認識所指向的實在，是鮮活的歷史事件，這些實在都具有各自開放的特徵。阿瑟 .E. 墨菲在《杜威與懷特海思想中的客觀相對主義》（1927 年）、《杜威的知識論和形而上學》（1951 年）以及《批判哲學的兩個觀點》（1943 年）等文中指出，他從杜威的知識論裡找到了客觀相對主義的根源，在他看來，杜威實用社會知識論中的相對主義將客觀性和相對性統一起來，消除了傳統知識論中一元論與二元論的衝突。他認為，知覺中所包含的相對事件實際上是自然界和外在世界的客觀事實，有機體之間的相互作用也是在自然條件下實現的，我們所經驗到的事物也是自然中存在的事物，對於杜威的這些理論，墨菲表示了認同。然而他指出，需要淨化杜威情境主義中的客觀相對主義，所｜胃的淨化就是要把杜威實用社會知識論中的客觀相對主義與杜威所強調的後果的理論區分開來。路易斯 .E. 漢恩在《作為知覺理論出發點的中立的感覺資料及不容置疑的感覺資料》（1939 年）和《關於知覺的情境論理論》（1942 年）這些文中，依據杜威的情境主義理論，創立了有關知覺的一系列學說，他反對把知覺建立在感覺資料基礎上的觀點。漢恩表示，知覺具有實

踐的基礎和審美的基礎，而基本的實在則是那種具有特定模式的事件和認識標準操作的客體。J. 魯溫伯格在其《前分析資料及後分析資料》（1927 年）一文中指出，遵循杜威情境主義路線，知識論中所使用的感覺資料不能視為認識的真正起點，因為這些感覺資料不是「前分析的」，它們只是「後分析的」資料，換言之，這些資料不是在分析開始時就存在的，而只是在分析結束的時候發現的。A.F. 本特雷在《行為、知識和事實》（1935 年）一文中對杜威的情境主義作了大量的研究，他和杜威一致，強調了認識的行為主義和生物學上的相互作用。

除研究杜威強調廣義情境論以外，還有很多學者研究杜威實用社會知識論中強調社會性的傾向。G.H. 麥德在《行動的哲學》（1938 年）、《現時的哲學》（1932 年）以及《科學方法及作為個人的思想家》（1917 年）書中，研究了杜威利用科學方法構建知識論的理論，和杜威一樣，麥德拒斥傳統二元論理論，主張應把知識論問題同科學方法結合起來。不僅如此，他還強調認識產生和發展的情境主義性質以及認識境況的社會性，麥德應用杜威的社會性提出了其知識論思想，社會性成為麥德知識論的核心。查爾斯 . 威廉 . 莫里斯高度讚揚了杜威，他認為杜威的知識論不僅能夠避免其他知識論所產生的嚴重錯誤，同時還是論述廣義客觀相對主義的最佳理論，「杜威特別敏感地覺察到符號和個人生活和社會生活之間的工具性聯繫。他把理智看作為某種價值服務的工具，把科學看作一種調整了和系統化了的理智。……，杜威寫道：『在把情緒強加於目的方面，在人類未曾做過的少數試驗中，有一項試驗就是對理智懷有一種象宗教信仰那樣強烈的虔誠，理智被看成一種社會活動力量。』杜威自己的生活就獻身於這種試驗。」[4] 西德尼 . 胡克在《理性、社會神話和民主》（1940 年）中繼續推進杜威工具主義的基本路線，他強調工具的概念不僅具有目的性的能動性特徵，還具有交易的特徵，換言之，證明的邏輯和發現的邏輯是一致的，思想的工具與交換中的錢幣的功能是相同的，胡克從實用主義角度對社會性問題作了大量的研究，寫下了很多論著。

另外，還有很多學者研究杜威的操作主義理論。P.W. 布里奇曼在《現代物理學的邏輯》（1927 年）、《理智的個人和社會》（1938 年）以及《物理理論的本性》（1936 年）等書中，論述了杜威操作主義中的工具主義思

想，他把概念、意義、語詞等看作是操作的產物。A.C. 本傑明在《操作主義》（1936 年）一文中指出，雖然他反對操作主義中大部分陳舊的內容，但他提出可以將杜威所說的操作主義提煉成一種有用的方法，這種方法可以確定和衡量概念能否有效地進入到科學思想的概念構架之中。S.S. 史蒂文斯在其《心理學和科學的科學》（1939 年）此文中，分析了杜威的操作主義，在他看來，包括心理學在內的所有科學命題都需要概念構架。C.C. 普拉特在《現代心理學的邏輯》（1939 年）一書中，依據杜威的操作主義，介紹了一種溫和的操作主義，所謂的溫和操作主義強調以觀察為起點來研究概念的發展。

上述所言的這些學者從不同的角度促進了杜威實用社會知識論的發展，擴大了杜威實用社會知識論的影響。從 19 世紀末到上個世紀 30 年代，實用主義輝煌了 30 年。

20 世紀 50 年代，杜威在美國學術界有些受冷落。在古典實用主義從頂峰走向蕭條的時代，作為杜威哲學重要組成部分之一的實用社會知識論起著一定的作用。由於其置身於傳統哲學之外，反對認識主體孤立的心靈運作，否定將哲學的對象作為哲學的反思，否定將社會生活置於邏輯之下，否定將形式的探討和內容截然分開，主張哲學與現實人的社會生活緊密相連，強調知識論中的實用主義或工具主義基本特徵，反對哲學的「專業化」與「職業化」，這種理念使得杜威將其思想運用於社會文化生活的各個方面，並在美國中國外獲得了廣泛傳播，致使其實用主義占據美國哲學舞臺主導地位達數十年之久。後來隨著以邏輯實證主義為代表的分析哲學之盛行，在注重符號邏輯、語言結構等微觀系統研究的典範下，嚴格、精確成為哲學的精神，從而對杜威實用社會知識論的宏觀視界及其內部矛盾不可避免地採取了懷疑主義態度，使得對杜威思想的研究日漸衰落，實用主義不可避免地走向了蕭條。

二

20 世紀 60 年代以來，美國哲學界對杜威的興趣又再次燃起，杜威哲學煥發出了光彩，杜威的重要地位又重新得到了確認，這一現象與新實用主義思潮有著密切的關聯。從 20 世紀 70 年代以來至今，美國掀起了一場復興和發展實用主義的思潮——新實用主義思潮，「從 20 世紀 60 年代起，實用主

義的發展又進入一個新的時期，即『新實用主義』時期，這是實用主義擺脫蕭條狀態、逐漸復興的時期。新實用主義這種思潮的基本特徵，是以不同的方式或在不同的程度上把實用主義的某些傳統觀點與其他哲學流派的某些觀點結合在一起。」[5] 透過新實用主義對美國古典實用主義的關注與重視，杜威哲學重新登上了美國哲學的舞臺，在許多重大問題上產生著廣泛的影響。20 世紀 70 年代復興的杜威實用主義主要表現出一種實用主義和分析哲學相結合的哲學方向，這其中，杜威實用社會知識論對分析哲學的影響是這場實用主義復興思潮中一個重要的問題，即其對分析哲學主體產生了重要的影響，例如奎因、古德曼、塞拉斯、戴維森、普特南等人將杜威實用社會知識論的某些觀點與分析哲學相結合，使得其分析哲學呈現出了實用主義化的傾向；而羅蒂、伯恩斯坦等人則將杜威實用社會知識論的某些觀點與歐洲大陸某些哲學流派（主要是後現代主義）結合到一起，使得其實用主義呈現出了後現代主義的傾向。進一步說，在新實用主義思潮的形成和發展中，所形成的分析哲學實用主義化研究方向（奎因、塞拉斯、古德曼、戴維森、普特南等人）和實用主義後現代化研究方向（羅蒂、伯恩斯坦等人）都與杜威實用社會知識論有著密切的關聯。當然，這些新實用主義者對杜威實用社會知識論的關注與研究，並不是放棄自己原有的思想與立場，而是立足於其各自的思想（例如後現代主義、分析哲學立場等）來實現與杜威思想的有機結合，將杜威某些思想吸取到自己的思想中。除此之外，戈德曼、斯密特等人又將其實用社會知識論納入到社會知識論的範疇中，使得其實用主義具有了「構造主義」與「知識社會學」的性質。透過新實用主義對杜威實用社會知識論的關注、繼承與發展，杜威實用社會知識論的某些內在問題也在現時代獲得了一定地修正和發展。從上述分析中不難發現，在這股復興杜威實用主義的思潮下，杜威實用社會知識論的當代意義研究已成為學術界重視的一個重要議題。

　　具體而言，從美國當代哲學發展的進程來看，杜威哲學的復興明顯地開始於上世紀 70 年代。1966 年，理查德.伯恩斯坦出版了《約翰.杜威》，1968 年，A.J. 艾耶爾的《實用主義的起源》問世，這兩本書啟動了實用主義哲學的新一輪復興，促進和加快了杜威哲學的復活。美國學術界對杜威的研究在很多領域同時展開，隨著杜威之影響力的不斷擴大，杜威哲學對現代哲

學的重要意義及其價值獲得了恢復和確認，其學說也不斷地進入到新實用主義思潮的視域之中。學界對杜威實用社會知識論的研究主要集中在以下幾個方面：

第一、將杜威思想置於後現代主義哲學的大視域中，重新詮釋其思想對當今社會的主要意義，如羅蒂、伯恩斯坦、哈貝馬斯、美國杜威研究會會長海克曼等人的工作。他們將杜威實用社會知識論與歐洲大陸哲學相結合，將杜威對傳統知識論的批判與當代社會批判理論結合起來，認為後者對當代社會的批判與杜威知識論的基本精神是一致的。羅蒂成為這一方向的主要代表，他秉承杜威批判理論和社會歷史觀，提倡「後哲學文化」，從某種意義上說，他對傳統「鏡式哲學」的批判以及行為主義認識論、種族中心論等思想是在杜威思想的影響下建立起來的，不過對於羅蒂的哲學思想，美國哲學界頗有爭議。

第二、將杜威思想置於分析哲學的視域中，強調實用主義和分析哲學的有機結合，如新實用主義哲學家奎因、普特南、塞拉斯、古德曼、戴維森等人的工作。他們在復興實用主義的過程中，把杜威提到了很高的位置，從反傳統形而上學思想、行為主義以及自然主義等方面對杜威實用社會知識論展開研究，他們的哲學思想，從不同程度上都與杜威思想有著緊密的關係。例如，奎因自認為他的自然主義學說以及行為主義語義學等思想與杜威實用社會知識論有著密切的關聯。普特南繼承與發展了杜威反二元論、反實在論思想以及真理觀等，不過，他對杜威知識論中的功倉旨主義作了某種程度的修正和補充。

第三、將杜威思想與實在論聯繫起來討論，指出了實在論和實用主義的關聯，如馬格利斯、羅森塔爾、迪波特等人的工作。他們肯定了杜威批判笛卡爾式二元論的積極意義，對杜威實用社會知識論中的自然主義進行了大量的研究。例如，羅森塔爾很推崇杜威以語境論釋真理的哲學意義，對杜威重建實在論的核心——社會生活實踐給予了很高的評價。

以上這些學者對杜威思想的研究存有很多分歧。不僅存在著以奎因為代表的分析哲學實用主義化與以羅蒂為代表的實用主義後現代化的新實用主義

之間的很大分歧，甚至在以奎因為首的那一派新實用主義思想內部也存在著許多分歧，這些分歧表徵著當代美國哲學的多元化特徵及其趨勢。但是無論他們之間的分歧如何，都是對杜威知識論思想的確認和肯定。由此不難發現，當代美國哲學有著強烈的實用主義情結，它不僅是美國分析哲學發展的結果，同時也是美國本土哲學精神的發揚光大。

總體說來，歐美很多哲學家對杜威實用社會知識論褒貶不一，一些哲學家對其持一種讚賞的態度，但另一些學者對其知識論的某些內容持批判的態度。其中，最有代表性的是英國的羅素，羅素和杜威有很多分歧，其主要分歧是"杜威從信念的效果來判斷信念。而羅素則在信念涉及到過去的事件時，從信念的原因判斷信念。英美對杜威實用社會知識論的內容研究較多，在此不做贅述。

三

本書寫作方式主要採取文本釋義的方式，立足於杜威原著來研究他的知識論問題，論文的討論思路也主要是以杜威來詮釋杜威，在文本釋義的基礎上對杜威實用社會知識論進行理論建構。透過對其原著進行深入而系統地解讀和挖掘，探討其知識論產生、形成、發展的基本特點，梳理出重要的範疇和核心概念，並以解釋學的方法分析這些範疇和概念，揭示出它們之間的內在關聯以及特色之處，其目的在於對杜威實用社會知識論的基本內容和構建方式作詳盡的闡述和評價，以展現出一個與眾不同的、具有影響力的杜威實用社會知識論思想體系。

本書的主要內容關涉到以下方面：杜威實用社會知識論源於其經驗自然主義，對經驗的解讀是其知識論的一個主要哲學來源，生活實踐賦予杜威面對經驗和事實的特色。對傳統知識論的批判改造以及經驗科學的方法構成了知識論的兩大重要視角。批判和改造傳統二元結構的知識論成為杜威實用社會知識論形成的運思前提和邏輯起點，達爾文進化論和經驗科學的實驗方式成為杜威實用社會知識論的建構方法。經過杜威改造後的知識論將以科學的方式來建構，經驗科學的成就已將知識理解為語言和控制自然之變化進程的實踐性事件。知識論必鬚根據科學中的實踐方法來規範知識概念，它可稱為

「探究的理論」，從而杜威實用社會知識論在認識的背景中表現為情境主義，在認識的過程中體現為實驗主義，在真理觀上是功能主義。杜威是一個徹底的經驗主義者，他在其知識論中貫徹著經驗主義的原則，其知識論的側重點主要在於知識的證實問題，即其功能是評價性的，強調從尚未發生的、預期性的實踐來對知識進行評價與確證，這其中，工具主義成為一種在經驗中考察思想和觀念的方法。認知通常被視為一種在經驗中解決問題的實踐行為，認知的價值是工具性的。如此一來，知識論就將哲學的關注點從「傳統之謎」引向「人的問題」，杜威實用社會知識論作為一種方法論而走向了改造哲學、道德、民主以及教育等問題之中。在對杜威實用社會知識論作系統而深入地挖掘與梳理後，本書從新實用主義的視角來解讀杜威實用社會知識論的現代價值與意義。

具體來看，本書一共分成八章。

第一章研究杜威對傳統知識論的考察。杜威從反實在論的傾向出發，將傳統知識論稱為「知識的旁觀者理論」，這是杜威實用社會知識論形成的理論背景。知識到底是什麼？如何獲得知識？我們有可能瞭解事物嗎？知識來源於經驗，還是來源於理性？……以上這些問題成為近代以來典型的知識論問題，笛卡爾以後的哲學家們都為這些問題所困擾。無論是經驗主義還是理性主義，無論是懷疑論還是獨斷論，它們的發展過程都是一個以二元論思維方式相伴的過程，既然知識論的前提已經主客二分，即把作為認識主體的人和作為其對象（客體）的世界區分開來，將心靈與實在、精神與物質、思維和存在區分開來，並由此來探討主體如何認識和作用於客體，客體如何作用和呈現於主體，當然認識的結果不可能實現二元統一，這種嚴重的缺陷和矛盾導致了近代西方哲學在知識論問題上的失敗。近代哲學知識論的種種問題啟發了杜威的思考，在他看來，由於該理論建立在二元論之上，遠離了情境中的實在，遠離了人的現實生活和實踐，喪失主體性原則，價值與實踐斷裂，因而所獲得的知識成為絕對性的、確定性的、靜止的知識，這樣的知識具有典型的本質主義、基礎主義、表象主義傾向，應該被批判、被驅逐、被拋棄。由「知識的旁觀者理論」開始，杜威踏上了知識論的探索之路。杜威對傳統知識論的否定與批判影響到了新實用主義思潮，新實用主義中的很多

人（儘管他們不願意稱自己為新實用主義者）都不同程度地受到了杜威這一批判性思想的影響。從某種意義上說，他們認同並繼承了杜威批判「知識的旁觀者理論」的基本立場與精神，並將杜威這一思想中的某些觀點和自己的理論緊密結合起來，運用到自己反傳統二元論的思想中，以此為出發點，構建起了自己的知識論思想。

第二章分析杜威對傳統知識論的改造與重建——驅逐旁觀者理論以及其實用社會知識論的建立。首先，杜威從生存論視角研究知識論，主張知識來源於生活實踐，生活先於認識；其次，他繼承了詹姆士心理學方法，強調了心理學中的客觀狀況，使得心理學成為其知識論的一出發點。不僅如此，杜威還以藝術的眼光來審視知識，將非理性方式引入到知識論的研究中；最後，達爾文進化論成為杜威確立其知識論的科學依據，生命體的概念成為杜威改造傳統知識論的根本之處。借助於達爾文進化論移植到人文之路，杜威從人與環境的相互聯繫、相互作用這個觀點入手，對傳統知識論進行了重構。重建後的知識論是這樣一個圖像：認知者和被認知的對象構成了一個共同的世界，認知者是生活在環境中的有機體，認知對像是發展變化的情境。如果根據生命體與動態環境之間的互動來理解知識，知識成為在生命的維持和進化的過程中不斷發展變化的東西。重構後的知識論被稱為「實用社會知識論」，它貫徹著經驗主義的原則，在情境主義中消融了二元對立的局面，以實踐為基礎的生存論思維視域的確立，使得其關注社會歷史境遇中的知識性質，其功能是評價性的，強調從尚未發生的、預期性的實踐來對知識進行評價與確證，工具主義乃是該理論的一大基石。杜威知識論中的基本原則深深影響了新實用主義主要代表羅蒂與奎因，他們的知識觀裡蘊含著杜威知識觀的很多影子和烙印。羅蒂繼承了杜威實用社會知識論中的實用主義基本精神，尤其是重視實踐與社會的向度，形成了其認識論行為主義，發展出了以實用主義為基礎的後哲學文化觀。奎因受到杜威實用社會知識論中自然主義和行為主義傾向的影響，形成了自然化認識論，其行為主義意義理論、語言學習理論、翻譯的不確定性思想等都體現了杜威知識觀的基本原則和精神，深化和發展了杜威實用社會知識論。

第三章探討杜威實用社會知識論的哲學基礎——經驗自然主義。在知識的來源上，杜威是一名堅定的經驗主義者，即主張經驗是知識的源泉。然而，杜威的經驗主義與傳統經驗主義大相逕庭。在傳統經驗主義那裡，經驗被理解為由感官所產生的不同的、原子式的精神圖像，從這一論點出發，傳統經驗主義遇到了諸多問題，以至於最後陷入到懷疑論中。杜威改造了經驗的概念，他從生存論視角考察經驗，將經驗與有機體的生命活動聯繫起來，提出了經驗的自然主義。在他看來，經驗是有機體與自然的相互作用，經驗就是生活，就是做和經歷，以此為基礎，杜威提出了經驗的方法。經驗的方法就是從原始經驗出發，經過反省分析之後，把所建構的理論和觀念帶回到原始經驗中加以檢驗的方法。一旦經驗成為一種方法，那麼它就是一種探究。基於經驗的方法，杜威把「探究」理論作為重構整個知識論的關鍵所在。杜威經驗的方法源於自然科學的假設——歸納實驗邏輯方法，這一方法使得知識論與科學結盟，知識論必鬚根據科學中的實驗方法來規範知識的概念。基於科學的介入，知識在本質上變成由「假設所引導的實驗」構成的「行動的、操作的」事件，即預言與控制自然變化進程的實踐性事件。作為杜威實用社會知識論的哲學基礎，經驗自然主義對新實用主義思潮的影響，主要體現在奎因對杜威自然主義的繼承與發展上。在經驗主義立場上，奎因和杜威一樣，都傾向於把經驗知識當為是實用的指導，雖然兩者的經驗主義程度不盡相同，但共同點都是以經驗主義為基礎來探討知識論問題的。基於此，杜威實用社會知識論與奎因自然化認識論的哲學基礎是一致的。從經驗主義立場出發，奎因和杜威在知識論上具有了很多相似的地方。不僅如此，杜威的自然主義對奎因的影響也很大，奎因在很多方面採納了杜威自然主義思想，形成了以自然主義為基礎的自然化認識論思想。

第四章、第五章以及第六章涉及到杜威實用社會知識論的基本內容，即認識在其背景上表現為情境主義，杜威對認知資料和認知工具進行了改造和重新界定，使它們成為實驗性的，杜威實用社會知識論在真理觀上則是功能主義。

第四章探討的是實驗性認知理論發生的境況、模式及基本特徵。杜威以科學的方式來建構新的知識論，其知識論被稱為「探究的理論」。探究是改

變現有情境的行為來解決問題的行動，它源於「不確定性的情境」，這種情境不僅是生物學意義上的（自然的）、社會文化的，同時又是特殊的、具體的。探究成功實現的標準是將有問題的情境轉換為問題解除的情境。作為探究理論發生的境況，情境主義消融了傳統知識論中經驗與自然、心與物、主體與客體二元對立的局面。既然認知是一種探究，探究指向有問題的情境，有問題的情境是多種多樣的，那麼探究也具有不同的層次。雖然不同的探究在對象和重要性上有所不同，但是成功的探究都遵循著一種一般的模式，那就是杜威的「思維五步說」。在這五個步驟裡，順序可以根據實際情況有所變化。杜威實用社會知識論關心的主要是認知，而不僅僅是知識，認知是一種「探究」的過程，它在本質上是實驗性的，因而其知識論被稱為實驗性的認知理論，該理論具有兩大特點：其一、認知過程是行為的過程；其二、實驗性的認知理論與科學實踐相一致。由此，知識的旁觀者理論實現了向實驗性認知理論的轉換，其中，一系列重要的概念發生了變化，知識以及知識的對象獲得了新的理解。

第五章考察杜威對認知資料和認知工具的改造。杜威不滿意傳統經驗主義對認知資料的理解，他對傳統經驗論這種所與理論作了四個方面的修改：

第一、認知資料不能僅僅侷限於所與的、相對固定的範圍之內，而是取決於存在於每個具體問題之中並被適當地選作資料的那種經驗，它隨著問題的差異而有所不同；

第二、直接經驗不能構成認識，否則，就會引起知識論疑惑；

第三、作為認識的資料不僅僅是感覺經驗，同時還包括情感和意志的因素；

第四、知覺以及理性探究的產物也應納入到認知的資料之列。關於認知過程所使用的工具，杜威指出它不僅包括物質的工具，還包括理智的工具，例如意義、概念、語詞、命題和判斷。

認知不是領悟的，而是實驗性的，表達認知的東西不是由實在的現象所構成，而是由用來把不符合人意的境況轉變成符合人意的境況之工具所構成。

意義是認知活動中用來改變其初始資料，以達到自己目的之工具，杜威主要從實用主義維度來探討意義問題，即從經驗與自然的連續性以及意義的語境背景來理解意義，其意義理論體現了實用主義和分析哲學的結合與滲透，屬於語用學的領域。概念是圍繞有益的語詞而建立起來的意義的模式。語詞是命名與被命名關係中不可分割的方面，當屬於概念的種類時，它們所指的對象主要是操作的對象。命題是在直接經驗和概念的基礎上形成的複雜探究工具。在意義、概念、語詞和命題的基礎上所形成的判斷是功用的，所有的判斷都是活動。這其中，杜威意義理論對新實用主義產生了一定的影響，他重視從直接經驗和語境的維度來研究意義的思路，獲得了米德和新實用主義者如奎因與普特南等人的認同。奎因的行為主義意義理論從某種意義上說是對杜威意義理論的繼承和發展．普特南對杜威主張觀念的意義是對象的一種性質，意義在經驗內發生作用，真信念與其對象不可分開，語句不能獨立於經驗之外等思想表示了贊同。

第六章探討杜威工具主義真理觀。真理與判斷不可分離，它在本質上說等同於被保證的可斷定性，真理的目的在於改變不確定的、疑惑的境況，使之變成相對確定的、符合人意的境況。作為一種工具，真理必須具備兩個條件：

第一、滿足現在或過去探究的條件；

第二、能有效地滿足將來探究的需要。

作為一種假設，真理是取得成效的一種工具，它是境況中的效用，當觀念達到真理的旨義時，該觀念就是真值的，它也就成了真理，因而是可靠的。真理是人為的，一般說來，真理由那些保持中立立場的科學家所斷言，真理是有用的乃是因為它對科學有貢獻。真理被人們所接受是由於它能給實驗和觀察提供有效的充分依據。因此，決定真理的方式是嚴格的，它需要接受社會的監督。真理作為工具具有可證實性，這種可證實性不是對前提的符合，而是依靠操作、行動的效果來驗證，並且這些操作能夠滿足構成問題的事件所設立的條件。杜威真理觀建構在詹姆士真理觀的基礎上，與詹姆士真理觀相比，杜威更為強調真理的公眾性質和客觀條件。由於杜威賦予真理實驗的

內涵、科學的依據，因而其真理觀調和了詹姆士主觀主義傾向，推動了實用主義真理觀的發展。杜威的工具主義真理觀在新實用主義者羅蒂、普特南以及奎因等人那裡獲得了繼承與發展。他們對杜威工具主義真理觀建立的運思前提—對傳統二元論的否定與批判表示了贊同。由此出發，從經驗的層面來認識真理，反對超驗或者先驗的真理觀，以及真理符合理論，而後或多或少地將杜威的工具主義運用於自己的真理觀上，無論是羅蒂的「種族中心論」、普特南的「理想化的合理的可接受性」，還是奎因的證據理論，都與杜威提出的「被保證的可斷定性」有著一定的淵源，其中都內涵著工具主義的成分。

第七章討論杜威實用社會知識論在道德和政治生活中的應用，進一步分析實驗性的道德理論是杜威實用社會知識論在道德哲學中的發展和深化。杜威實用社會知識論的關鍵之處在於不把知識視為某種自足目的的觀念，從實驗主義的意義來說，認識通常是一種在經驗中解決問題的實踐行為，認識的價值是工具性的，這樣杜威探究的理論就使得哲學的關注點從「傳統之謎」引向了「人的問題」，其知識論作為一種方法論被應用到了道德和政治生活實踐中。傳統哲學家們通常把倫理學和政治生活劃分為兩個截然不同的領域，倫理學所探討的是個體行為問題，而政治哲學則涉及到國家權力的問題。杜威不同意這樣的一種區分，在他看來，將兩個問題分別探討是不適當的。杜威首先考察了傳統倫理學，他強調傳統倫理學存在著兩個缺陷，無論是康德主義還是功利主義，都是二元論的道德理論，這是第一個缺陷；第二個缺陷是這兩個理論都是從固有的與終極的至善概念入手研究倫理學，杜威拒斥了這種理論，他主張科學方法同樣可應用到道德哲學中，以此為出發點，有問題的情境成為杜威道德理論的基礎，道德思考同知識產生的源泉一樣，源於道德上出現問題的情境，道德探究的過程就是解決道德中問題情境相互衝突的過程。杜威所倡導的實驗性倫理學對我們所繼承的風俗習慣作了工具性的思考和理解，即它們都是假設、工具以及前人探究的產物，道德探究結束於新情境和被修改的習慣和風俗。因此，社會不能固守傳統習慣，不能將現有的價值視為最終的和固定不變的，而應把它看作是進步的、變革的和成長的，這樣的一種道德理論只有在民主社會中才能成為現實。由此杜威又研究了民主問題，民主是一種共同體形式，指的是一種生活方式，民主作為一種生活

方式主要在於將實驗性探究與合作性、批判性商談的方法應用於交往之中，民主的目的是透過對社會機構的民主改造來促進每個個體的成長。

　　第八章研究杜威實用社會知識論的影響及其現代意義。杜威實用社會知識論是傳統知識論走向現代知識論這一發展過程中的產物，其知識論問世以來，得到了很多哲學家的認同，例如，G.H. 麥德，查理.W. 莫里斯、西德尼. 胡克、阿瑟 .E. 墨菲……，這些哲學家秉承杜威實用社會知識論的基本論點，並對其中某些問題作了適當的修正和補充，他們從不同的角度促進了杜威實用社會知識論的發展，擴大了杜威實用社會知識論的影響。從 19 世紀末到上個世紀 30 年代，實用主義輝煌了 30 年，此後便開始遭到冷落。20 世紀 70—80 年代以來，在美國掀起一場實用主義復興的思潮，即新實用主義運動，新實用主義運動的崛起引起了人們對杜威思想的重新關注，這些新實用主義者如羅蒂、奎因、普特南、伯恩斯坦等人，再次舉起杜威實用主義的大旗，特別是羅蒂，受杜威影響較深，他的很多理論直接衣缽於杜威。除他之外，奎因和普特南也受到了杜威思想的很大影響，在他們學說中或多或少地採納了杜威實用社會知識論的很多觀念，形成了自己的知識觀。在傳統知識論走向現代知識論這個階段中，杜威所倡導的實用社會知識論順應現代西方哲學變革的潮流，表徵著美國哲學中實用主義與分析哲學、歐洲大陸哲學（尤其是後現代主義）思潮的結合。透過新實用主義對杜威實用社會知識論某些思想的繼承與發展，體現了分析哲學的實用主義化傾向，體現了歐洲大陸哲學對美國實用主義的影響，它是現代西方哲學知識論發展史上的一個重要環節。

註釋

[1] 《杜威全集 . 中期著作（1899—1924）》第十二卷（1920）：劉華初等譯，華東師範大學出版社，2012 年，第 4 頁。

[2] Bertrand Russell：A History of Western Philosophy（New York：Simon and Schuster，1945），P.819.

[3] 羅蒂：《哲學和自然之境》，李幼蒸譯，商務印書館，2003 年，第 3 頁。

[4] 莫里斯：《莫里斯文選》，塗繼亮譯，社會科學文獻出版社，2009 年，第 13 頁。

[5] 塗紀亮：《從古典實用主義到新實用主義——實用主義基本觀點的演變》，人民出版社，2006年，第22頁。

第1章 「知識的旁觀者理論」的提出——杜威對傳統知識論的考察

西方近現代哲學一直被知識論的種種問題所困擾。知識是什麼？知識是從哪裡獲得的？檢驗知識的標準又是什麼？……，對以上這些問題的回答產生了哲學史上不同的的知識論流派。理性主義者把知識的源泉主要歸結為思維的理性能力，在他們那裡，經驗是獲得知識的障礙，經驗是幻象與謬誤的源泉，理性主義者笛卡爾甚至認為，經驗是一種系統性的欺騙。與理性主義者相反，經驗主義者對理性主義者把一切知識訴諸理性的行為表示置疑，在他們看來，理性主要體現為一種與物質世界毫無關係的抽象能力，它只能提供最瑣碎的知識，而這種所謂的知識僅僅存在於所運用的術語之定義的理解過程中，因而是空洞的和假想的，它依賴於我們對詞語的使用方式，而對世界上實際存在的萬事萬物，卻什麼也沒有說。經驗主義者強調，必須保留「知識」這一名稱，因為它使我們與世界緊密相聯，而不是與術語的意義相聯繫。為此，經驗主義哲學家們努力建構一門建立在經驗基礎上的知識論，他們強調經驗是知識的淵泉，經驗可以在思維與世界之間建立起必要的聯繫。

這些知識論問題的紛爭進入到杜威的視野裡。杜威早年就已開始考察傳統知識論流派所具有的共同的知識概念以及實在概念。他從反實在論這一傾向出發，將傳統知識論的種種問題歸結為「知識的旁觀者理論」，這種「旁觀者理論」將知識理解為孤獨的心靈對固定的外部實在的確切把握，由於「旁觀者理論」建立在二元論之上，遠離了情境中的實在，遠離了人的現實生活和實踐，喪失主體性原則，價值與實踐斷裂，忽視了人的社會歷史性生成樣態，因而所獲得的知識是絕對的、確定的、靜止的知識，這樣的知識具有典型的本質主義、基礎主義、表象主義傾向，這一切是杜威所不能接受的，應該被批判、被驅逐、被拋棄。

杜威對傳統知識論的否定與批判影響到了新實用主義思潮，透過新實用主義的發展歷程，可以看出新實用主義中的很多人（儘管他們不願意稱自己為新實用主義者）都不同程度地受到了杜威這一批判性思想的影響。從某種

意義上說，他們認同並繼承了杜威批判「知識的旁觀者理論」的基本立場與精神，並將杜威這一思想中的某些觀點和自己的理論緊密結合起來，運用到自己反傳統二元論的思想中，以此為出發點，構建起了自己的知識論體系。

▌1.1 近代知識論問題及其困境衝突

知識論問題是個古老的哲學問題。從古希臘哲學一直到德國古典哲學這兩千多年的歷史發展中，知識論問題的探索雖然存在著各種各樣的表現形式，但始終是哲學發展史上極為重要的問題。知識論問題源於古希臘哲學，在古希臘哲學裡，就存在著大量有關認識或知識的理論。巴門尼德把「存在」視為世界的始基，認識的最高任務是把握「存在」，由此，他區分了感性認識和理性認識，認為只有理性思維才能認識「存在」。柏拉圖探討了以「回憶說」為主要內容的先驗知識論，雅裡士多德也對認識的對象以及主體知識的來源等問題做了大量的論述。總體而言，古代哲學的根本議題主要不是討論知識論問題，而是「把握世界的統一性問題」，即本體論問題，知識論問題只是包含於本體論的討論之中。

近代哲學實現了對於古代哲學而言的「知識論轉向」，它意味著近代哲學的所有問題都圍繞著知識論問題而展開。知識論問題決定了近代哲學的理論特徵，對此，羅蒂說道：「如果沒有『知識論』的觀念，就難以想像在近代科學時代中『哲學』可能是什麼。」《我們知道，近代知識論哲學從一開始就是在經驗主義和理性主義兩條道路上同時進行的。笛卡爾是近代哲學的極大成者，理性主義從笛卡爾的我思開始，經斯賓諾莎、馬勒伯朗士、萊布尼茲，最後到康德，這些理性主義哲學家雖然具體的思想各不相同，但都遵循著理性主義的原則和方法，那就是：我們的一切知識主要來源於思維的理性能力，作為認識出發點的基本命題在邏輯上是自明的、先天的或者是天賦的，普遍必然的知識源自於人心中所固有的或與生俱來的天賦觀念，這些觀念不僅是天賦的，同時也是現成的、永恆的、不變化的、無時間性的，因而它們是自明的、無誤的，透過對它們的理性推理便可以形成普遍必然知識的體系。理性主義的方法指的是「自明原則＋演繹」的認識方法，在理性主義

哲學家那裡，這種「自明原則＋演繹」的方法構建起了整個人類知識大廈。所以，理性演繹的知識是本質的、必然的，運用這種方法可以回答一切知識問題，當然，前提的「真」則由觀念的先天性和理性直覺來保證。

　　經驗主義開始於培根，經霍布斯、洛克、貝克萊，最後到休謨，洛克是經驗主義的奠基者。經驗主義的原則指的是我們的一切知識主要來源於人的經驗，貫穿於這個原則之中的是一種非現成化的思維方法。經驗主義者認為，普遍必然的知識只有在經驗的基礎上才成為可能。他們反對理性主義的天賦觀念說，認為人心總是一塊「白板」，它的一切資料都是由經驗而來。在認識方法上，經驗主義貫徹著「經驗＋歸納」的方法，它們與自然科學中的觀察實驗方法密切相聯，這樣，透過「經驗＋歸納」的方法而獲得的知識是現象的、個別的、或然的。經驗主義的知識大廈建立在常識觀念的基礎上，他們對常識堅信不疑，拒絕懷疑主義，所謂常識指的是理智正常的人通常所具有的知識式信念，它可以用判斷和命題來表示。常識的主要特徵是：自明性、直接性和普遍性，它不需要證明就為人們普遍同意，所以在經驗主義那裡，哲學離不開常識，它不能違背常識。

　　經驗主義是在同理性主義知識論的論戰中形成的。洛克在其《人類理解論》第一卷，就致力於攻擊天賦觀念的學說。在卷首，洛克聲稱，他遵循的是「歷史的淺顯方法」，其目的是「制訂衡量我們知識的確實性的尺度」，這種「歷史性的淺顯方法」就在於為我們的不同觀念分類並劃定其來源，以此作為評價我們對各種不同知識的要求的先導，「我底目的既然在探討人類知識底起源、確度（certainty）和範圍，以及信仰的、意見的和同意的各種根據和程度，……在採用了這個歷史的、淺顯的方法以後，我如果能稍為解說：我們底理解借什麼方式可以得到我們所有的那些事物觀念，我如果能立一些準則來衡量知識底確度，並且如果能解說：人們那些參差而且完全矛盾的各種信仰，都有什麼根據─我如果做到這幾層，則我可以設想我這樣苦思力索，沒有完全白費了功夫。」[1]洛克把知識的一切對象都稱為觀念，依據這種「歷史淺顯方法」，他區分了可感覺觀念和反省觀念。不僅如此，他還把這兩類觀念中的簡單觀念和複雜觀念區別開來，複雜觀念由心靈復合簡單觀念而形成，洛克尤為強調了簡單觀念的重要性，「這些簡單的觀念，不是

人心所能造的，亦不是人心所能毀的——這些簡單的觀念，就是一切知識底資料，它們所以得提示得供給於心中，只憑上述的兩條途徑：就是憑著感覺和反省。」[2] 他認為，獲得一個簡單的感覺觀念是很明顯的事情，那就是透過一個單獨的感官而認知一個對象的特定性質。洛克的話意味著，心靈在獲得簡單觀念時是被動的，但是在構成複雜觀念時又可以允許某種主動性。應該說，在洛克那裡，觀念構成知識的思路已初具雛形。那麼，觀念是從哪裡來的呢？洛克回答道：「我可以一句話答覆說，它們都是從『經驗』來的，我們底一切知識都是建立在經驗上的，而且最後也是導源於經驗的。」[3]

貝克萊和洛克的基本立場保持一致，繼續推進經驗主義路線，他同樣認為，人類知識的對像是觀念，感覺是認識的主要來源。但是，貝克萊對洛克的很多思想予以否認，他試圖清除洛克學說中的雜質。我們知道，在洛克對世界的看法中，除了心靈及其內容（觀念）外，還涉及到很多不能認識的物質實體，貝克萊的目的就試圖清除這類物質實體，因為它們是不可知的。在他看來，物質對象的存在是因為它們被感知，即存在就是被感知，所以，它們應被看作是觀念的復合，它們產生的原因不可能是任何承擔它們的實體，而是一個精神，精神是唯一具有能動性的東西，精神自我產生我們的某些觀念。然而，就觀念具有我們通常所認為的客觀秩序而言』它們是由最高的精神一上帝所產生的，觀念據以排列的自然規律也由上帝來保證。不過，貝克萊又認為，我們考慮和談論世界的方式會使得這一事實變得模糊不清，所以須從洛克的觀念中清除妨礙這種見解的因素，這其中，最主要的障礙就是實體觀念，它與區分第一性的質和第二性的質的學說有關。據此，貝克萊下結論：我們不可能用抽象的方法獲得實體的觀念。

休謨秉承洛克的「知識起源於經驗」和貝克萊的「存在就是被感知」與「物是感覺的復合」的思想，但是比他們走得更遠。在知識的來源上，休謨不再把反省視作一個原初的知識來源，他不再像洛克那樣，預設一個實體。同貝克萊一樣，休謨認為，心靈中只存在著知覺，知覺的存在決然推不出外界的存在。在休謨那裡，我們既不能肯定洛克的物質實體存在，也不能肯定貝克萊的心靈實體和上帝存在，其原因就在於我們對它們沒有任何感知，當我們反省自我時，我們永遠不能離開某一個或者某些知覺而單獨知覺到自我，

除了知覺以外，我們永遠不能知覺到任何東西。換言之，我們並沒有獨立於各個特殊知覺的心靈概念，當然，取消了心靈實體，也就是說取消了貝克萊的上帝，由此，休謨對於「感覺印象從何而來？」這一知識論根本問題持存疑態度。此時，休謨已經覺察到經驗主義知識論所面臨的困境，他考察了經驗主義依據經驗進行推論的基本邏輯，這種推論分為兩類，一類是解證的，另一類是或然的，它涉及到實際的事實或存在，一切推論首先依賴因果聯繫的邏輯；其次是類比的方法，休謨認為，各事物間的因果聯繫只不過是人們思想上的一種聯繫，這種因果聯繫的產生，乃是由於我們所見事物在一起相似的例證，它們只是恆常地聚合在一起而已，至於事情本身，我們卻是無從得知的，因為經驗「也只是教導我們，一種事情如何恆常地跟隨另一種事情，它並不能告知我們能結合他們，並使它們有不同分割的那種祕密的聯繫。」[4] 休謨從「無不能生有」的思維邏輯出發，認為不相同的事情不能相互作用，原因與結果也是完全不相同的，既使人心極其細心地考察那個假設的原因，也不能在其中發現出任何結果來。這樣，因果聯繫所依賴的先驗條件，即在現存的事實和由此推論的事實之間存在著一種聯繫的假設，它也是非自明的。因此，觀念中存在著的有關因果聯繫的造作是完全任意的，它不能對我們的認識產生多大的幫助。

　　休謨認為，所謂根據經驗而來的推論都是習慣性聯想的結果，而不是理性的結果，我們沒有理由因為見到某件事先於另一件事就斷言說，前一種是原因，後一種是結果，它們完全是偶然的，任意的，它對於我們認識事情本身並沒有多大的幫助。習慣乃是因為任何一種動作在屢次重複後，產生的一種偏向，它使我們可以不借助於推論和過程，就再度來重複同樣的想法和動作，當然，它有助於使經驗有益於我們，所以，我們可以期待將來有類似於過去的一串事情發生，就可以在當下呈現於記憶和感覺的事情外，知道其它實在的存在。這樣，休謨就用習慣代替了因果聯繫，他的這一思路實質上是取消了因果律。既然習慣是人心的一種偏向，那麼它就是任意的、偶然的，它並沒有說明事情之間有著不可分割的聯繫，「像這樣一個無常而易誤的原則，人們如果在它的一切變化中都盲目地加以信從（這是不可避免的），那就難怪它把我們導入種種錯誤之中了。」[5] 至於類比，它也是知識論類推的

方法，休謨這樣說道：「關於實際的事情，我們所有的推論都建立在一種類推上，根據這種類推，我們在一種原因出現時，就來預期有一種事情發生。」[6] 關於神的世界的觀念，也是人類理性擬人化的結果，神的世界實際上就是圓滿化的人的世界。因此，作為類比的先驗假設是非自明的，基於經驗的類比認識方法也是不可靠的。

　　實際上，休謨對經驗主義知識論考察的結果，消解了經驗主義知識論的邏輯前提，其懷疑主義揭示出經驗主義在知識論範圍內無法擺脫的困境和矛盾，那就是：經驗主義哲學家們雖然肯定一切知識主要起源於經驗，但不能正確地解釋感性經驗如何產生，以及如何符合外部世界本身的性質和規律，也不能正確地解釋如何使感性知識上升到理性知識，更不能解釋如何使主體的知識客觀化，如此一來，本來認為可靠的知識就失去了根基，變得不可靠了。休謨正是因為發揮了經驗論的原則而合乎邏輯地得出了懷疑論的結果，所以，他從經驗主義內部的矛盾終結了經驗主義知識論，完成了對知識論的批判。

　　在近代哲學哲學史上，從笛卡爾提出「我思故我在」開始，無論是經驗主義還是理性主義都徘徊在二元論的思維方式下。經驗主義從實驗科學出發，主張一切知識主要來源於感性經驗，並試圖透過對經驗的歸納概括出自然法則來。相應地，理性主義則從理論科學出發，主張知識乃是主要由一些理性固有的天賦觀念推演出來，兩派哲學家各執一端，展開激烈爭論。但是，由於他們理論自身的缺陷，使得他們誰也不可能最終解決問題。休謨的懷疑論使經驗主義的知識這一夢想走向破滅了，同時又使理性主義陷入到了困境之中。理性主義試圖從理性固有的一些天賦觀念推演出人類的全部知識，而休謨卻證明理性所固有的觀念僅與自身相關，而與外部事物沒有任何關聯。經驗主義與理性主義之爭使哲學在知識論問題上陷入到了危機之中。近代哲學啟蒙主義以崇尚理性、提倡科學和推進知識為己任，然而兩派之間的爭論卻使這個理想出現了落空的危險。它意味著我們不僅不能證明科學知識的普遍必然性，而且，作為科學知識之基礎的理性本身也發生了動搖，因為科學知識是理性的產物，無論是科學知識的普遍必然性無法被證實，還是理性無法證實科學知識的普遍必然性，結果都是一樣的，那就是：理性自身成了問題。

　　休謨的理論啟發了康德，由此康德開始走上了批判哲學之路。康德在《未來形而上學導論》一書中說道：我坦率地承認，就是休謨的提示在多年以前首先打破了我的獨斷主義的迷夢，並且在我對思辨哲學的研究上給我指出了一個完全不同的方向。沿著休謨開闢的懷疑論道路，康德的任務就是要完成對理性的批判，其批判理性的目的不僅是為了克服休謨的懷疑主義，同時也是為了克服萊布尼茲—沃爾夫派的獨斷論。康德批判了以往理性主義哲學家，因為這些理性主義哲學家們在沒有詳細探討人的理性認識的性質和適用範圍之前，就肯定了理性認識的可能性和確定性，不適當地擴大了它的運用範圍，因而陷入到獨斷論中去。藉此，康德試圖「調和」經驗主義和理性主義之間的矛盾。一方面，他同意經驗主義的原則，即一切知識都必須來源於經驗；另一方面，他也同意理性主義對經驗主義的批判，即對科學知識來說，僅有經驗是不夠的，它們的普遍必然性只能是先天的。康德認為，我們的知識必須建立在經驗的基礎之上，同時，進行認識活動的主體也具有一整套認識形式，換言之，經驗為知識提供資料，而主體則為知識提供對這些資料進行加工整理的形式。就內容而言，知識是經驗的，但就其形式而言，知識則是先天的。在康德那裡，有關對象必須符合主體的認識形式，意味著事物被劃分成了兩個方面，即：一方面，透過主體的認識形式所認識到的事物，另一方面則是未經認識形式限制因而在認識之外的「物自體」。主體先天的認識形式雖然構成了知識之普遍必然性的根據，但也限制了我們對事物的認識，那就是：我們只能認識事物對我們的現象，而不可能認識事物本身。康德認為，雖然認識形式的限制體現了認識能力的有限性，但是從另一面來說，它也表明在我們的認識領域之外，還有一個不受認識形式限制，它可能是無限自由的領域。因此，對理性認識能力的限制就為理性的另一種能力——實踐能力開闢了無限廣闊的天地。在康德那裡，事物被劃分為所謂的現象以及事物自身兩個方面，在人身上亦如此，人作為自然存在物，一方面服從於普通必然的自然法則，在這個領域內人是沒有自由的；而另一方面人又是「人自身」，亦具有不受自然法則限制的一面，人是一種「有限的理性存在」。基於此，康德提出我們有必要限制知識，以便為道德信仰留下地盤。

　　康德揭示並批判了以往哲學家停留於理論理性所陷入的矛盾。他試圖透過人具有先驗認識能力來克服矛盾，即用主體的先天綜合能力在科學範圍內統一經驗和理性，其目的是使科學知識的普遍必然性得以保證。不僅如此，康德還把理性由科學所屬的理論領域擴展到道德自由所屬的實踐領域，擴大了理性的作用範圍。他關於限制理性、為信仰留下地盤的真實含義也就在於限制理論理性的作用範圍，從而肯定實踐理性。康德的理論在一定程度上超越了經驗主義和理性主義之間的對立，其有關實踐理性高於理論理性以及道德自由的理論也超越了以自然科學方式為核心的知識論哲學方式的界限。然而，康德又在現象和物自體之間、理論理性和實踐理性之間劃上了一道鴻溝。實際上，他還是沒有真正克服舊形而上學的二元對立的缺陷，其本身也並未擺脫舊的哲學思維方式，康德提出的所謂的先天綜合能力本身就是出於獨斷。黑格爾肯定心物、思有、主客的統一性，提出了「實體就是主體」的著名思想，以辯證法論證了主體的能動性，對各種形式的二元論以及將主客二分絕對化所導致的懷疑論和獨斷論進行了激烈的批評，由此使西方近代哲學發展到了頂點。然而，在精神的領域內做到這一切歸根結底又導致了失敗。

　　以上對近代哲學的考察，說明了實現西方哲學知識論轉向的近代西方哲學，實際上卻又陷入到了知識論的困境和難題之中，最後以知識論上的失敗而告終，它們對科學精神的強調也未能擺脫科學對思辨形而上學的從屬地位。應該說，近代各派哲學的知識論轉向代表著西方哲學發展史上一次重要的進步，然而由於其內在的矛盾，使得近代知識論問題成了西方哲學進一步向前發展的障礙。

　　近代哲學在知識論問題上的種種紛爭進入到了杜威的視野中，啟發了他的思考。我們知道，傳統知識論的發展過程是一個以二元論思維方式相伴的過程，不論是懷疑論還是獨斷論，都是以主客二分為前提，把作為認識主體的人和作為其對象（客體）的世界區分開來，把心靈與實在、精神與物質、思維和存在等區別開來，並由此探討主體如何認識和作用於客體，客體如何作用和呈現於主體等問題是有問題的。既然認識的前提已經是二元化分，當然認識的結果不可能實現二元統一，這種嚴重的缺陷和矛盾只能導致近代西方哲學在知識論上的失敗。作為美國古典實用主義的主要代表人之一，杜威

正是在傳統知識論所面臨的問題及其困境的視野下考察知識論的，在他看來，傳統知識論問題可歸結為「知識的旁觀者理論」（specta-tor theory of knowledge），由「知識的旁觀者理論」開始，杜威踏上了知識論的探索之路。

註釋

[1] 理查德．羅蒂：《哲學與自然之鏡》，李幼蒸譯，商務印書館，2003 年，第 124 頁。

[2] 約翰．洛克：《人類理解論》，關文運譯，商務印書館，1959 年，第 1 一 2 頁。

[3] 約翰．洛克：《人類理解論》，關文運譯，商務印書館，1959 年，第 84 頁。

[4] 約翰．洛克：《人類理解論》，關文運譯，商務印書館，1959 年，第 68 頁。

[5] 休謨：《人類理性研究》，商務印書館，1957 年，第 61 頁。

[6] 休謨：《人性論》（上冊），關文運譯，商務印書館，1997 年，第 296 頁。

1.2 「知識的旁觀者理論」的提出與批判

1.2.1 杜威對「知識的旁觀者理論」的考察與批判

在前面章節中，本書分析了近代西方哲學史上典型的知識論問題一如果經驗存在於不同的精神圖像中，那麼我們就無法確證經驗與外部世界之間的關係。如果知識被看作是存在於經驗對外部世界的確切表象之中，那麼我們則不可能知道人們是否具有知識。一旦我們的經驗與外部世界的聯繫被割斷，那麼「外部世界的問題」又產生了。如果經驗總是精神圖像的經驗，如果所有的知識都來源於經驗，那麼我們就不可能知道有一個外部世界存在並獨立於人們的經驗。

上述兩個問題導致了哲學上「懷疑論問題」的出現，因為即使是最基本的信念也不能被確立為知識，那麼懷疑論者便否定了整個知識存在的可能性。懷疑論者向那些主張透過知識來證明其所知的人發出了挑戰和詰難。當然，任何試圖回應懷疑論者挑戰的人都必須假設知識的存在，因為證明某種結論是否真實的證據，它本身就是以某種被假設是正確的為基礎的。一旦這種證據被給出，懷疑論者便將向這一原始證據中運用的每一個前提索要證據，任

何試圖滿足懷疑論者的行為都將面對懷疑論者的繼續追問。在懷疑論者那裡，即使是最具常識性的信念也是沒有根據的。

在西方近代哲學史上，自笛卡爾開始，眾多哲學家們都被上述這類問題所困擾，現代哲學中的很多哲學著作也都明確地涉及到這類知識論主題，幾乎現代所有的知識論流派都為解決上述問題做出了不同程度的努力。杜威也對這些問題進行了深入地思考和探索，但與其他哲學家所不同的是，杜威另闢蹊徑，他並不試圖回答傳統知識論所提出的問題，相反，他拒絕回答這些問題。他表示，現在已不是哲學家們回答這些知識論問題並對答案作比較的時候，而是轉向對這些問題背後的主張進行思考的時候。杜威相信：一旦哲學家們做出這種轉向，他們就會發現，知識論中的種種問題都是探究中的障礙和死胡同，那麼，他們就會認同這點：我們需要的不是「解決」這類問題，而是「超越」它們，對此，學者路易斯 .E. 哈恩評價道：「他確信需要拋棄某些傳統的哲學問題，比如，作為自然與生命整體上的原因、計劃與偶然相對立的問題，以及需要致力於把智力應用於具體的人的問題。他指出，理智的進步，可能不是透過對這些傳統問題中，某些問題的解決而出現，而是透過放棄它們提供的問題和答案選項而出現的。不是解決它們，而是超越它們，並去關注新的和更重要的問題。」[1] 換言之，杜威並不想對傳統知識論問題提供更為完備的解答，他主張將這些問題「擱置」起來，以此為基礎，試圖打破這些問題賴以存在的整個理論構架，嘗試開闢新的路徑來擺脫傳統知識論哲學所面臨的困惑和難題，那麼杜威開闢了什麼新的路徑來面對傳統知識論問題呢？

杜威的新思路就是：讓哲學家們放棄對這些問題的討論和爭論，因為這類問題的產生乃是由於哲學家們虛構了知識的本質，預設了一種確定性的知識，而人們又接受了這一系列的觀念。換言之，從嚴格意義上說，傳統知識論流派之間的紛爭和衝突，只是在如何獲得知識問題上的觀點不同而已，在「有關知識是什麼」等等問題上，所有傳統理論的基本論點趨於一致，沒有任何區別，因而是沒有意義的。杜威拒斥了這種知識論，他將傳統知識論稱之為「知識的旁觀者理論」，該理論是什麼呢？杜威這麼描述：「知識只是從內部對外部實在的再現—知識的旁觀者概念，這一觀唸成了一個確證無疑

的公理，傳到了後世的思想家那裡。知識的旁觀者理論影響深遠，以至於科學進步已經證實知識是改造世界的力量，並且，富有成效的知識的實踐已經被採用作為實驗的方法以後，這種觀念仍然流行了幾百年。」[2] 杜威對「知識的旁觀者理論」進行了深刻地分析與尖銳地批判，在美國古典實用主義哲學家三位哲學中，杜威哲學的批判性最為典型，最為強烈，以至於有學者把批判性視為杜威思想的一個鮮明特徵，「對於杜威來說，哲學『實質上就是批判。哲學的批判是一種一般性的批判，在各種形式的批判中處於一種特殊的位置。哲學本來就是對批判的批判，批判是鑑定性的判斷和審慎的評價，當鑑定的主題涉及善或價值時，判斷就能恰當地稱為批判』。」[3] 這種批判性特徵尤其在杜威批判傳統知識論問題以及建構其實用社會知識論的視域內獲得了充分的展現。正是在分析、批判與解構「知識的旁觀者理論」基礎上，杜威形成了自己的知識論。他所做的這個工作經歷的時間大約為 50 年，涉及到的杜威著作有《達爾文對哲學的影響及其當代思想論文集》（1910 年）、《哲學的改造》（1920 年）、《確定性的尋求》（1929 年）、《邏輯、探究理論》（1938 年）、《認知和所知》（1939 年），等等。在這一系列的著作中，杜威主要從兩個維度來考察與批判存有預設基礎的「知識的旁觀者理論」。

第一、「知識的旁觀者理論」具有鮮明的二元論特徵以及追尋確定性知識的傾向。在傳統知識論那裡，認知的「主體」與被認知的「客體」之間確立了形而上學的二元論，除主客二元對立之外，還有心物二元對立，生活世界與觀念世界二元對立，知行二元對立，等等。在二元對立的圖式下，實在（the Reality）被理解為是超驗的、非社會的、非歷史的，它與知識斷裂，認知者陷入到了所謂的「旁觀者」和「局外人」的地位，即認知者就像「旁觀者」和「局外人」一樣，它與被認知的對象相分離。在認識活動中，認知者作為「旁觀者」，只是冷眼觀察所發生的一切，如此一來，導致知識被「純化」、「非身體化」、「超驗化」，對此，杜威這麼說道：「人們常說，除非實用主義僅僅滿足於作為一種方法論上的貢獻，否則它必須提出一種實在論。然而，實用主義關於實在的觀念的特色，正在於它認為關於實在的一般

理論是不可能的，或者說不需要的。」[4] 在這裡，所謂的「實在的一般理論」指的就是傳統形而上學。

杜威批判「二元論」的主旨指向它的基礎主義、本質主義和表象主義，因為這種二元論建立在不能成立的預設基礎上，具有典型的本質主義、基礎主義、表象主義傾向，應該被批判、被驅逐、被拋棄。進一步說，正是由於傳統哲學堅持二元對立的思維方式，才使得絕對抽象之實在下所形成的知識與實踐脫節，知行分裂，因而造成了西方哲學史上眾多問題的出現及其困境。換言之，傳統哲學是以我們稱之為實在的「兩個世界」理論為基本特徵的』自古希臘以來』這種特徵就十分明顯了，主客對立的結果必然是追求確定性的知識，「一切古典哲學已經在存在的兩個領域之間劃了一個固定的和根本的差別。一個相當於普通傳統的宗教的、超自然的世界，這個世界被形而上學描畫成至高無上的和終極的實在世界，……與這個須經哲學系統化訓練才能理解的絕對的、本體的實在相對特的，自身是那種日常閱歷的、較真實的、普通經驗的現象世界。」[5]

「知識的旁觀者理論」在二元論繫譜下開展，深入考察二元論成為杜威批判理論的運思前提和出發點。在此，杜威從發生學的視角，尋根究底地對二元論做了細緻而深入地分析。他把目光回溯到了西方哲學的開端上，從西方哲學的起源來考察二元論問題。在他看來，在古希臘哲學中，世界被化分成了兩極，一級指的是普遍經驗所把握的時空世界，其根本特徵是變動的、趨向衰亡的、腐朽的，最終是非理智的，由於這個世界處於一種經常變化的狀態中，所以我們不能在其中獲得真正的知識；另一級指的是非時空的「理念世界」，這個世界是由於被稱為「形式」的抽象實體而聞名，形式是永恆的、不變的、完美的，它們不為感官經驗所把握，而是由「理性」這一心靈的特殊能力來獲得，要獲得真正的知識，不能從經驗世界那裡得到，而只能透過理性的訓練這個途徑，當人們與「形式」相聯繫時，才能獲得「真正的」知識。「知識和行動的領域又分別劃分成為兩個領域。不能推斷說，希臘哲學把活動和認知區分開來。它將這兩者聯繫起來。但是它把活動和動作（即製作、行為）區別開了。理性的和必然的知識被視為是自創自行的活動的一種最後的、自足的、自包的形式，這是亞里斯多德所推崇的，它是理想的和永恆的，

與變化毫無關係，因而與人們實踐和生活的世界毫無關係，與我們感知經驗和實際經驗的世界毫無關係。」[6] 杜威指出，自古希臘哲學開始，這種物質世界和形式的理念世界之間就存在著本質的對立，從此就開始引發了知識論上的二元論，首先是主客的對立，其次是知識等級的對立。基於理性這一精神的功能，所以理念世界能夠理解概念化的形式與真正的知識對象，透過它所獲得的知識是真正的、完美的知識。而物質世界則由於感官經驗將人們與物理對象的幻象世界相聯繫，所以無法得到真正的知識，所得到的知識是低級的、有缺陷的。

杜威進一步列舉了哲學史上的二元論表現形式及特點。在他看來，許多不同類型的傳統哲學都以這種或那種方式來運用和發揮二元論，例如，在亞里斯多德那裡，存在著形式與質料的二元論；在奧古斯汀那裡則是上帝之城與人類之城的二元論；笛卡爾那裡更是明顯，它表現為心身二元論；而到了康德，則表現為現象世界與物自體的二元論。無論哪種二元論，二元論的第一項必然指向永恆不變的存在，這個不變的存在乃是所謂「真正知識」的源泉和對象。二元思維方式一旦被引入，就產生了這樣一個問題，即被分離的實體是如何相互聯繫的？舉例來說，物質世界與理念世界已經二元分開了，那麼它們之間又是如何相互聯繫的呢？這點正如亞里斯多德所指出的，就算是柏拉圖自己，也永遠無法給予有效地解決。

在考察了哲學史上眾多二元論的表現後，杜威強調，二元論自身是無法把握實在中固定不變的分裂，相反在特定的社會條件下，它反而滋生這種分裂。由於它忽視了本體的、最原初的意識，把本應聯繫的事物割裂開來之後，而又把如何彌合兩者的分裂當為自己的首要任務，如此一來，知識論上種種問題及其困境必然就產生了。當然，它們是無法解決當前存在的各種困難，這種二元論無論是在哲學史上還是實際上，都鼓勵和促進了一種不幸傾向的發展，那就是只能帶來超然領域和世俗領域的劃分，只能帶來與世界的疏遠和自以為是。杜威這樣形容道：「因此，各種相互衝突的哲學派別之間的爭吵乃是一種家庭內部的紛爭。這些紛爭是在一個很有限的家庭範圍內進行，只有超越這個地方而走出家門後才能獲得解決。他們都希望這個真實存在的世界是完全的、已完成了的、確切的，為了達到這個結果，他們不惜將事物

分裂成為兩個沒有聯繫的部分，這樣一來，他們所需要的這個特性似乎只能出現在理性或在機構之中；出現在很精確的理性概念（如數學概念）裡或在粗糙的事物（如感覺所與）中；出現在原子或本質中；出現在意識或者能夠控制和駕馭意識的理。」[7]

極富二元論之典型特徵的「知識的旁觀者理論」目標是追尋確定性（certain-ty），主張基礎性和本質性，輕視實踐，從這個維度上說，它所形成的知識是表面的、虛假的，甚至是幻覺的，對社會來說是無價值的。其原因在於它脫離現實生活世界，輕視實踐，貶低實踐，「主張知識比實踐活動擁有更崇高的源頭和更具精神性的價值的觀念由來已久。從這個觀唸得到明確的論述算起，它的歷史可以追溯到柏拉圖和雅裡士多德論述的經驗和理性的概念。儘管這兩位思想家在許多方面想法相左，卻一致同意把經驗等同於單純實踐性的事務。……此外，知識與實際無涉，它只為自身而存在，而且以非質料的心靈作為自己的來源和器官，知識只關涉到精神或理想的興趣。……另一方面，理性認知自身是完整而寬泛的，所以實踐生活處於變動不居的狀態中，而理智關心的知識關心的則是永恆的真理。」[8]這種傾向的結果只能是關注超驗的、不變的領域，追尋確定的、絕對的知識。所謂的真理都成了抽象的、超驗的，一旦把確定性視為至上，必然排斥差異性、個別性和偶然性。不僅如此』這種理論還忽視了本體的、最原初的意識，把本應該聯繫的事物割裂開來之後，而知識論又把如何彌合兩者的分裂當為自己的首要任務，這樣，知識論上種種問題及其困境便產生了。

第二、「知識的旁觀者理論」喪失主體性原則，價值與實踐斷裂，忽視了人的社會歷史性生成樣態，杜威對其批評的主旨指向了它的抽象性與非社會性。杜威說道：「如果誰能夠虛心去研究哲學史，不把它當做一個孤立的事物而把它當做文明和文化史的一章去研究，如果誰能夠將哲學的故事和人類學、原始生活、宗教史、文學、社會制度的研究結合起來，那麼誰就對於今天的講話的價值必定能夠下一個獨立的判斷。以這個方法去考察，哲學史就會加上一個新意義。」[9]在「知識的旁觀者理論」下，認知被理解為一種知識的「對象」「呈現」給認知者的被動事件。認知主體在認知中是完全被動和沉默的，它是在一種「非參與者」的意義上成為「旁觀者」的，這種旁

觀者理論把心靈看作一個被動的經驗儲藏所，將知識視為心靈中的純粹的儲存，或者是從外部接受的印象之累積的結果。既然「知識的旁觀者理論」的出發點是二元論，那麼在二元思維的影響下，認知所涉及到的必然是獨立存在的絕對存在領域，和現實社會生活關係不大，被知的東西先在於觀察和探究而存在，並且不受觀察和探究的影響。傳統理性主義虛構出了純粹理性，傳統經驗主義虛構出了純粹觀察，但都無法真正把握存在的事物，其原因在於他們根本沒有意識到，與我們打交道的所有事物，在很大程度上都受制於我們的目的性、闡釋性活動的影響。那種主張感覺資料是給定的，思想只是把它們加以綜合的觀點，實質上也是一種旁觀者理論，因為它斷定資料本身是獨立於人的活動之 外的，而不是由人的活動所構成。由於認識從屬於心靈和認識對象的特性，認識過程仿照假設的視覺動作的模式，這種情形就好比對象把光線反射到眼睛，眼睛就看到了對象，認識與認識對象的關係是觀望與被觀望的關係，是一種「看著的認識者」（viewing-knower）與一種「被看著的所知」（viewed-known）之間的「旁觀關係」（spectator relation），「知識論是模仿產生於假設中視覺動作的模式而形成的。對象反射光線到眼睛裡，於是這個對象便被看見了。這造成眼睛和使用光學儀器的人發生了變化，但是這一切對事物來說，什麼也沒有改變。實在的對像是一種在帝王般的孤獨世界中被凝固的物體，好像是任何觀光的心靈都可以瞻仰的帝王一樣。如此一來，就必然產生一種知識的旁觀者理論。」[10] 在這種圖示下，從某種意義上說，作為社會存在的現實的人之主體性就缺位了，一旦忽視了人的現實性的主體性存在，那麼就只會看到先驗的、抽象的個人，而忽視了人之具體社會歷史性的生成後，必然導致知識和實踐相脫節，價值與行動相分離，知識成了絕對的、抽象的、靜觀的與非社會性的，如同「無本之花」與「無源之水」。

在此，杜威將知識論問題與心理學相聯繫起來，從心理學入手來考察「知識的旁觀者理論」產生的原因。他指出，這種「知識的旁觀者理論」源於生物學的近期發展所「激發」的心理學假設。「曾經有過一種理論，主張心理活動參與在其中，但是它們仍舊保持著舊式的前提。所以它們下結論說：不可能認識實在。我們知道，依據它們的見解，既然有了心靈的參與，真實世

界的外觀，或者說是某些『表象』就會獲得某種改變，這個結論最徹底地證實了它具有下述信仰的全部威勢：即把知識的對像當作是一種固定完備的實在，是孤立於產生變化因素的探索動作以外的。」[11] 杜威的話表明，心理學依據這樣一個論點：精神生活源自這樣一些感覺，它們孤立地、被動地被接受，並根據保持律和聯繫律形成圖像，而圖像則由感覺和觀念所組成。

　　杜威所論述的這種心理學理論在 19 世紀曾經一度盛行，其間，英國絕大部分心理學家都有不同程度堅持某種原子觀念，即我們心靈的具體狀況雖然彼此不相同，但它們都是由某些不變的、可以反覆再現的簡單意識元素或心理原子以不同方式組合而成的結果。在德國，占據統治地位的心理學也認為：每一個觀念都是一個永恆的實體，在意識中的顯現只是它們存在的次要屬性，赫爾巴特的感覺元素、馮特的心理元素（感覺意象和感性）等等都屬於這樣的原子或實體。他們認為，就算刺激我們的是各種性質的複雜對象，但在我們心中產生的仍然是一個簡單觀念，這也就是說，在我們最初的感覺中，不同的感官得到的感覺是一些簡單觀念，透過同一感官得到的感覺，也是簡單觀念。杜威批判了這種心理學理論，因為這種心理學強調的意識主體乃是一種邏輯上的假設，其本質是虛構出來的。實際上，這種心理學在近代哲學那裡就已經出現了，例如，洛克把知識的一切對象稱之為觀念，感覺是觀念的最初源泉，而知識不能超出我們所擁有的觀念範圍。換言之，真實存在的知識不能超出實際呈現於我們感官的事物，在此，洛克預設了實體的範疇，貝克萊認為觀念是人類知識的對象，感覺是認識的來源，他堅持萬事萬物均無心外的實存，「它們的存在就是被感知或被認識。」[12] 在貝克萊眼裡，一個觀念的存在，在於被「心靈、精神、靈魂式自我」所感知，由於自我或精神是一個純粹的而不可分割的實體，而觀念是被動的，因而我們不能對它形成任何觀念，我們只能憑藉它所產生的結果來知覺它。同樣的，在感覺印象的來源這個問題上，休謨不再像洛克那樣設定一個實體，而是說它們來源於我們不知道的原因，「我們沒有與個別性質的觀念不用的、外部實體的觀念，這必定為類似的關於心靈的原則鋪平了道路，即我們沒有與個別知覺不同的心靈概念。」[13] 休謨強調，當我們反省自我的時候，我們永遠不能離開某一個或某些知覺而單獨知覺到自我，因為除了知覺以外，我們永遠不能知

覺到任何東西，我們並沒有獨立於各個特殊知覺的心靈概念，上述這些情形都是陳舊心理學在哲學上的表現形式。

由於受洛克以後的心理原子主義的影響，傳統哲學家們在知識論方面表現出了一個共同的特徵：認知理論是以假定在視覺行為中發生了什麼為模式的，對象將光反射到眼中因而對象被看見了，它在眼睛和具有視覺器官的人之間作了區分，但被看見的物體是沒有差別的，真實的對象乃是那種孤立地凌駕於任何視覺行為之上的對象。

杜威反駁了這種心理學觀念，其原因在於這種心理學的觀念會導致「知識的旁觀者理論」。在他看來，也許除了詹姆士以外，所有在他之前的知識論都屬於旁觀者理論，因為它們都存在著這種心理學預設的狀況，例如，對洛克來說，觀念與心靈的方式類似於視角對象給與眼睛的方式。笛卡爾也認為，心靈可以清晰明白地感知確定的本質，獲得確定性，而且，透過有效地運用我們眼睛的方式，心靈可以獲得改進。按照杜威的標準，康德的知識論也屬於旁觀者式的知識論，因為康德的認識領域只是存在於現象的範圍內，而不是物自體，對於物自體來說，需要一種「理智的思」（intellectual vision），甚至羅素的知識論也是旁觀者式的知識論。

在細緻地考察了「知識的旁觀者理論」之後，杜威認為，旁觀者理論是產生知識論難題（epistemological puzzle）或知識論問題（epistemological problem）的根本原因。

首先，知識論的第一個問題是，一般知識是如何可能的呢？「知識的旁觀者理論」的回答是：知識涉及到絕對存在（實有）的領域。基於「知識的旁觀者理論」，知識被理解成旁觀者對「外在的」、「固定的實在」所進行的孤立的關注。如此一來，認識只能是心靈對於對象的觀望和把握。認知者不僅是一個理想的觀察者，對實在而言，它又是一個與行為分離的被動的檢查者，這種知識論在認識之前就已經預設了對象的獨立存在，預設了人具有認識對象的能力，這樣就難免會產生主客分離、身心對立、思維與存在等方面對立的二元論了，也就不能正確說明它們之間是怎麼聯繫的了，其結果必然帶來了知識的問題。用杜威的原話表示就是：

第一、也就是說，知識的對像是某種形式的最後實有，這種最後實有先於反省探究並獨立存在；

第二、這種先在的實有在它自身所包含著的許多確定特徵之中具有超越形成我們價值判斷的特性，只有這種特性才能決定促使那些控制我們在理智的、社會的、道德的、宗教的、美學等一切領域內的行為的目的和意向的形成。

一旦給定了這些前提，那麼只有在這兩個前提之下，也只有當人們接受了這兩個前提時，哲學就勢必以認知此實有及其本質為其唯一的職能了。[14]

其次，一般知識是如何有效的呢？「知識的旁觀者理論」的回答是：假定了知識對象的先在性，它要麼是超驗的，要麼是絕對的，而作為認識的主體，則受著自身和其他條件的限制。「但是，兩年多年以來，思想中最有影響的和權威正統的傳統卻走向了相反的方向。他們致力於去證明真、善、美的先在的、常住的實在性這些純粹認知證實的問題（也許透過天啟，也許透過直覺，也許透過理性）。」[15] 杜威指出，認識主體與客體之間的一致性很難衡量，由於認知主體是冷眼旁觀世界，是被動的，而認知客體又是一個預設的先在世界，它們彌合的地方只能是那種抽象的思辨領域，並沒有以行為的方式進入到真正的社會生活中，由於認知活動脫離了目的性和闡釋性的活動，因而它們自身不能回答、也不可能回答知識如何有效的問題，當然其結果只能導致解決知識論問題上的失敗。

最後，新康德主義者洛采的理論引發了杜威的思考。在 19 世紀的後 10 年裡，新康德主義在美國影響巨大，洛采等人所闡發的新康德主義知識論和邏輯學一度盛行。1903 年，為慶祝芝加哥大學成立 10 週年，芝加哥大學出版社出版了芝加哥學派撰寫的《邏輯理論研究》，該學派由杜威及其同事構成，在這本書中，杜威有 4 篇文章批判了洛采邏輯。洛采試圖從思想的功能上調和主觀和客觀的關係，他主張思想活動具有兩方面的功能：

其一、具有決定的規範作用，能夠賦予事物以意義；

其二、具有被動性的作用。

　　杜威將洛采的理論與他的反省思維相比較後，認為洛采從功能上調和主客觀的關係同樣會導致嚴重的知識論難題，因為洛采面臨這個根本的二難，即思想要麼起榮耀武斷的作用，要麼只是重複以前的東西，因此洛采從功能上解決問題的方法要麼是曲解，要麼是徒勞無益。

　　綜上所述，從近代知識論哲學的發展脈絡中，特別是經驗主義的發展歷程中，我們可以發現，近代經驗主義哲學是一個起始於經驗，經過貝克萊、休謨，然後又一步步地遠離經驗的過程，休謨的哲學以一種極端的方式將經驗主義引到了盡頭，後繼的哲學家們雖然認識到了他們不可能沿著休謨的老路繼續走下去，但是又難以繞過他，因而他們認識到自己的第一個任務就是回應休謨。康德所做的工作就是這種回應，康德試圖調和經驗主義和理性主義，在一定程度上，其思想超越了主客二元之間的對立，然而他又在現象和物自體之間、理論理性和實踐理性之間劃上了一道鴻溝，康德的思想始終也未能擺脫二元性和獨斷性，他的先天綜合能力本身也就是一種獨斷，「每個地方都顯示出康德確立知識基礎的論證，這意味著存在著一個高級而不為理智可能接近的領域，按照康德自己的理解，這兩個領域既互相排斥而又相互需要，這是很正常的。反之，把這兩方面因素很嚴密地連接在一起的簡潔辦法在他看來能讓人信服地證明有一個完整體系的必要。就算這個連接是他自己的理智創製出來的結果，他對於該事實毫不懷疑。反之，他認為，他對先驗哲學的許多最麻煩問題都一勞永逸地解決了。」[16]

　　杜威透過對傳統知識論進行深入而細緻地考察，發現了傳統知識論的根本問題，然而他並沒有繼續走康德他們的老路，而是拒絕糾纏於這些知識論問題的是是非非，用杜威自己的話表達就是，我們需要的不是「解決」問題，那是沒有意義的，而是「超越」他們，這種超越意味著超越傳統知識論的前提，回到一種「前認識」或者「前反思」的領域內來重建知識論。換言之，就是回到經驗自身，回到生活世界，面對事實，從生存論的意義來考察知識。杜威的這一轉向一掃傳統知識論哲學的抽象性、靜觀性、非現實性等特點，立足於人的現實經驗世界來考察與研究知識問題，毋庸置疑，杜威的這一轉向頗有柳暗花明又一村的意義。實際上，知識並非遠離實踐與經驗的世界，超然於生活世界之外，知識就存在於我們所生活的、所面對的現實社會生存

世界之中，它是在一定的社會歷史境遇中發生的。後期維根斯坦的理論，胡塞爾回歸生活世界的理論等等，也都是在這個視角下討論的，杜威的這一知識論轉向和他們相似，從某種意義上說，他這種思想具有「維根斯坦」化的成分，代表著現代西方哲學的發展方向，從這個意義上說，杜威的這一思路不僅關聯到整個現代西方哲學的前提和出發點，還展現了傳統西方哲學走向當代哲學自身的變革，順應了當代西方哲學的發展趨勢。

不僅如此，杜威在分析「知識的旁觀者理論」的同時，還對其中的二元論進行了深刻而尖銳的批評，他所做的工作就像後期維根斯坦與海德格爾所做的工作一樣，對二元論思想進行了全面的批判和解構，解構意味著否定，否定指向著批判，正是在批判傳統知識論中二元論觀點的過程裡，杜威形成了自己批判性的哲學風格。應該說，在美國古典實用主義的三個哲學家中，杜威對二元論的批評是最激烈、最徹底的，杜威的這一思想抓住了西方近代知識論哲學的要害，具有現代哲學的典型特徵，David L.Hildebrand 指出：「杜威的策略是顛覆傳統二元論的核心，包括實在論和非實在論。」[17] 我們知道，從古希臘哲學開始，二元論的思維方式便開始出現，到了近代哲學，經過笛卡爾等哲學家的強化後，二元論思維方式成為哲學家們的主要傾向，甚至可以這麼說，沒有二元論，就沒有近代哲學，無論是理性主義還是經驗主義，在它們身上都體現出一種二元論的思維方式，即都把認識主體的人與作為認識對象的客體區分開來，把心靈與實在、精神與物質、思維和存在區別開來思考問題。進一步說，他們把認識中主客體的分離看作是認識得以進行，並取得進步的必要條件，由此來探討主體如何認識和作用於客體，客體如何作用和呈現於主體，二元論的結果只能導致獨斷論和懷疑論的形成。康德的理論雖然在一定程度上超越了主客二分以及與之相對應的經驗主義和理性主義的對立，但是他的哲學還是沒有擺脫二元分離的狀態，二元論問題必然導致近代哲學知識論的失敗。在康德以後，眾多現代哲學家們也試圖從各自的角度解決這個問題，從某種意義上說，現代哲學是以對二元論問題的解決作為開端的，例如，胡塞爾的「意向性」理論，海德格爾的「此在」理論，哈貝馬斯的「交往理性」理論等等，都涉及到這方面的問題。杜威亦如此，

他雖然用了 50 年的時間試圖解決這個難題，儘管也沒有最終完成任務，但是他所做的努力是有意義的，富有啟發性的。

1.2.2 杜威對傳統實在觀念的考察與批判

杜威在對「知識的旁觀者理論」進行深入地考察和批判中發現，該理論產生的一個重要原因乃是對「實在」（reality）這個問題的理解，換言之，對實在的理解是形成「知識的旁觀者理論」各種問題的重要原因之一。我們知道，從知識論這個維度上說，知識是對實在的把握，知識與實在這兩者之間有著密切的關聯，實在對於知識來說，具有一種本源性的意蘊。有什麼樣的實在，就有什麼樣的知識，也就有什麼樣的知識論類型和模式，二者是對應的關係。那麼，在「知識的旁觀者理論」那裡，實在具有什麼樣的特徵呢？這種特徵對「知識的旁觀者理論」產生什麼樣的影響呢？

杜威認為，「知識的旁觀者理論」中的實在具有一種共同的特徵，即實在是一種靜止的、終極的、非現實性的特徵，這種實在指向著一種理想的、完美的、絕對的境界，「對於古代哲學的最顯著的特點之一，即對於其本質原是理想的至高的實在的思想是極端重要的。……柏拉圖、亞里斯多德——雖稍有不同——普洛丁納司（Plotinus）、馬苦斯 . 奧列留斯（Marcus Aurelius）、聖托馬斯 . 阿奎那斯（Saint Thomas Aguinas）、斯賓諾薩（Spinoza）、黑格爾（Hegel）等，或說終極實在於其本性是完全理想的和合理的，或說它是以絕對的理想性和合理性為其必然的屬性，是哲學家們所熟知的事實。」[18] 在傳統形而上學中，實在具有普遍性、一般性的性質，體現著統一性、永恆性、神聖性、整體性、無限性等等樣態，輕視了變化、有限、運動、個性等特徵，對此，杜威這麼描述實在：「哪裡有變化，哪裡就有不穩定，而不穩定就是有所缺欠、不備、不完的證據。這些就是轉變、化成、壞滅、與非有、有限、不完相互間的聯繫所共通的觀念。因此完全而真正的實在必是不變的、不可移易的，如此充滿著『實有』，因而永遠保持著它自己在一個靜止和安息的狀態。現代最巧妙的辨證的絕對論者布拉德利（Bradley），明白地說出『沒有完全真實的東西是動的』。柏拉圖，比較地講，認為變化為墮落，抱著悲觀的見解，而亞里斯多德卻認為它為達到實

現（realization）的傾向，看來較為樂觀。但亞里斯多德仍與柏拉圖同樣，以為完全實現了的實在，神聖的和究竟的實在，是不變的。即使叫它做『動』或『能』，『動』也是不知有變化的，『能』也是無所為的。……從這個恆常與轉變的對照產生另一特質，將終極實在與實際生活的的不完全的實在分開。……在另一方面，『終極』和『真有』既無變化，就是一體（total）、統括萬有（all-comprehensive）而為一（one）。既然為一，則只知諧和和永享全善了，此之謂完滿（perfection）。」[19] 從這段話中可以看出，杜威所講的這種實在與「知識的旁觀者理論」的特徵是一致的。

基於這種實在的特點，其所形成的知識是一種完美的、純粹的、靜觀的、絕對永久的、自足的知識，「知識和真理的程度是與實在的程度相照應的。『實在』愈高而愈近於完全，則關於它的知識亦愈真愈重要。……反之，事物愈接近於絕無運動的境地，則其知識愈明顯，愈確實，而愈圓滿一純粹無夾雜的真理。」[20] 在這樣的思路下，實踐缺位了，其結果是實用的、變化的、具有時空性的知識被輕視和貶低，「從這個事實產生：靜觀的知識高於實用的知識，純理論的思維高於實驗、也高於以來事物的變化，或引起事物的變化而獲得的知識。純粹的知識是由純粹的注視、察看和注意得來。它自身本是完全無缺。自身以外它不希望什麼，它不欠缺什麼，所以它沒有目的，也無所企圖。而最重要的就是它，就是它自己的存在理由。誠然，純靜觀的知識是宇宙和自固、自足的，所以它是只可以歸之於神的一個最高的屬性。」[21] 該實在下形成的所謂「真」知識的確證標準是以靜觀程度、純粹程度、無變化程度、完美程度來衡量，當然，這種知識的確證標準也只有在心靈或者精神的領域中才能實現了，「知識價值的測定，依照已經略述過的亞里斯多德的見解，是以只是所占純粹靜觀的程度為準則。最高的程度是在終極的『理想的實有』，純粹的『心靈』的認識中達到的。這是『理想的』，諸『形相的形相』，因為它無所缺、無所需、也無變化，無分異。它無願望，因為它的一切願望都已實現。它既然是完滿的『實有』（perfect being），它就是完滿的『智』，完滿的『福』（perfect bliss）——合理性和理想性的極峰。」[22]

該實在下的知識正是由於獲得了廣泛地傳播，所以「知識的旁觀者理論」的權威性才得以強化和加固，進而將實用的、變化的這類知識排除在外，以至於邊緣化。「這個以知識的『靜觀』的觀念移植到歐洲的基督教去，就是於理論哲學絕不相干的許多人也受到了影響。知識原只是實在的觀照這個觀念—知識的旁觀者的見解——於是成了一個絕無疑義的公理相傳到後代的思想家去。」[23]

杜威認為，這種實在觀念形成的所謂自足的、靜觀的、終極的知識是被虛構出來的，其原因在於它遠離真實的、充滿變化的世界，遠離了實踐，因而它只存在於所謂的「純粹的心」、「純粹的精神」中，而對現實世界沒有任何用處，「但實際上，歷史的唯智主義（知識的旁觀者的見解）純是那些偏重知識的人們為著他們所致力的思想職責在實際上和社會上無能構造出來的、藉以自慰的一種補償的學說。他們為境遇所限制被怯弱所阻礙而不能運用他們的知識去左右事變的進止，他們就找到了可心的退身所，把知識奉為至高至貴，而不許變化的和實用的事物和它接近而玷汙它。他們將知識變作在道德上不負責任的唯美主義。」[24] 基於上述分析，應該拋棄和改造這種實在的觀念，以形成一種實用性的知識模式。

綜上所述，杜威對傳統實在觀念的分析與批判蘊含在他對「知識的旁觀者理論」的批判中，那麼，他建構的新的知識論的實在具有什麼特徵呢？從上述我們對杜威批判傳統實在觀點的思路中，不難發現，從某種意義上說，杜威不是一個傳統的實在論者，他試圖建立的新知識論中的實在觀點是一種與傳統實在觀念相反的觀點，或者說他對傳統的實在概念進行了某種界定，即實在不是普遍的、靜止的、終極的、非現實性的，更不是完美的、神聖的那個 one，而是變化的、生成的、有條件的，與情境相關的，這種實在在確證標準上主要以效用為原則。進一步而言，他所理解的實在是一個與行動相聯繫的實在，這點正如他所說的：「知識的應用已不再是辯證的，而成了實驗的時候，知的作用偏重變化，而知識的證驗則成了引起一定變化的能力。知對於實驗的科學來說是一定種類的得到賢明的指引的行為，它已不復為靜觀的，而成為真正實用的。……『實在』和『理想』——分別起了一種怎樣的大變化，是我們已經指出過的。前者不復為現成而終結的東西了，它成了

須被認為變化的資料，或被認為所期望的某種特殊變化的障礙和方便的一個東西。理想的和合理的東西也不再做不能用作槓桿來改變現實經驗世界的一個分離的現成世界和逃避經驗的缺陷的一個保養院。它們代表著關於現在的世界所計慮得到的可以用作改造、改良它的方法的各種可能。」[25] 基於此，按照杜威的理解，這種實在下所形成的知識存在於現實的經驗世界裡，具有典型的實踐性質，因而成為變化的、與情境相關的、指向著實用或者效用價值的知識了，從這個意義上來說，與傳統實在論相比，杜威所理解的實在觀點具有反實在論的傾向。循著這條思路，在其實在觀念的影響下，知識的性質也發生了變化，變化的、特殊的、偶然性的、實用的等性質內涵於知識中，自然，其知識論走向現代哲學了。

註釋

[1] 休謨：《人類理性研究》，商務印書館，1957 年，第 93 頁。

[2] 《杜威全集 . 中期著作（1899-1924）》第四卷（1907—1909），陳亞軍等譯，華東師範大學出版社，2012 年，第 7—8 頁。

[3] John Dewey.Reconstruction in Philosophy，2005 年，第 62 頁。

[4] [美] 拉里 . 希克曼：《杜威的實用主義技術》，韓連慶譯，北京大學出版社，2010 年，第 140 頁。

[5] Dewey.The need for a recovery of philosophy，The philosophy of John Dewey，Chicago and London，The University of Chicago Press，1973，p.89.

[6] John Dewey.Reconstruction in Philosophy，2005，p.10.

[7] John Dewey.The Quest for certainty：A study for the Relation of Knowledge and Action. New York：Minton，Balch&Company，1929，p.17.

[8] John Dewey.Experience and Nature，Chicago：London Open Court Publishing company，1926，p.47.

[9] 《杜威全集 . 中期著作（1899-1924）》第九卷（1916），俞吾金等譯，華東師範大學出版社，2012 年，第 213 頁。

[10] 杜威：《哲學的改造》，許崇清譯，商務出版社，2002 年，第 18 頁，

[11] John Dewey.The Quest for certainty：A study for the Relation of Knowledge and Action.New York：Minton，Balch&Company，1929，p.23.

[12] John Dewey.The Quest for certainty：A study for the Relation of Knowledge and Action.New York：Minton，Balch&Company，1929，p.23.

[13] George Berkeley.A Treatise Concerning The Principles of Human Knowledge，Indianapolis：Bobbs-Merrill Educational Publishing，1985，p.25—26.

[14] David Hume.A Treatise of Human Nature，Penguin Books Ltd，1969，p.677.

[15] John Dewey.The Quest for certainty：A study for the Relation of Knowledge and Action.New York：Minton，Balch&Company，1929，p.69.

[16] John Dewey.The Quest for certainty：A study for the Relation of Knowledge and Action.New York：Minton，Balch&Company，1929，P.43.

[17] John Dewey.The Quest for certainty：A study for the Relation of Knowledge and Action.New York：Minton，Balch&Company，1929，p.59.

[18] David L.Hildebrand.Beyond Realism and Antirealism：John Dewey and the Neopragmatists，Vanderbilt University Press，2003，p.88.

[19] 杜威：《哲學的改造》，許崇清譯，商務出版社，2002 年，第 56—57 頁。

[20] 杜威：《哲學的改造》，許崇清譯，商務出版社，2002 年，第 57—58 頁。

[21] 杜威：《哲學的改造》，許崇清譯，商務出版社，2002 年，第 58 頁。

[22] 杜威：《哲學的改造》，許崇清譯，商務出版社，2002 年，第 58—59 頁。

[23] 杜威：《哲學的改造》，許崇清譯，商務出版社，2002 年，第 59 頁。

[24] 杜威：《哲學的改造》，許崇清譯，商務出版社，2002 年，第 60 頁。

[25] 杜威：《哲學的改造》，許崇清譯，商務出版社，2002 年，第 63 頁。

1.3 新實用主義主要代表對杜威反傳統知識論的繼承與發展

　　杜威對傳統知識論的分析、否定與批判影響到了新實用主義思潮，透過新實用主義的發展歷程，我們可以看出新實用主義中的很多人（儘管他們不願意稱自己為新實用主義者）都不同程度地受到了杜威思想的影響。從某種意義上說，他們認同並繼承發展了杜威批判「知識的旁觀者理論」的基本立場與精神，並將杜威哲學中的某些觀點和自己的理論緊密結合起來，建構和捍衛自己的理論。

1.3.1 羅蒂對杜威反傳統知識論的繼承與發展

作為新實用主義思潮的典型代表之一，羅蒂受杜威的影響是最大的。在他的很多文獻中，我們可以發現，羅蒂將自己和杜威相提並論，喜好用「在我們杜威主義者看來」這樣的字眼，或者更加明確地標榜自己是「杜威主義者」等等，例如，「杜威常常被人稱作相對主義者，我也是如此。但是我們實用主義者從來不自稱是相對主義者。我們通常從否定意義上規定我們自己。我們自稱是『反柏拉圖主義者』、『反形而上學家』或『反基礎主義者』。」[1] 儘管在美國有很多人並不認同羅蒂的這一做法，有的人認為羅蒂推崇杜威這一傾嚮導致杜威成了羅蒂的杜威，並認為這是羅蒂的一種策略。但是應該說，在新實用主義者裡，羅蒂和杜威的關係是最密切的。羅蒂宣稱，自己最崇拜的人是杜威，以至於把杜威、維根斯坦和海德格爾尊奉為本世紀最重要的哲學家。羅蒂這樣說道：「在這一背景下，我們可以來看一下本世紀最重要的哲學家的工作，他們是：維根斯坦、海德格爾和杜威，他們每一個人早先都曾試圖找到一條使哲學成為『基本的』新路，一條擬定最終思想語境的新路。」[2]

羅蒂在其作品裡經常提及到杜威，把杜威樹立為自己的典型和楷模，「杜威是我最為敬仰的哲學家，也是我願意成為其弟子的哲學家。」[3] 他在其經典之作《哲學與自然之境》中闡釋自己的知識論基本立場時，多次論及到了杜威批判傳統知識論的觀點。從知識論的視域來說，羅蒂與很多現代哲學家一樣，建構自己的哲學是透過反對傳統知識論的路徑來實現的。換言之，羅蒂建構自己知識論的出發點之一便是對傳統知識論哲學展開了犀利的拒斥與批判，基於這點，其哲學和杜威批判傳統知識論的立場是契合的。正是在杜威的影響下，或者說是與杜威相似的是，羅蒂主張對傳統知識論（或者說傳統形而上學），尤其是柏拉圖—笛卡爾—康德這個繫譜下的哲學給予強烈的批判，並放棄這種知識論，「杜威是美國實用主義的奠基者之一，他是一位花了60年時間試圖使我們擺脫柏拉圖和康德束縛的哲學家。」[4] 傳統知識論哲學是一種「鏡式哲學」，其本質是再現論、表象論與基礎論的泛濫，這種「鏡式哲學」是一種尋求本質、基礎和表象的理論，當然，形成的知識論必然是

一種本質主義、基礎主義、表象主義為主要特徵的知識論。為此，應與杜威反「知識的旁觀者理論」一致，即對傳統知識論持否定與批判態度，尤其是對二元論、本質主義、表象主義、基礎主義等給予批判與解構。這也就是說，羅蒂繼承並發展了杜威反傳統知識論的基本精神和立場，其建構的知識論之途徑也是透過反傳統知識論，尤其是透過反二元論、反本質主義、反基礎主義和反表象主義的方式來實現的，其中杜威對他的影響如下：

第一、羅蒂繼承了杜威反對傳統知識論的基本立場，即杜威批判「知識的旁觀者理論」中所蘊含的強烈批判精神，並將這種批判精神拓展到對傳統知識論中二元論、本質主義、基礎主義、表象主義等思想的分析與批判中，由此出發，來建構自己的行為主義知識論。「但是對於杜威來說，哲學的目的是批判性的而非建設性的。」[5] 羅蒂在杜威批判「知識的旁觀者理論」中找到了其反對傳統知識論的共同點，他秉承杜威的批判精神，尤其是杜威反二元論中所持的強烈批判性，舉起了反傳統知識論的大旗，旗幟鮮明地對傳統知識論中二元論、本質主義、基礎主義、表象主義等觀念進行了深入地剖析與批判。我們知道，在現代西方哲學的發展中，反二元論是一股與傳統哲學對立的重要思潮，從某種意義上說，正是在與二元論思潮進行反抗和決裂的過程中，西方知識論哲學走向了現代的視野。在這股洪流中，從美國古典實用主義的維度來說，杜威批判二元論的傾向是非常典型和強烈的，本書在前面已對這一傾向做了認真的分析，在此不做贅述了。

杜威反二元論的批判精神與立場深深影響到了羅蒂，他說：「賴爾和杜威都稱讚亞里斯多德抵制了二元論，把『靈魂』不看成在本體論上不同於人的身體，正如蛙捕捉飛蠅和蛇蟲的能力與蛙的軀體在本體論上沒有什麼不同一樣。」[6]、「表達這個共同性的最為快捷的途徑就在於指出，像威廉.詹姆士和弗裡德里希.尼采，唐納德.戴維森和雅克.德希達，赫拉雷.普特南和布魯若.拉圖爾，約翰.杜威和米歇爾.傅柯這樣來自歐美兩邊的哲學家都是反二元論者。當然這並不意味著他們都反對二元對立；不使用這些對立思想是否可能是不清楚的。確切地說，這意味著，他們都試圖擺脫某些特殊形而上學二元論的影響，那些二元論是西方哲學傳統從古希臘那裡繼承下來的，他們是本質和偶然、本體和屬性、表象和實在之間的對立！」[7] 從這些話中，

可以看出，羅蒂對杜威反二元論的這一傾向大加讚許，將杜威歸入到這些反傳統哲學的現代哲學家之列。與此相應地，羅蒂也舉起了反二元論的大旗。在羅蒂那裡，二元論的表現方式有很多種，例如：「這種二元論是以『與身體的分離的存在』（第四種二元論）為基礎的，它極不同於人與其靈魂之間的二元論，人與亞里斯多德被動理智的二元論，或 res cogitans（思想物）與 res extensa（廣延物）之間的二元論。但它也是一種部分的二元論，其不完全性在一切方面都與古代的二元論一樣。……而現代二元論者（如賴爾把信念、慾望等等看作談論傾向的方式）只把類似於事件的心態的備選項當作『分離的存在』。」[8] 無論是笛卡爾式的二元論還是傾向於語言學式的二元論，所討論的東西都不具空間性和時間性，意義不大，「我所能想出的唯一例子是有關有限與無限、人與神以及個別與普遍之間的區分。我們直觀到任何事物都不可能跨越這些區分線。但是這類例證似乎沒有多大用處。」[9]、「我認為，這種所謂的直觀不過是支配某種技術性詞彙的能力，這種詞彙在哲學書籍之外一無用處，而且不會在日常生活、經驗科學、道德和宗教中導致任何結果。」[10] 只有拋棄主客之間的、來自心靈的知識與來自世界的知識之間的區分與對立，才能拋棄所謂的真理符合理論。「杜威早在哈貝馬斯之前就宣稱，除了主體間的一致意見外，客觀性觀念沒有任何其他內容，而主體間的一致意見是透過對一切可以得到的假說和政策的自由和開放的討論達到的。他希望，廣泛採納這個觀點會使我們對我們的生活更敏感，它會終止在文化活動之間和在我們生活的諸部分之間建立等級秩序的企圖。……並會消除先驗和經驗的區分（康德）、概念和事實的區分（賴爾），或本體和實體的區分（海德格爾）。」[11] 羅蒂宣稱，在對待二元論的西方哲學史上，康德是個轉折點，因為他是區分在建構知識過程中嘗試著區分主體角色和客體角色的歸謬論者，黑格爾認識到了這點，但他還是使用了「主觀的」和「客觀的」這樣的術語，在此羅蒂認為這是一個錯誤。在對待二元論問題上，羅蒂對杜威評價很高，他認為，只有杜威最為明確、最為清晰地拋棄為古希臘哲學家和德國古典哲學家所共同具有的目標，進而將支持日益增產的自由社會以及在其中日益多樣的個體的社會目標。針對杜威提出的這個具有社會建構論色彩的知識論主張，他非常贊同，「這也是我之所以把他看作 20 世紀

哲學中最有用的也是最重要的人物的原因。」[12] 羅蒂繼承了杜威的批判性，向二元論思想發出了詰難，繼而又進一步舉起了反基礎主義、反本質主義、反表象主義的大旗。

第二、從反二元論相關問題出發，羅蒂將反本質主義、反基礎主義、反表象主義的批判傾向與杜威批判傳統知識論追尋確定性知識所帶來的基礎主義和本質主義傾向結合起來，在此，羅蒂認同杜威批判「知識的旁觀者理論」中的批判對象與批判內容。受杜威的啟發，羅蒂從杜威批判與解構傳統知識論中尋找到了其反本質主義、反基礎主義、反表象主義的來源。換言之，羅蒂在解讀杜威反傳統知識論思想的時候，找到了其反基礎主義、反本質主義、反表象主義等觀念的理論依據。我們知道，在杜威那裡，極富二元論之典型特徵的「知識的旁觀者理論」目標是追尋確定性知識，這種確定性的知識強調知識的基礎性和本質性特徵，其結果使得知識論傳統（從柏拉圖開始一直到康德）將重點關注到了靜觀的、永恆的、不變的實在領域，這種實在觀念形成的知識是自足的、靜觀的、終極的、確定的知識，這樣的知識遠離實踐，所以是被虛構出來的，當然，其所形成的知識成了表面的、虛假的，甚至是幻覺的，對社會來說是無價值的。杜威的這一思想影響到了羅蒂，他從杜威的這一理論中吸取了養分，對知識論中的基礎主義、本質主義、表象主義展開了深刻地批判。

首先，關於本質主義與反本質主義。羅蒂認為，在杜威思想裡，本質主義體現在自柏拉圖開始的知識論建構基礎——實在中，即實在具有內在本質這樣的特徵，顯然，傳統知識論裡具有明顯的本質主義傾向，「無論如何，在一個人能夠認真地對待杜威和實用主義之前，他必須確信，柏拉圖的追求，透過表象抵達實在內在本質的那個企圖，是徒勞的。」[13] 針對這種本質主義，羅蒂強調，在杜威那裡，由於已經突破了二元分立的思維方式，一切都處在一種關係性的存在方式中，所以不存在非關係特徵的事物，不存在具有所謂的內在性質和本質的事物，「實用主義者堅持以非視覺的、非再現的方式來描述感性直覺、思想和語言，因為他們喜歡突破『知道事物』和『使用事物』之間的區分，以培根的斷言『知識就是力量』為出發點，他們提出了這樣的斷言，力量就是存在在那裡有待於人們去認識的一切—斷言『知道 X』等於

斷言『能夠用 X 做些什麼或對 X 做些什麼，或者使 X 與另一個事物建立某種聯繫』。不過，為了使這個斷言成立，他們不得不攻擊這樣一個觀念：『知道 X』是『一件關係到為 X 所原本內在的某物的時期』，而『使用 X』則是『一件關係到與 X 處於外在的偶然的關係的事情』。」[14] 為此，羅蒂將杜威思想中對二元論的這種解構稱為反本質主義，「為了攻擊那個觀念，他們必需突破內在和外在之間的區分——X 內在核心和 X 邊緣地帶之間的區分，後者被這樣一個事實多建構起來：X 與構成宇宙的其他計劃處於一定的關係之中。突破這種區分的企圖也就是我將稱之為反本質主義的企圖。」[15] 在羅蒂看來，杜威是一個反本質主義者，「杜威是反本質主義者、實用主義者和平等主義者。」[16] 那麼反本質主義是什麼呢？羅蒂回答：「反本質主義者不是根據與客體內在特徵的關係，而是借助在研究者中間取得共識的相對適宜來定義術語『客體』的。正如表象和實在的區分已經被兩個描述相對效用之間的區分取代一樣，客觀事物和主觀事物的區分已經被形成共識的相對適宜所取代。」[17] 從羅蒂這段話裡，我們似乎可以看到杜威批判二元論的烙印以及重視效用價值的色彩。從某種意義上說，羅蒂舉起反本質主義的大旗與杜威思想有著密切的關聯，正是在杜威批判二元論的思想中，羅蒂找到了其反本質主義的依據和來源，進而對反本質主義進行了深入地分析與批判。至於反本質主義的目的與好處，羅蒂將其視為否定傳統知識論哲學問題的基礎，為了說明這點，羅蒂在杜威思想中找到了共鳴，他對杜威思想大加推崇，「實用主義者認為，反本質主義存在著兩大好處，其一是，採用反本質主義使得提出許多傳統哲學問題不再成為可能。其二是，採用反本質主義使得達爾文達成協議變得更加容易。……我贊成杜威的如下見解，哲學的職責在於對舊言談方式和新言談方式其中介作用，舊言談方式是為了完成早期趣味而發展起來的，新言談方式是為了滿足新要求而發展起來的。」[18] 羅蒂的這段話表明，其反本質主義與杜威反傳統知識論是一脈相承的。

其次，關於基礎主義和反基礎主義。針對這一問題，羅蒂首先對基礎主義進行認真的分析，在杜威那裡找到了其批判與拋棄基礎主義的源泉，藉此，對基礎主義進行了尖銳地批判，這其中，杜威對傳統知識論的批判和拋棄的立場獲得了他的充分肯定和認同，例如，杜威將變化的、實踐的、社會的、

歷史的相度引入到知識論的研究中（羅蒂理解是自然化了的黑格爾式的歷史觀），來拋棄「知識的旁觀者理論」以及形而上學，羅蒂從對杜威這些問題的解讀中，為其反基礎主義找到了盟友，進而借助於杜威找到了其反基礎主義的理論來源。

我們知道，在基礎主義知識觀那裡，知識建構在某種基礎之上，這種基礎是知識之本、知識之根，它可以充當知識的確證標準，以決定知識的可靠性和真假性狀況，當然，這種基礎的性質是客觀的，即不依賴於人的主觀意識及其活動。羅蒂強調，這種基礎主義知識觀尤其體現在哲學是文化的基礎這一觀念上，換言之，這種基礎主義知識觀在哲學這門學科性質的問題上獲得了淋漓盡致的展現，「作為一門學科的哲學，把自己看成是對科學、道德、藝術或宗教所提出的知識主張加以認可或揭穿的企圖。它企圖根據它對知識和心靈的性質的特殊理解來完成這一工作。哲學相對於文化的其他領域而言能夠是基本性的，因為文化就是各種知識主張的總和，而哲學則為這些主張進行辯護。它能夠這樣做，因為它理解知識的各種基礎，而且它在對作為認知者的人、『精神過程』或使知識成為可能的『再現獲得』的研究中發現了這些基礎。」[19] 在此，羅蒂對基礎主義知識觀進行了歷史的梳理，他認為基礎主義知識觀將知識論的概念建立在「心的過程」上，從其發展過程來看，它有很多表現形式，例如洛克、笛卡爾、康德的知識觀，它們都是這種基礎主義知識觀，其不同點只是體現在對「心」的理解不同，但是共性都是一樣的，都是以基礎主義為主的知識觀，這種基礎主義知識觀在其發展中逐漸得到了強化並占據了主流，排斥了非基礎主義知識觀，「在十九世紀，作為一種為知識主張『奠定基礎』的基本學科的哲學觀，會聚在新康德主義者的著作中了。對這種需要『基礎』的文化觀以及對要求一門知識論來履行這一任務的主張的偶爾出現的異議（例如在尼采和詹姆士中的著作中），一般來說都未被理睬。」[20] 到了現代，這種基礎主義知識觀又獲得了重新的肯定，其原因在於羅素、胡塞爾等人對「科學的」和「嚴格的」維護，「在本世紀初，這種主張又被這樣一些哲學家（尤其是羅素和胡塞爾）重新肯定，他們熱衷於保持哲學的『嚴格性』和『科學性』。」[21]

在對基礎主義知識觀進行了深刻地分析之後，羅蒂將杜威引入到了對基礎主義的批判中，在他眼裡，杜威對基礎主義的態度是堅決的，因為杜威主張拋棄這種知識論，這種放棄意味著顛覆。進一步說，杜威已經拋棄了知識基礎的觀念，拋棄了對「心的哲學」的研究典範，「維根斯坦、海德格爾和杜威都一致同意，必須放棄作為準確再現結果的知識觀，這種知識觀是由經特殊的心的過程而成立的，並由於某種有關再現作用的一般理論而成為可理解的。對他們三位來說，『知識基礎』的觀念和以笛卡爾回答認識論的懷疑論者的企圖為中心的哲學觀念，都被拋棄了。此外，他們還拋棄了笛卡爾、洛克和康德共同具有的『心』的觀念，即把『心』當作一種專門的研究課題，當作存於內在的領域，包含著使知識得以成立的一些成分或過程這種觀念。」[22] 杜威不僅拋棄了「知識基礎」的觀念和「心的哲學」，還拋棄了基礎主義知識觀以及形而上學本身，「他們乾脆放棄了作為可能學科的認識論和形而上學本身。我用了『放棄』而非『反駁』這樣的字眼，因而他們對待傳統性問題的態度有如十七世紀哲學家對待經院哲學問題的態度。」[23] 那麼杜威引入什麼來拋棄基礎主義知識論呢？對此，羅蒂說道：「在這一背景下，我們可以來看一下本世紀三位最重要的哲學家的工作，他們是：維根斯坦、海德格爾和杜威。他們每一個人早先都曾試圖找到一條使哲學成為『基本的』新路，一條擬定最終思想語境的新路。……而杜威曾企圖建立一種自然化了的黑格爾式的歷史觀。……他們後期的研究是治療性的，而非建設性的，是教化性的而非系統性的，目的在於使讀者對自己哲學思維的動機質疑，而非在於為讀者提供一套新的哲學綱領。」[24] 羅蒂的這段話裡說明，杜威拋棄這種基礎主義知識論的原因在於引入了自然化了的黑格爾式的歷史觀，換言之，杜威將變化的、歷史的、社會的、實踐的向度引入到了知識論裡，羅蒂高度評價了這一思想，他認為這一觀念已經是一種革命的哲學了，「維根斯坦、海德格爾和杜威透過引入一幅幅新的地域（即人類活動全景）區劃圖而把我們帶到了一個『革命的』哲學（按庫恩的『革命的』科學的意義來理解）的時代，這些新版圖乾脆沒有包括那些似乎具有支配作用的特徵。」[25]

在對杜威批判和拋棄基礎主義知識論進行認真地解讀後，羅蒂貫徹了杜威的精神，舉起了反基礎主義的大旗，他甚至比杜威走得更遠一點，即堅決

否定了哲學成為各門學科的基礎這個問題，其目的就是要摧毀這一切，「摧毀讀者對『心』的信任，即把心當作某種人們應對其具有『哲學』觀的東西這種信念；摧毀讀者對『知識』的信任，即把知識當作是某種應當具有一種『理論』和具有『基礎』的東西這種信念；摧毀讀者對康德以來人們所設想的『哲學』的信任。」[26] 這種摧毀意味著需要重新詮釋和理解哲學的功能和價值，意味著需要建構一種新的知識論來取代舊的知識論了。

第三，羅蒂在提出「反鏡式哲學」、「反再現理論」或「反表象論」思想的時候，重視杜威以實踐、社會、歷史等向度對傳統知識論進行批判的視角，並將其作為養分吸收到自己的思想中，對知識論中的再現論與表象論進行了深刻地分析，並展開了尖銳地批判，這一傾向尤其是體現在他對分析哲學的理解中。在羅蒂那裡，分析哲學也是一種「再現理論」，進而對這種「再現理論」進行了深刻地反駁，其中闡述了其「反鏡式哲學」、「反再現論」與杜威的關係。

羅蒂在對傳統知識論的二元論、本質主義、基礎主義傾向進行否定和批判的同時，又提出了「反再現論」、「反表象論」等觀點，這就是他著名的反鏡式哲學的理論。在他那裡，鏡式哲學（或再現理論）指的是，傳統認識論由於貫穿著二元論的思維傾向，在此語境下，認識意味著心靈對心外之物的準確再現，這個過程如同照鏡子一樣，其中「普遍的心」（心靈）就像一面鏡子，它能夠從內部反映（再現）實在，而知識論主要探討的就是這種反映（再現）的準確性，以知識論為主的哲學實際上則是獲得這種認識的策略。換言之，以知識論為主的哲學乃是屬於這種有關再現或者表象的一般理論，從內部「心靈」或者「語言」出發的思路下所獲得的知識是「普遍性的」、「與身體分離性的」、「非空間性」的知識，「俘獲住傳統哲學的圖畫是作為一面巨鏡的心的圖畫，它包含著各種各樣的表象（其中有些準確，有些不準確），並可借助純粹的、非經驗的方法加以研究。如果沒有類似於鏡子的心的觀念，作為準確再現的知識觀念就不會出現。」[27]、「知識是由於一種特殊的鏡式本質而成立的，而鏡式本質是人類能夠反映自然。」[28] 笛卡爾、洛克、康德哲學也是一種鏡式哲學，在從笛卡爾到康德的認識論發展中，這種鏡式哲學雖然在各個階段各有不同，但其本質是一樣的，即都是鏡式的本

質，「對康德來說，提出一種『知識論』概念的企圖，只是向這樣一種知識概念前進了一步，即那種基本上是『……的認知』（Knowingthat）而非『關於……的認知』（Knowingof）的概念，也就是達到朝向不以知覺為模型的認知概念的中途。然而不幸的是，康德進行這種轉變的方式仍然停留在笛卡爾的框架內；它的措詞仍然像是對我們如果從內部空間達到外部空間這個問題的回答。他的自相矛盾的回答是，外部空間是由棲於內部空間的觀念（Vorstellungen）所構成的。」[29]

　　透過對近代認識論發展脈絡的解讀，羅蒂強調，鏡式本質雖然從笛卡爾到康德被一步步強化和確認，固化在認識論裡，然而這種鏡式本質上是虛假的、自欺欺人的，「我們的鏡式本質（經驗學者的『理智的靈魂』）也就是培根的『人之心』。它遠遠不是一面明淨平勻的鏡子，在其中事物的光線應按其實際的入射角來反射……，而是像一面中了魔的鏡子，遍佈著迷信與欺騙，如果它沒有被解除魔法和被覆原的話。」[30] 鏡式哲學追求知識的基礎性和本質性，意味著在鏡式哲學之下，知識裡包含了所謂的「基礎」、「本質」等確定性傾向，由此出發，以認識論為基礎的哲學尋求確定性、結構和嚴格性，這也就是說，正因為傳統哲學家們持二元劃分的思維方式，以及對本質主義、基礎主義的追尋，才導致哲學成了一種「鏡式」的哲學。而笛卡爾、洛克、康德對「心靈之鏡」存在的論證又是混亂的，這種情形自然會使認識論陷入到困境之中。

　　羅蒂指出，在現代哲學裡，這種鏡式哲學沒有結束，它主要體現在分析哲學上，分析哲學家們（發端於羅素、弗雷格），甚至是胡塞爾現象學等，他們以語言所構成的自然之鏡代替心靈構成的自然之鏡，也始終未能擺脫傳統的「鏡式知識論」。對此，羅蒂說道：「按照我的理解，發端於羅素和弗雷格的那種哲學，和經典的胡塞爾現象學一樣，只是使哲學占據著康德曾希望它去占據的那個位置的另一次企圖，這就是根據它對文化中其他領域的『基礎』的專門知識來評判這些領域。『分析的』哲學是另一種康德哲學，這種哲學的主要標誌是，把再現關係看成是語言的而非心理的，思考語言哲學而非思考『先驗批判』，也不思考作為一門顯示『知識基礎』的學科的心理學。……因為分析哲學仍然致力於為探求、從而也是為一切文化建立一種

永恆的中立的構架。」[31] 從這段話裡，羅蒂強調分析哲學在本質上不僅沒有擺脫笛卡爾-洛克-康德這套傳統，相反，是鏡式哲學的另一種發展，「這種看法認為，人類活動（以及探求，尤其是知識的追求）發生於一種理論構架之內，這個理論構架在探求的結論（一組可先驗地發現的前提條件）得出之前可被抽離出來，它使當代哲學與笛卡爾-洛克-康德的傳統聯繫在一起。……認為可能存在有『知識基礎』（一切知識，在過去、現在、將來的每一領域中的知識）或『再現理論』（一切再現觀，在熟悉的詞彙中的和尚未夢想出來的再現觀）的看法，依存於如下假定：存在有某種先驗的制約因素。」[32]

分析哲學是鏡式哲學的另一種發展，即分析哲學是鏡式哲學在現代的一種新的表現，其原因主要在於它致力於探究、為一切文化建立一種永恆的、中立的構架，所以從基本上說，它並沒有改變笛卡爾-康德的問題體系，也未能賦予哲學一種新的自我形象，對此，羅蒂表示了質疑與反駁，「決定著我們大部分哲學信念的是圖畫而非命題，是隱喻而非陳述。俘獲在傳統哲學的圖畫是作為一面巨鏡的心的圖畫，它包含著各種各樣的表象（其中有些準確，有些不準確），並可借助純粹的、非經驗的方法加以研究。如果沒有類似於鏡子的心的觀念，作為準確再現的知識觀念就不會出現。沒有後一種掛念，笛卡爾和康德共同採用的研究策略——就不會講得通了。如果心靈中不懷有這種研究策略，認為哲學可由『概念分析』、『現象學分析』、『意義闡釋』、檢驗『我們語言的邏輯』或檢驗『意識構成活動的結構』等晚近的主張就不可理解了。」[33]

在對分析哲學的鏡式性質進行質疑和反對的時候，羅蒂引入了杜威來反駁分析哲學，因為在他看來，杜威知識論裡具有重視社會、歷史和實踐的情境主義向度，這種知識觀與分析哲學的某些基本特徵是對立的，如果接受杜威重視社會、歷史與實踐向度的知識觀，那麼分析哲學這種再現論的知識觀就是自欺欺人的。換言之，羅蒂在杜威那裡找到了反駁分析哲學之鏡式特徵的思想來源，「如果我們接受杜威的知識觀，並被正面有理由信奉它，那麼我們將不會認為對於可稱作知識的東西存在著持久的限制因素，因為我們將把『證明』（justification）看作一種社會現象，而不看作『認知主體』和『現

實』之間的一種事務。」[34]、「理解分析哲學如何切合傳統的笛卡爾 - 康德模式的一種方法是，把傳統哲學看成是一種逃避歷史的企圖，這是一種去發現任何可能的歷史發展的非歷史性條件的企圖。按照這一觀點，維根斯坦、杜威和海德格爾的共同旨意具有一種歷史主義的性質。三位哲學家中的每一位都提醒我們注意，對知識、道德、語言、社會的基礎所作的研究可能僅只是類似於教義辯護的東西，它們企圖使某種當代的語言遊戲、社會實踐、或自我形像永恆化。」[35]、「與此相反，杜威雖然既不具有維根斯坦那種辯證的敏識，又不具有海德格爾的歷史修養，卻能根據一種新型的社會觀寫下自己對傳統的鏡子形象的反駁。」[36]

透過上述這三段話，可以看到，分析哲學仍然是尋求基礎、本質性的東西，羅蒂將其稱為「為一切文化建立一種永恆的、中立的構架」，分析哲學是超越時空限度的，即歷史主義的，其構建知識的方式是非整體性的，即缺失了整體性的維度。基於此，塞拉斯才對「所與性」理論進行了批評，奎因才對「必然性」進行了批評，正因為分析哲學具有這種所謂的鏡式哲學的特徵，所以才成為再現理論，它是不真實的、自欺欺人的，因而需要對其進行反駁和批評。而與這種再現理論相反的是，杜威知識觀拒斥「知識的旁觀者理論」，強調拋棄和解構傳統知識論，將知識看成是一種與社會、歷史、實踐相關聯的產物，這些思路和羅蒂反鏡式哲學的主張是不謀而合的，因此成為羅蒂反鏡式哲學、反再現理論的一個思想基礎或者是理論來源。

1.3.2 奎因對杜威反傳統知識論的繼承與發展

在新實用主義思潮中，奎因可謂是一個很重要的人物，可以說他是第一個應用實用主義理論打開分析哲學缺口的人，儘管他本人並不接受「實用主義」的稱號，但是他為實用主義的復興和發展創造了條件，因而被新實用主義奉為楷模。早期奎因哲學堅持邏輯實證主義立場，上個世紀 40 年代開始，奎因就感興趣於實用主義。1951 年，他發表《「經驗主義的兩個教條」》一文，這篇文章讓人們看到了一個實用主義化的分析哲學家。在此文中，奎因透過批判分析哲學的兩個教條—分析與綜合的二元分裂，來批判傳統知識論領域中的二元論。奎因對分析哲學中的「分析」概念進行了細緻的考察，最

後得出結論：「分析」概念不能成立，分析哲學家們從未清楚地在分析陳述和綜合陳述之間劃出分界線來，由此奎因否定了分析／綜合的存在。正是基於此，奎因表示，不存在必然的、永恆的、權威的知識和真理，一切知識的源泉只能是偶然的、外在的。很顯然，奎因的這一思路與杜威反傳統知識論中的二元論思想是一致的，對此，C. 維斯特認為，奎因對於分析／綜合的拋棄，符合詹姆士和杜威的反二元論精神。奎因與杜威反傳統知識論思想之間的關係主要表現在以下方面：

杜威的實用主義對奎因產生了重要的影響。在新實用主義哲學家那裡，奎因的實用主義傾向是很明顯的，例如：「卡爾納普、路易斯等人在選擇語言形式、科學結構的問題上採取了實用主義立場；但他們的實用主義在分析的和綜合的之間的想像的分界線上停止了。我否定這樣一條分界線因而贊成一種更徹底的實用主義。每個人都被給予一份科學遺產，加上感官刺激的不斷的襲擊；在修改他的科學遺產以便適合於他的不斷的感覺提示時，給他以指導的那些考慮凡屬合理的，都是實用的。」[37] 從某種意義上說，除了受皮爾士的影響之外，在奎因身上的這種實用主義色彩與其受杜威的深刻影響分不開的。換言之，奎因與杜威的關係可謂是較緊密的關係，這種緊密表現在，作為一個和杜威相同的經驗論者，奎因很重視對杜威思想的研究，「本書中用作者名的這篇論文，是作為 1968 年 3 月 26 日及 28 日在哥倫比亞大學所做的兩次同名演講而被提交的。它們構成了約翰. 杜威講座的首輪演講。該講座每兩年舉辦一次。杜威在 1905 年到 1930 年期間曾是哥倫比亞大學哲學教授。」[38] 奎因寫的《本體論相對性》就是為了紀念杜威而寫的，在此文中，他這麼說道：「1931 年春，當我讀研究生的時候，我聽了杜威論作為經驗的藝術的講演。那時，杜威是哈佛大學威廉. 詹姆士講座的首任講演人。現在，使我感到驕傲的是，我作為杜威講座的首任講演人出現在哥倫比亞。」[39] 透過奎因的自然化認識論，我們可以看到杜威實用社會知識論的很多烙印和影子。為此，學者陳波認為，杜威的思想在奎因哲學中發揮了關鍵性作用，「1931 年，當奎因正在哈佛念邏輯研究生期間，他聆聽了杜威在哈佛所作的第一個詹姆士講座。而在 1968 年，他於哥倫比亞大學擔任了第一任杜威講座教授，在此期間，他發現與杜威有許多一致之處：他們兩人都是自然主義

哲學家，都反對私人語言，並且都認為意義不是一種精神的存在物，它首先是行為的一種屬性。」[40] 顯然，奎因思想中的實用主義色彩與杜威對其的影響是分不開的。

在前面，本書論述了杜威建構其實用社會知識論的運思前提，即杜威對「知識的旁觀者理論」思想展開了深刻地拒斥與批判，以至於這種批判性精神構成了杜威建構其知識論的一個前提和基礎。在他那裡，傳統知識論諸多問題的產生原因乃是由於哲學家們虛構了知識的本質，預設了一種確定性的知識，而人們又接受了這一系列的觀念，杜威反駁和批判了傾向，杜威批判視角和悔恨向對奎因產生了重要地影響，與杜威相似的是，或者說與現代哲學反對傳統哲學的潮流相一致的是，奎因在建構自然主義認識論的時候，也將其認識論的建構前提放在反傳統知識論這一問題上，即拒斥和批判基礎論，挑戰懷疑論，由此出發，提出了自己的自然主義認識論。

從奎因著作來看，其反傳統知識論的主張與杜威對「知識的旁觀者理論」的拒斥與批判有著密切的關聯。我們知道，在奎因自然主義認識論那裡，反傳統哲學悔恨向是很堅定的，在其著作中，他多次對傳統經驗論的知識觀進行深刻地剖析和否定，例如，在《經驗論的兩個教條》文中，奎因這麼說道，休謨關於觀念間的關係與事實之間的區別，萊布尼茲關於理性的真理與事實的真理之間的區別，都預示了康德關於分析的真理與綜合的真理之間的區分，萊布尼茲談到理性真理就是那些不可能假的真理。我們聽到有人以同樣的腔調把分析陳述定義為否定之則陷於自相矛盾的陳述。但這個定義沒有多大的說服力；因為這個分析性定義所需要的真正廣義的自相矛盾概念，正像分析性概念本身那樣有待於闡明。這兩個概念是同一個可疑的錢幣的兩面。康德把分析陳述設想為這樣的陳述，它把不過是主詞概念中已經包含的東西歸屬為主詞。這個說法有兩個缺點：它侷限於主 - 謂詞形式的陳述，而且求助於一個停留在隱喻水平上的包含概念。」在這裡，奎因指出，一切真的信念並不都是知識，當然，可辯護的信念也不盡然都算作是知識。「在過去 60 年內，人們日益清楚地認識到，我們的一些傳統的內省概念，我們關於意義、觀念、概念、本質所有這些未加以提煉和未加以限定的概念，給關於世界的理論提供了一個極其軟弱無力和難以處理的基礎。」[41] 意義、觀念、概念、本質等

這些知識是模糊的，因為它們沒有明確的界限。作為一個經驗論者，奎因是從否定的意蘊上對傳統經驗論的某些知識概念進行分析與批評的。在他看來，傳統經驗論哲學中的知識或信念等（包括數學與邏輯學中的概念），是人為創造出來的，而不是真正的經驗的產物，「我們所謂的知識或信念的整體，從地理和歷史的最偶然的事件到原子物理學家甚至純數學和邏輯的最深刻的規律，都是人工的織造物，它只是沿著邊緣同經驗緊密接觸。」[42] 不僅如此，奎因對傳統知識論的批判還體現在他對二元論哲學的理解及其否定上，「即使存在著經過二分仍然神祕難解的事物，諸如赤道和北極這樣一些『抽象的殊相』，也無關緊要；因為這樣的二分沒有什麼用處。」[43] 在《理論與事物》一文中，奎因更是對二元論表明了自己的否定立場，「對於同一件事還有第四個事例，它也值得注意，因為它涉及長期爭論不休的心身二元論。我幾乎不需要說，二元論是沒有吸引力的。」[44] 在奎因那裡，二元論是虛假的，意義不大。

上述所言體現了奎因對傳統知識論的態度和立場，無論是經驗論哲學中的知識概念，還是虛假二元劃分法，奎因都表達了自己的拒斥和批判態度，而這種拒斥和批判與杜威對其影響是分不開的，藉此，奎因高度贊同杜威所做的工作，並明確自己的思想與杜威的關係，他直接說道：「在哲學上，我堅持杜威的自然主義。這種自然主義支配了他的後 30 年。與杜威一樣，我認為，知識、心靈、意義是它們不得不與之打交道的同一個世界的部分，並且必須按照使自然科學充滿生機的同樣的經驗精神對它們加以研究。這裡，沒有先驗哲學的位置。」[45] 在這段話裡，奎因宣稱自己與杜威的關係，以此為基礎，表明自己對傳統知識論哲學的立場。

由此出發，在杜威反「知識的旁觀者理論」的批判視域啟發下，奎因在論述翻譯的不確定性等問題時，強調放棄確定性知識的追求，他這麼說道：「當我們與杜威一道轉向自然主義的語言觀及行為主義的意義論時，我們所放棄的並不僅是那種言語的博物館圖像，我們也放棄了對於確定性的信念。根據博物館神話，語言中的詞和句子有其確定的意義。為了發現土著人詞語的意義，我們可能不得不觀察他的行為，但是詞語的意義仍被假設為在土著人的心靈即他的精神博物館中是確定的，甚至在行為標準無力為我們發現這

些意義的情況下也是如此。另一方面，當我們和杜威一道承認『意義……首先地是行為的性質』時，我們也就承認了：在內含於人們的外部行為傾向中的東西之外，即不存在意義，也不存在意義的相似或差別。對於自然主義來說，這個問題即兩個表達式是否在意義上相似，沒有任何已知或未知的答案，除非這些答案在原則上由人們的已知或未知的語言傾向所決定。如果根據這些標準還有不確定的情形，那麼對於意義和意義相似這些術語來說，情形就更加不妙。」[46]

　　從上述這段話裡，語言的博物館神話具有一種追求確定性傾向的特點，這種確定性的產生源於詞語的意義遠離實踐行為，因而是預設和虛構的，只有在精神的領域裡才存在，才被確立！換言之，這種確定性的知識是一種沒有根基的精神的存在物，因而它是不真實的，是一種私人的語言，所以，應該放棄這種語言的博物館圖像，轉向一種新的思維，正是在這種轉向裡，奎因找到了和杜威一致的地方，即杜威也強調放棄確定性的知識，倡導包含實踐特徵的知識類型，「他們都希望這個真實存在的世界是完全的、已完成了的、確切的，為了達到這個結果，他們不惜將事物分裂成為兩個沒有聯繫的部分，這樣一來，他們所需要的這個特性似乎只能出現在理性或在機構之中；」[47] 杜威旗幟鮮明地以內涵著行為主義的知識觀來反駁傳統知識論追求確定性知識之悔恨向，奎因在考察杜威知識觀的時候，關注到了這一點，在論述語言意義的行為特徵時，主張保持和杜威思想的一致性，並將此觀念拓展到了其本體論的相對性、翻譯的不確定性，指稱的不可預知性等思想中，「翻譯的不確定性沒有受到人們對其變化不定的語言內的對應物那樣的重視。因為在心靈主義的哲學中，有一個眾所周知的私有世界的難題。因為在思辨的神經學中，存在著不同的神經線路可以說明同一言語行為的情況。因為在語言學習中，各種各樣的個人經歷可以導致同樣的言語行為。但是對這種語言內的情況，人們仍然可以一種實證的理性態度說，倘若兩個人的一切言語行為傾向都無差別，那麼認為他們之間有任何語義上的區別是沒有意義的。對語言的情形人們不大注意到，這一點頗有諷刺意味，因為恰恰是在這裡，語義的不確定性才具有一種明白的經驗意義。」[48] 從奎因的這段話裡，我們不難發現，作為一個經驗主義者，奎因所講的翻譯、語義問題都存在於經驗

中，具有經驗的意義，而經驗包含著一種行為主義的特性，這種行為主義意味著不確定性、變化、差異等狀況，所以在經驗下的翻譯、語義等思想也具有不確定性、變化、差異等特徵。相應地，在傳統心靈主義哲學中，確定性等傾向是一種私人的語言，藉此，所謂的確定性、同一性、無差別性等這樣的思維成為他反對的事物，因此，我們從奎因的思想裡能夠看到杜威的影子。

綜上所述，奎因認同杜威內涵著行為主義的知識觀來反駁和拒斥傳統知識論中追求確定性傾向這一觀點，如果接受杜威的這一論點，就意味著必須放棄傳統知識論的基本特點——追求確定性知識的傾向，來接受一種新的知識觀，這種知識觀指向著變化的、不確定性的、相對的、差異的等思維。進一步說，在「知識的旁觀者理論」那裡，絕對抽象之實在下所形成的知識由於在精神領域內預設出來，它與實踐脫節，知行分裂，因而才造成了西方哲學史上眾多問題的出現及其困境。而解決這個問題的關鍵主要在於回歸到經驗之中，強調實踐的重要性，持行為主義的立場，才能避開或者說超越了傳統知識論困境的爭端。奎因追尋杜威的這一思路，並將杜威的這一特徵發揚光大，他不僅主張放棄語言的博物館圖像，放棄追求確定性，還強調了行為在知識論中的重要性，從這些論點出發，與確定性相對立的不確定性這一思維方式成為其思考問題的基點，形成了翻譯的不確定性、指稱的不可測定性、本體論的相對性等思想。

註釋

[1] 杜威：《哲學的改造》，許崇清譯，商務出版社，2002 年，第 65—66 頁。

[2] 理查德 . 羅蒂：《後形而上學希望——新實用主義社會、政治和法律哲學》，張國清譯，上海譯文出版社，2003 年，第 94 頁。

[3] 理查德 . 羅蒂：《哲學與自然之鏡》，李幼蒸譯，商務印書館，2003 年，第 3 頁。

[4] 理查德 . 羅蒂：《後形而上學希望——新實用主義社會、政治和法律哲學》，張國清譯，上海譯文出版社，2003 年，第 94 頁。

[5] 理查德 . 羅蒂：《後形而上學希望——新實用主義社會、政治和法律哲學》，張國清譯，上海譯文出版社，2003 年，第 94 頁。

[6] 理查德 . 羅蒂：《後形而上學希望——新實用主義社會、政治和法律哲學》，張國清譯，上海譯文出版社，2003 年，第 4 頁。

[7] 理查德 . 羅蒂：《哲學與自然之鏡》，李幼蒸譯，商務印書館，2003 年，第 36 頁。

[8] 理查德 . 羅蒂：《後形而上學希望——新實用主義社會、政治和法律哲學》，張國清譯，上海譯文出版社，2003 年，第 26 頁。

[9] 理查德 . 羅蒂：《哲學與自然之鏡》，李幼蒸譯，商務印書館，2003 年，第 52 頁。

[10] 理查德 . 羅蒂：《哲學與自然之鏡》，李幼蒸譯，商務印書館，2003 年，第 18 頁。

[11] 理查德 . 羅蒂：《哲學與自然之鏡》，李幼蒸譯，商務印書館，2003 年，第 20 頁。

[12] 理查德 . 羅蒂：《真理與進步》，楊玉成譯，華夏出版社，2004 年，第 7 頁。

[13] 理查德 . 羅蒂：《後形而上學希望——新實用主義社會、政治和法律哲學》，張國清譯，上海譯文出版社，2003 年，第 29 頁。

[14] 理查德 . 羅蒂：《後形而上學希望——新實用主義社會、政治和法律哲學》，張國清譯，上海譯文出版社，2003 年，第 29 頁。

[15] 理查德 . 羅蒂：《後形而上學希望——新實用主義社會、政治和法律哲學》，張國清譯，上海譯文出版社，2003 年，第 30 頁。

[16] 理查德 . 羅蒂：《後形而上學希望——新實用主義社會、政治和法律哲學》，張國清譯，上海譯文出版社，2003 年，第 30 頁。

[17] 理查德 . 羅蒂：《後哲學文化》，黃勇譯，上海譯文出版社，1992 年，第 146 頁。

[18] 理查德 . 羅蒂：《後哲學文化》，黃勇譯，上海譯文出版社，1992 年，第 31 頁。

[19] 理查德 . 羅蒂：《後形而上學希望——新實用主義社會、政治和法律哲學》，張國清譯，上海譯文出版社，2003 年，第 51 頁 .

[20] 理查德 . 羅蒂：《哲學與自然之鏡》，李幼蒸譯，商務印書館，2003 年，第 1 頁。

[21] 理查德 . 羅蒂：《哲學與自然之鏡》，李幼蒸譯，商務印書館，2003 年，第 2 頁。

[22] 理查德 . 羅蒂：《哲學與自然之鏡》，李幼蒸譯，商務印書館，2003 年，第 2 頁。

[23] 理查德 . 羅蒂：《哲學與自然之鏡》，李幼蒸譯，商務印書館，2003 年，第 3-4 頁。

[24] 理查德 . 羅蒂：《哲學與自然之鏡》，李幼蒸譯，商務印書館，2003 年，第 4 頁。

[25] 理查德 . 羅蒂：《哲學與自然之鏡》，李幼蒸譯，商務印書館，2003 年，第 3 頁。

[26] 理查德 . 羅蒂：《哲學與自然之鏡》，李幼蒸譯，商務印書館，2003 年，第 4 頁。

[27] 理查德 . 羅蒂：《哲學與自然之鏡》，李幼蒸譯，商務印書館，2003 年，第 4 頁。

[28] 理查德 . 羅蒂：《哲學與自然之鏡》，李幼蒸譯，商務印書館，2003 年，第 9 頁。

[29] 理查德 . 羅蒂：《哲學與自然之鏡》，李幼蒸譯，商務印書館，2003 年，第 35 頁。

[30] 理查德 . 羅蒂：《哲學與自然之鏡》，李幼蒸譯，商務印書館，2003 年，第 135 頁。

[31] 理查德 . 羅蒂：《哲學與自然之鏡》，李幼蒸譯，商務印書館，2003 年，第 38 頁。

[32] 理查德 . 羅蒂：《哲學與自然之鏡》，李幼蒸譯，商務印書館，2003 年，第 6 頁。

[33] 理查德 . 羅蒂：《哲學與自然之鏡》，李幼蒸譯，商務印書館，2003 年，第 6 頁。

[34] 理查德 . 羅蒂：《哲學與自然之鏡》，李幼蒸譯，商務印書館，2003 年，第 9—10 頁。

[35] 理查德 . 羅蒂：《哲學與自然之鏡》，李幼蒸譯，商務印書館，2003 年，第 6—7 頁。

[36] 理查德 . 羅蒂：《哲學與自然之鏡》，李幼蒸譯，商務印書館，2003 年，第 7 頁。

[37] 理查德 . 羅蒂：《哲學與自然之鏡》，李幼蒸譯，商務印書館，2003 年，第 10 頁。

[38] 奎因：《奎因著作集》（第 4 卷，塗紀亮、陳波主編），《從邏輯的觀點看》，陳啟偉等譯，中國人民大學出版社，2007 年，第 38 頁。

[39] 奎因：《奎因著作集》（第 4 卷，塗紀亮、陳波主編），《本體論的相對性及其他論文》，中國人民大學出版社，2007 年，第 341 頁。

[40] 奎因：《奎因著作集》（第 2 卷，塗紀亮、陳波主編），《本體論的相對性》，中國人民大學出版社，2007 年，第 368 頁。

[41] 陳波：《奎因哲學研究——從邏輯與語言的觀點看》，生活 . 讀書 . 新知三聯書店，1998 年，第 382 頁。

[42] 奎因：《奎因著作集》（第 6 卷，塗紀亮、陳波主編），《哲學是否已失去與人民的聯繫》，塗紀亮譯，中國人民大學出版社，2007 年，第 182—183 頁。

[43] 奎因：《奎因著作集》（第 4 卷，塗紀亮、陳波主編），《從邏輯的觀點看》，陳啟偉等譯，中國人民大學出版社，2007 年，第 47 頁。

[44] 奎因：《奎因著作集》（第 4 卷，塗紀亮、陳波主編），《語詞與對象》，陳啟偉等譯，中國人民大學出版社，2007 年，第 427 頁。

[45] 奎因：《奎因著作集》（第 6 卷，塗紀亮、陳波主編），《理論與事物》，塗紀亮譯，中國人民大學出版社，2007 年，第 23 頁。

[46] 奎因：《奎因著作集》（第 2 卷，塗紀亮、陳波主編），《本體論的相對性》，賈可春譯，中國人民大學出版社，2007 年，第 368 頁。

[47] 奎因：《奎因著作集》（第 2 卷，塗紀亮、陳波主編），《本體論的相對性》，賈可春譯，中國人民大學出版社，2007 年，第 370 頁。

[48] John Dewey.Experience and Nature，Chicago：London Open Court Publishing company，1926，p.47.

第 2 章 驅逐旁觀者理論──杜威對傳統知識論的改造

　　由於「知識的旁觀者理論」建立在形而上學的二元論基礎上，這種圖像下所形成的知識被理解為絕對的、不變的、確定性的知識，整個認知過程發生在一種抽象的、思辨的領域內，遠離了現實社會生活，杜威否定了這樣的一種認識圖像，並改造了它。

　　杜威從生存論視角研究知識論，主張知識來源於生活實踐，生活先於認識，實踐合理性成為杜威知識論關注的重要議題，使得知識的確證標準具有了「實用、效用」之手段／目的的意義構架，知識成了發揮工具性功能的實用性知識，體現了知識與實用、效用等工具性價值的通約。杜威繼承了詹姆士心理學方法，強調了心理學中的客觀狀況，使得心理學成為建構其知識論的一出發點。不僅如此，杜威還以藝術的眼光來審視知識，把非理性的維度引入到了知識論的研究中；最後，他從達爾文進化論那裡找到了其知識論確立的科學依據，將達爾文進化論視為卓越的科學典範，透過科學視域的人文移植，借助於達爾文進化論所引發的觀念變革，杜威實現了其知識論之構建方法的根本轉換，由此出發，生命體的概念成為杜威改造傳統知識論的根本之處。如此一來，傳統知識論所描述的旁觀者在生物學的發展面前成為一種虛構。杜威重建後的知識論是這樣一個圖像：認知者和被認知的對象構成了一個共同的世界，認知者不是局外人，而是生活在環境中的一個有機體。如果接受達爾文進化論的思想，我們就要放棄傳統知識論，取而代之的是根據生命體與動態環境之間的互動來理解知識，知識不再是某種孤立自足的東西，而是在生命的維持和進化的過程中不斷發展變化的東西。

　　重構後的知識論被稱為「實用社會知識論」，它貫徹著經驗主義的原則，在情境主義中消融了二元對立的局面，以實踐為基礎的生存論思維視域這個立足點的確立，使得其關注社會境遇中的知識性質，其功能是評價性和工具性的，強調從尚未發生的、預期性的實踐來對知識進行評價與確證，工具主義乃是該理論的一大基石。

　　杜威實用社會知識論中的基本精神深深影響了新實用主義主要代表羅蒂與奎因。羅蒂繼承了杜威實用社會知識論中的實用主義與行為主義特徵，尤其是重視實踐與社會的向度，形成了其認識論行為主義，發展出了以實用主義為基礎的後哲學文化觀。奎因受到杜威實用社會知識論中所包含的自然主義和行為主義傾向的影響，將杜威知識論中的實用主義或工具主義、社會實踐性、不確定性等觀點運用到其認識論的眾多方面，形成了自然化認識論，其行為主義的意義理論、語言學習理論、翻譯的不確定性思想等等都體現了杜威知識觀的基本原則和精神，深化和發展了杜威實用社會知識論。

▋2.1 驅逐旁觀者理論的視角

2.1.1 驅逐旁觀者理論的生存論視角

　　杜威系統而深入地考察了「知識的旁觀者理論」的歷史淵源和發展脈絡，把知識的旁觀者理論的根本特點主要歸於二元論，即本體論上的二元論是導致知識論領域中主客分離二元論的主要原因。既然主客體之間表現為一種外在的關係，那麼客觀知識是如何成立的呢？主客體的關係何以統一呢？知識論上的懷疑主義由此而生，哲學家們為了反駁懷疑論，對主客體的關係作了不同的回答。無論是理性主義還是經驗主義，無論是 18 世紀法國哲學還是德國古典哲學，都試圖回答這些問題。然而，一旦設定了主客體的分離，並把解決方式訴諸於純理論的抽象領域，那麼主客二分便無法實現統一，於是近代哲學要麼求助於上帝或某種絕對抽象物（如絕對理念），要麼消解認識的客觀性，把認識歸於精神領域，或者歸於主觀習慣性的聯想，當然，主客體之間從未真正地實現過統一。

　　在杜威看來，近代知識論哲學之所以產生各種困境和衝突的原因乃是由於把認識活動置於實踐之外而導致，「有關認識的理論派別紛繁複雜，相互區別。隨處都可見它們之間的爭執。由此所產生的喧嚷讓我們看不到他們所說的東西其實是一件事情，這些爭論之點是大家所熟悉的。有些理論認為：我們被動接受的、無論我們願意與否，強加於我們身上的印象乃是檢驗知識的最後標準。另一些理論則認為理智的綜合活動是知識的保證。唯心論者的

理論主張心靈與被知的對象最後是同一件事情；唯物論者的理論則把知識歸結為對獨立存在物的意識，等等。但是它們都有一個共同的假設。它們都主張：探究的操作並沒有排斥進入到被知對象結構之中的任何實踐活動因素。」[1]、「實踐活動已被貶到了一個低級實在的世界……在人們為了推崇知識而貶低實踐之後，知識的首要任務一變而去證明絕對可靠和持續永恆的價值，而這種價值卻又是實踐活動所關注的事務。」[2]一旦認識活動遠離了生活實踐，那麼它只能駐足於抽象的純理論領域，當然也只能在精神的領域內實現主客體的統一。由於傳統知識論建立在不能成立的預設基礎上，這種狀況必然導致對確定性知識的追逐。「把理智和行為分開，會給知識論帶來什麼影響呢？特別是會給哲學概念和哲學發展方向產生什麼影響呢？有什麼力量正在發揮作用來消除這種劃分呢？如果這種區分被取消，而把認知和行動彼此內在地聯繫起來，這將產生怎樣的結果呢？……人們把純理智和理智活動置於實際事務之上，這是跟他們尋求絕對不變的確定性根本相聯繫的。」[3]杜威的話表明，一旦遠離實踐，那麼傳統形而上學知識論會將知識的確證標準置於知識自身，或者說，信念及其結果的標準主要在於形成表象的心靈過程，當然其結果是基礎主義、表象主義、本質主義濫觴，知識和生活實踐脫節，知行走向斷裂了。

杜威強烈反對這一思路，與之相反，他相當重視行動，重視從實踐的維度來研究知識論，在他看來，實踐在知識論上發揮著極其重要的作用，這種重要作用體現在知識論上，那就是：知識源自於生活實踐，生活實踐先於認識，知識作為工具為生活實踐服務。顯然，杜威的主張是從生存論的視角來驅逐「知識的旁觀者理論」的。一旦從生存論視角來研究知識論，其結果必然是走向知行合一。在此，杜威同海德格爾等許多現代哲學家相一致的是，他從 being（存在）轉向了 existence（生存），在他眼裡，如果傳統知識論哲學家們對 being 進行某種追問的時候，所得出的結論必然是獲得種種確定不變的知識或本體化的知識，當然這一切是杜威所竭力排斥的。「傳統觀念認為行動天生就低下於知識，並偏愛固定的東西而反對變化的東西，上述論點是反對這種傳統觀念的。他深信：透過實際控制所獲得的安全遠較理論上的確定性更為珍貴。但這並不意味著，動作優越於知識和高於知識，也不

是說，實踐天生就優越於思維。知識與實踐之間經常地和有效地相互作用，跟推崇活動本身是完全不同的。當行動受著知識的指導時，它是一種方法和手段而不是一個目的。」[4] 既然立足於生活實踐，從生存論的意義構架來研究人的認識活動，那麼認識的目的和歸宿就是我們生存於其中的生活實踐。進一步說，知識的目的不在於彼岸世界中，而在於我們經驗的世界中，在於改造現實的世界，實現人生的幸福。換言之，生活實踐才是知識的舞臺，它不僅是知識的起源，同時還是知識的歸宿，知識因為生活實踐而具有了意義和價值。

在此，杜威立足於生活實踐，引入生存論的思維典範作為知識的確證標準，來建構其具有「實用、效用」之意義構架的知識論，體現了知識與實用、效用等工具性價值的通約，因而使得其知識論呈現出了濃厚的實用主義傾向，這一思路意味著杜威重構傳統知識論之思維理念的革新和轉換。一旦將生存論的思維典範引入到知識論的研究中，那麼生活實踐範疇必然成為知識確證的重要標準。相應地，實踐合理性問題也成為知識性質及其內容的主要構架要素之一。此時，知識源於並回歸於生活實踐，它內涵著知行合一，走向了能夠發揮工具性功能與價值的實用性知識，真理也不再是永恆的，而只是一種工具了。由此出發，傳統知識論內部的很多觀念發生了一系列的轉換。

首先，憑藉人的生存境遇這個層面，消解了傳統知識論追求確定性知識的傾向，知識不再是一成不變的，它具有了時空的性質和內涵，具有了實用主義的意蘊，這樣就使得傳統知識論領域中的所謂基礎主義、本質主義、表象主義等思想難以容身。既然認識來源於生活實踐，那麼所有的認識形式都是社會生活的不同樣式，生活實踐豐富多樣，萬般精彩，它表現著變化的、不確定性的、偶然的狀態，與之相應的，就不存在那種固定的、靜止的、確定不變的知識，當然，也就沒有任何一種知識可以獨霸於天下，凌駕於其它知識之上而對其它知識發號施令。「知識所關涉的既是當前的事變而不是最後的事因，知識所要探索的是我們生活的世界，這個世界是我們所經驗到的世界，而不是企圖透過理智逃避到一個高級的領域中。實驗知識是一種行動的方式，而且像一切行動一樣，是發生在一定的時間、一定的空間和在一定的條件之下，與一定的問題聯繫著的。」[5]

其次，既然杜威的知識論是與實踐緊密相連的，那麼實踐合理性成為杜威知識論關注的重要議題，其知識論由此凸顯出了強烈的社會性傾向，知識的性質及其內容由此也發生了根本性的變革。一旦知識來源於生活實踐，那麼知識就有理由關心實踐，關心人的現實生活世界，從而作為一種工具性價值為它們服務，這樣，知識就和社會有了密切的關聯，知識論的視域裡有了社會性以及現實性的視野，知識自然受到了社會的影響和制約。由此出發，社會中存在的宗教、文化、歷史、藝術、教育等等都可納入到知識論的視野中，「這種影響是如此的巨大，如此的普遍，如果對它們作一番適當的研究，就要涉及到道德、經濟和政治的全部領域。」[6] 由於知識可作為一種工具應用到社會裡眾多的領域，那麼，知識論也可以成為一種「文化學」、「社會學」等等。當然，這種知識論所尋求的就不再是一種確定性，而是社會裡行動、過程、意義等的統一性。杜威的這一思想不僅擴大了知識論的研究範圍，而且從性質上扭轉了傳統知識論抽象性、靜觀性、非現實性等特點，使得傳統知識論主客體之間分離狀況在一種「前認識」或者「前反思」的現實社會生存領域內實現了重建的可能性。杜威重建知識論的這一路徑頗有柳暗花明又一村的意義。知識並非遠離生活，超然於生活之外的，知識就存在於我們所生活的、所面對的現實生存世界之中，它是在一定的社會歷史境遇中生成，後期維根斯坦的理論，胡塞爾回歸生活世界的理論等等，也都是在這個視角下討論的，杜威的這一轉向契合了現代西方哲學的發展方向。

最後，杜威立足於實踐的維度，從生存論視角來研究知識論，還使得社會歷史觀與知識論互為方法和前提，二者走向了統一。在傳統知識論那裡，社會歷史觀和知識論是相互脫節和分離的，不僅二者所研究的領域不一樣，而且所得到的結論也不盡相同。如果把人的生活實踐看作是認識的來源，生活實踐先於認識，那麼社會歷史觀與知識論就有可能走向統一，因為認識源於社會生活，並在生活實踐中發生，而歷史無非是人的生活實踐過程的畫面，人的生存活動難免會遭遇到不同的問題情境，處理這些疑難問題所需要的知識與社會歷史背景是不可分離的。人的生存活動就是一部歷史，生命是一個創造進化的歷史過程，生存智慧與知識在歷史中展現。基於此，杜威實現了社會歷史觀與知識論的相互統一，其知識論引入了社會歷史觀的維度，

在社會歷史觀上又關聯著知識論及其方法，二者你中有我，我中有你，所得出的結論也不再分離。我們可以在杜威實用社會知識論的著作中，看到他考察傳統知識論的思路體現著一種歷史的方法，即從歷史發生學的角度來研究知識論，例如他經常用社會、歷史的字眼去表述其知識論的思想，例如，「如果我們透過一系列的民族和文化現象來追溯關於勞動和藝術的概念的自然歷史，這會是有益的。」[7]因此，杜威立足於實踐，從生存論視角來研究知識論，有利於實現社會歷史觀與知識論的統一，他的這一思路無論對我們理解社會歷史還是理解知識論，都提供了新穎的視角。

2.1.2 驅逐旁觀者理論的心理學視角

在驅逐「知識的旁觀者理論」、建構其知識論的時候，杜威應用了大量的心理學方法。心理學是杜威一生裡都很感興趣的領域，他常常將心理學作為研究其它問題的基礎，當然，在知識論上也是如此。杜威對心理學問題感興趣的關注，在很大程度上得緣於閱讀威廉．詹姆士的心理學著作——《心理學原理》，為此，他自己說道：「就我現在所能發現的來說，一個能具體指明的，步入我思想而賦予其新的方向與性質的因素可算是詹姆士的影響。」[8]正是因為閱讀了威廉．詹姆士的這本書之後，杜威開始形成了自己的理論。

1890 年，杜威讀完《心理學原理》這本書，其思想發生了很大的變化。在他看來，詹姆士心理學存在著兩個傾向：

第一、主觀主義傾向。儘管詹姆士試圖用「意識流」替換「感覺原子」，但他還是保留了傳統經驗主義的基本觀點，即把意識視為一個獨立的領域。對於這點，杜威深深感到了惋惜；

第二、客觀主義傾向，即在心理學研究中引入生物學的研究成果。詹姆士把「有機組織」視為一個在自然環境中存在的生命單位，而不是一個靜態的機械系統。對於有機體來說，與環境的相互作用這是必然的。

而對人而言，社會的影響是決定人心的一個主要因素。杜威繼承和發展了詹姆士心理學的這一思路，一方面，「心靈」與自然密切相關，人的精神

活動乃是對環境刺激進行適應性反應的工具；另一方面，他又很看重社會性對人的心理活動的影響，特別是交往和參與的因素。

杜威指出，在現實中不能把環境和有機體分離開來，所謂的主觀因素和客觀因素是不可分的，即使分開也是出於某種技術性的需要。因此，心理學是一種「行為的」（behavioral）心理學，它與人的生存環境不可分離。對於這一點，賀麟這樣評價道：「杜威心理學是研究使有機體適應環境的行為。其心理學的任務就是研究有意識的主體如何適應變動不居的環境，研究『在使用中的心理有機性』（Psychological organism in use）。」[9] 基於心理學與人的環境不可分開，所以對人心的研究，必須注意社會心理學角度的研究，我們可以透過杜威對「習慣」這個概念的理解來看杜威心理學的基本思路。過去的心理學認為，人的本能衝動是人的行為的主要原因，因而更為注意研究人的本性、本能、普遍的驅動力等等這些問題。而杜威正好相反，在他看來，從個人生命的來說，當然是本能在先，行為在後。但是從真正的意義上說，學習的行為是在先的，因為人剛生下來，他／她一無所知，只是個嬰兒，必須依賴已經形成習慣的父母，並從他們那裡學習有意義的方法，來表現自己的活動和行為，進而形成自己的習慣。習慣就是透過學習而養成的固定行為傾向，習慣不是本能性的，它具有「可塑性」（plasticity），習慣是「獲得性的」（acquired），它是一種社會性意義的體現。在此，杜威宣稱，固有的（本來的）是獲得的。

杜威進一步指出，心靈、自我等是在環境的作用下，透過理智的力量，對習慣和衝動進行重建的地方。杜威對心靈的理解有別於舊形而上學心理學，在舊形而上學心理學（如笛卡兒、斯賓諾薩等）那裡，「心靈」的「我」是一客觀化的實體，在黑格爾那裡則表現為絕對精神。與此相反，現代科學心理學則走向另一極端，將它完全主觀化，把個人的意識看作是心靈的本質。杜威對心靈持一種中立的觀點，心靈既不是形而上學的實體，也不是純粹意識的流動，而是一個動詞，它是人與社會文化相互作用的交匯點。

杜威心理學是一種行為主義心理學，它尤為強調行為的協合適應性，即行為的動態性，其心理學的這一傾向成為他知識論的出發點，也就是說，心

理學在杜威那裡表現為一種哲學研究的途徑，這種心理學途徑引導著其知識論的開展方式。透過這種心理學的研究方法，可以獲得一種富有成效的思維概念和活動，從而得到更好的邏輯理論。在杜威行為主義心理學的影響下，知識的目的不再是追求絕對的終極真理，思想的真正含義是縮短探究的歷程，它應遵循實踐、經濟、效率的原則，它是幫助我們解決問題的一種活動，而不是抽象的、純思辨的，它應回歸到人的現實行動世界中來。這樣，在杜威行為主義心理學的影響下，知識成了一種工具，它是過程與結果的統一。基於此，杜威強調，單單接受已知道的東西，或者指出已知道的東西不能算是知識，這就好比從工具箱裡取出鋸子來一樣，不能算製造工具，從這不難發現，杜威更為重視知識的獲得這個環節，即認知的環節。他主張，知識只有在實踐的應用中，才會體會到它的價值。當人在特定環境中經驗到衝突的時候，思想和認知的作用就產生了，思想和認知的目的在於重新協調有機體與環境之間的關係，化解衝突以重新建立起人和環境之間的和諧適應，從這個意義上說，觀念、思想等知識是一種工具，「思想，我們的概念和觀念，都是我們將要去進行的或已完成的操作的標誌。當然，它們的價值由這些操作的結果所決定。如果在這些概念和觀念指導之下的操作能夠實現我們所要求的結果，它們便是正確的。思想的權威依賴於操作過程中引導我們達到的後果。思想的任務不是去符合或再現對像已有的特徵，而是去判定這些對象透過有指導的操作以後可能達到的後果。」[10] 杜威從心理學視角來研究知識論，推崇；理學中的行為性、流變性等特點，注重心理學解釋中的社會涵義和文化涵義。他的這一思路，使得社會學、宗教學、藝術等都可進入到了知識論的研究範圍中，從而為知識論的研究開拓出了社會學、心理學、宗教學等綜合研究的新維度，杜威的這一特點在新實用主義哲學家那裡得到了響應。羅蒂指出，實用主義貫徹著「反表象論」的思路，它放棄了從一個純粹的「觀察者」的角度來解釋知識，同時也放棄了思想與實在的劃分。羅蒂描述道：「為奎因和杜威共有的對認識的整體主義觀點和一種為戴維森和後期維根斯坦共有的對語言的反表象主義觀點相互非常適合。它們一起為我們提供了一種達爾文主義的而不是笛卡兒主義的關於人類認識和論說的看法，這種看法把研究和語言看作是實現某種有機體需要的工具，而不是作為強加於一個動物身

上的非物質器官的產物。杜威、戴維森和維根斯坦都是自然主義者，卻沒有因此而成為還原主義者。」[11] 羅蒂與戴維森都認為，認識不是一項獨立的、純粹的事業，它會受到各種文化因素的制約，例如受到歷史、政治、民族等等因素的影響，從羅蒂等人對杜威的推崇此現象，可以看出，杜威的這一思想有著一定的意義與價值。

2.1.3 驅逐旁觀者理論的藝術視角

杜威驅逐「知識的旁觀者理論」的視角，除了上述我們所提到的生存論視角和心理學視角以外，杜威還大膽地應用了藝術的視角來研究知識論，他的這一思路意味著把非理性的思路引入到了知識論的研究中！

在傳統知識論那裡，由於主客二分的預先設定，所以無法實現主客體的統一，帶來了知識論問題上的種種困境。針對這一問題，杜威另闢溪徑，嘗試從藝術的高度來實現主客體統一的可能性。換言之，「知識的旁觀者理論」中的二元論有可能在藝術中實現統一，「當我們對藝術形式中的經驗進行反省思考時，我們宣稱，它可以解決那些讓哲學家們困惑的問題，並消除了較之其他思想主題更為煩惱的二元論。」[12] 杜威主張從實用主義的角度來研究藝術，正是在實用主義的影響下，「知識的旁觀者理論」中的主客分離局面實現了走向統一的可能性。那麼，實用主義是怎麼實現主客體的統一呢？我們不妨來看看杜威的描述：「不言而喻，哲學傳統曾在發揮工具作用的事物與最後的事物之間作了區分，並把這種區分視為一種解決問題的結論，但這種區分卻引起了一個根深蒂固而牽涉得很廣泛的問題，我們把該問題稱為關於經驗的最基本問題。因為人們的一切理智活動，無論是表現在科學中』或者是精美的藝術中，還是社會關係中，都是將因果結合、連續關係轉變成為一種手段—後果的聯繫，轉變成為意義，作為它們的工作任務的。當這個任務完成的時候，結果就是藝術，而在藝術中手段和目的的狀況都是一致的。」[13] 杜威的話表明，認知過程中體現出了實用主義之「手段／後果」相連的關係，借助於意義機制，認知活動進入到了最高的境界—藝術，在藝術中，一切趨向於融合和完善，此時再也沒有了主客分離的狀況。

　　認知的結果不僅體現著實用主義的意義結構，而且認知的每一個過程和階段也展現著藝術的樣式，「藝術的感知就是把未來的趨勢視為一種可能性。這些可能性比起那種已完成的結果來說，更為迫切，更為強迫地刺激我們的知覺。……因此，存在中的藝術，是個積極的創作過程，它可以視為是一種美感的知覺與操作的知覺相加的過程，而這種操作的知覺乃是我們對美感對象富有成效的活動。」[14]、「任何具有特別浪漫主義的東西能夠激起一種感覺，它不僅能使可能性超越活動著的實際現實，而且還超越任何經驗中有效存在的結果。……令人興奮和激動的知覺享受成了最後的東西，藝術作品能夠產生這些感覺的。」[15] 認知中的每一個環節』例如感覺、知覺等等，都滲透著藝術的方式，藝術可以成為引發認知產生的源泉，認知和藝術是不可分離的。

　　由此，杜威總結說，知識和命題乃是一種藝術，「思維尤其是一種藝術，知識和命題是思維的產物，也跟雕像和交響樂一樣，乃是藝術作品。」[16] 知識的意義內涵著手段／目的之性質，它可以透過藝術的方式體現出來。「意識到意義或者具有一個觀念意味著一個結果，那就是對於事情之變化所帶來的喜悅或者痛苦的那一瞬間。但是感知意義及多種多樣觀念的方法是無數的。意義由後果所決定，這些後果可以迅速組織和分割事物的聯繫；於是便阻礙了一些比較廣泛而持久的觀念的形成。另外，我們也會意識到一些意義，獲得一些觀念，這些意義和觀念能夠把那些豐富多樣的特徵組合成廣泛而持久的整體。後一類的意識不僅是一個轉瞬即逝的和表面的結果或目的；它吸收了許多的意義在內，而這些意義包含著各方面的存在物，是融會貫通的。它代表著長期繼續努力的結果，代表著持續地調查和檢驗的結果。簡言之，觀念就是藝術和藝術作品。作為一種藝術品，它直接解放了未來的行動，而使它在更多意義的創造中和更多的知覺中獲得更多的結果。」[17] 藝術是一種經驗，藝術的價值產生於後果，後果體現了藝術的意義，知識亦如此，知識在經驗中產生，知識的價值也是以後果來衡量的，由此，藝術和知識從實用主義的角度具有了統一的可能性。

　　杜威從藝術的視角來研究知識論，具有獨特的意義。他從藝術的視角驅逐了「知識的旁觀者理論」，將藝術視為實現主客體統一的真正理想，並從

實用主義的立場上統一了藝術和知識。由於將藝術與知識相提並論，使得藝術參與到了知識論的研究視野中，實現了以審美的眼光來審視知識的目的。不僅如此，杜威所作的這項工作還意味著非理性因素能夠參與到知識論的研究中，從某種意義上說，杜威的這一視角具有黑格爾以後，西方哲學反形而上學潮流的一大基本特徵，這一思想同叔本華、尼采強調意志相對於知識而言的優先性是相一致的，他的這一思路頗有新意，開拓了研究知識論的新思路。

註釋

[1] 奎因：《奎因著作集》（第 4 卷），塗紀亮、陳波主編，《語詞和對象》，陳啟偉等人譯，中國人民大學出版社，2007 年，第 270 頁。

[2] John Dewey.The Quest for certainty：A study for the Relation of Knowledge and Action. New York：Minton，Balch&Company，1929，p.22.

[3] John Dewey.The Quest for certainty：A study for the Relation of Knowledge and Action. New York：Minton，Balch&Company，1929，p.35.

[4] John Dewey.The Quest for certainty：A study for the Relation of Knowledge and Action. New York：Minton，Balch&Company，1929，p.6.

[5] John Dewey.The Quest for certainty：A study for the Relation of Knowledge and Action. New York：Minton，Balch&Company，1929，p.37.

[6] John Dewey.The Quest for certainty：A study for the Relation of Knowledge and Action. New York：Minton，Balch&Company，1929，p102.

[7] John Dewey.The Quest for certainty：A study for the Relation of Knowledge and Action. New York：Minton，Balch&Company，1929，p.283.

[8] John Dewey.The Quest for certainty：A study for the Relation of Knowledge and Action. New York：Minton，Balch&Company，1929，p.5.

[9] John.Mcdemott.The Philosophy of John Dewey.The University of Chicago and London press，1980，p.10.

[10] 賀麟：《現代西方哲學講演集》，上海人民出版社，1984 年，第 59 頁。

[11] John Dewey.The Quest for certainty：A study for the Relation of Knowledge and Action.New York：Minton，Balch&Company，1929，p.137.

[12] 理查德 . 羅蒂：《後哲學文化》，黃勇譯，上海譯文出版社，1992 年，第 8 頁。

[13] John Dewey.Experience and Nature，Chicago：London Open Court Publishing company，1926，p.392—393.

[14] John Dewey.Experience and Nature，Chicago：London Open Court Publishing company，1926，p.369—370.

[15] John Dewey.Experience and Nature，Chicago：London Open Court Publishing company，1926，p.375.

[16] John Dewey.Experience and Nature，Chicago：London Open Court Publishing company，1926，p.376—377.

[17] John Dewey.Experience and Nature，Chicago：London Open Court Publishing company，1926，p.378.

2.2 達爾文進化論——改造傳統知識論的科學方法

　　杜威在自然科學那裡，找到了其知識論重建的基礎和科學依據，與皮爾士一樣，杜威立足於科學的方式，將達爾文進化論視為卓越的科學典範，即運用達爾文進化論所帶來的觀念革命來重建其知識論，透過科學視域的人文移植，借助於達爾文進化論這個動力源，杜威實現了其實用社會知識論之構建方法的根本轉換，從而改造了傳統知識論。在他那裡，基於經驗科學的成就，知識已成為一種能用語言表達和控制自然之變化進程的實踐性事件，借助於科學中的實踐方法，知識的概念得以規範，因而情境主義、實驗主義和功能主義都涵蓋於實用社會知識論之內。這其中，實用主義成為一種在經驗中考察思想和觀念的方法。

2.2.1 達爾文進化論實現了知識論思維框架的轉換

　　在前面的章節中，我們提到了「知識的旁觀者理論」的基本特徵，依據這種旁觀者理論，認知主體在認知過程中完全被動和沉默，它是在「非參與者」的意義上成為一個「局外人」和「旁觀者」，而認知的客體與認知主體相互分離，認知的客體（被認知者）是一種「以帝王般的孤獨」存在的固定而靜止的實在。在這樣的一種認知模式下，知識被表述為旁觀者對外部固定實在所進行的孤立的關注，這種知識是某種確定不變的、孤立的、自足的東西。杜威拒斥了這種認知模式，其原因主要在於這樣一種認知圖像在現代科

學面前是不能成立的，我們必須對它進行改造。這時，達爾文進化論學說啟迪了杜威改造和超越傳統知識論的可能性，換言之，杜威將引入自然主義的方式來改造傳統形而上學知識論了。對杜威來說，達爾文進化論的意義並非生物學知識在量上的增加和減少，而是在於進化論在人文領域中所帶來的一場新的觀念革命，這點正如杜威在《達爾文主義對哲學的影響》一文中開篇處所說的：「《物種起源》（Origin of Species）的發表，代表著自然科學進程中的一個新紀元。對此，外行也知道得很清楚。『起源』和『物種』這兩個詞的結合表明了一種思想反叛並引入了一種思想的新氣質，這一點卻被專家輕易地忽視了。那些在自然哲學和知識中占統治地位達兩千年之久的看法，那些已經為人們所熟悉的看法，是建立在這一個假設的基礎上的，即固定的東西和最終的東西具有優越性。他們建立在將變化和起源當作缺陷和非實在的標記的基礎上。透過摧毀絕對永恆的神聖避難所，透過將形式一它一直被當作固定和完美的類型一看作是有起源的並會消失的，《物種起源》引進了一種新的思維方式，它最終必定是會改變知識的邏輯，並因此改變人們對待道德、政治以及宗教的方式。」[1] 應該說』達爾文進化論的影響是推動著杜威改造傳統知識論，建構新的實驗性認知理論的關鍵因素。

長期以來，杜威對生物學一直保持著濃厚的興趣。在佛蒙特大學讀書的時候，杜威就把注意力放到了新奇的生物科學課上，當時，無論是在學術界，還是在宗教界，有關達爾文進化論的爭論吸引了很多人的關注，當然，這也吸引了杜威的注意力，杜威學習了有關赫婿黎生理學的課程，對「有機體」概念產生了較大的興趣，他認為，世界上的很多事物就像自然界的「有機體」一樣，內部各個系統和環節之間是相互依賴、相互聯繫、不可分割的統一體。達爾文進化論吸引杜威的並不僅僅是理論的細節是否成立，而是這一理論所產生的深遠的哲學意義。

1910 年，杜威在《達爾文主義對哲學的影響》一文中說道，自然主義的新邏輯來源於達爾文進化論，它具有三個典型的特徵：其一、探究研究特殊的變化，它Ⅰ艮務於我們的目的和需要，而不是去發現或者陳述所謂的某種終極意義和永恆的本質；其二、探究就是要考察經驗及其性質與價值，研究它們的用處和意義；其三、探究的觀念肩負起研究生活的重任。杜威之所以

關注達爾文進化論，乃是因為達爾文進化論能夠引發我們對知識論中很多觀念的重新理解和認識。達爾文把「變化」、「連續」、「偶然」等觀唸作為原則引入生物學，物種的生成是自然界長期選擇的結果，不是上帝所創造的。在「物競天擇」的過程中，生物變異體是由於偶然性而成為大自然選擇的對象，那些影響自然選擇結果發生的環境變化，例如，隕石撞地、冰期的來臨等等現象，並不意味著只是必然的事件，它們也許是偶然發生的事件，具有「隨機性」的特徵，以上這些生物演化史說明了這樣一個道理：所有的事物都是變化的、發展的、生成的、連續的，甚至是偶然的，我們不應該預設一個凌駕於經驗和時空之外的所謂的先驗知識、先驗計劃。換言之，達爾文進化論證實了：世界上的萬事萬物都是從低級到高級、從簡單到複雜的長期進化過程，物種、種群、社會等等都是進化發展演變而成的，沒有一層不變的、永恆的、必然的事物，將這種規律應用到知識論上，意味著那種確定的、固定的、靜觀的知識是不存在的，而所謂的那種終極絕對的知識乃是人為預設的，它不能成立，它應該被拋棄，被改造。

依據達爾文進化論，改造後的知識已經不是某種孤立的、自足的東西，而是在生命的維持與進化的過程中不斷發展的東西，「歷史的理智主義（知識的旁觀者論點）純粹是一種補充性的學說，這種學說是那些偏愛知識的人們為著自己所致力的思想職責，而對在現實和社會又無濟於事從而聊以自慰的一種學說。他們被條件所限制，被怯弱所阻遏，不能運用自身知識去改變事變的進程，他們就尋找到了自足的退身所，把知識奉為至高無上，而不允許變化的和實用的事物與它接近而玷汙它，它們將認知變作在道德上不負責任的唯美主義。」[2]

依據達爾文進化論，生物有機體對於外界事物的反應乃是受到外部束 U 激所導致，那麼，人類的各種實踐活動是否也是接受來自於外部環境的刺激後，而產生的種種反應方式呢？循著這個思路，我們可以推論出以下這個道理：人類構建知識的根本目的不是為了認識環境，而是去為了回應環境所作的挑戰。知識是解決有問題的情境的工具，認知是一種目的性的實踐探究活動，探究乃是對有問題的情境做出回應。知識是有機體與環境交互作用下的產物，知識的對像是改變的情境，它是偶然的、易變的、不確定性的，此時

知識已成為被證實了的假設、「被確保的論斷」，以及能持續地成功探究未來的增長能力。知識的價值在於它的效用，真理也不再是具有永恆的特徵，真理只是一種工具了。在達爾文進化論的影響下，人們沒有理由相信所謂固定不變的、最終的知識，一切都意味著變化和不確定性，這樣，杜威就將變化性、多樣性、異質性、偶然性引入到了知識論的研究中，借助於達爾文進化論，杜威實現了知識論思維框架的根本轉換。

2.2.2 達爾文進化論實現了對認知者和認知對象的重新理解

達爾文進化論對杜威改造傳統知識論的影響是多方面的：首先，杜威改造了認知者的性質，在他那裡，認知者與認知對象構成了一種關係性的存在方式，其中，認知者是一個富有活力的、創造性的主體，它在認知圖示中不是所謂的「局外人」、「旁觀者」，而是發揮積極參與性之主體功能的認知者。依據達爾文進化論學說，杜威在知識論思維框架的轉換中，生命體的概念成為杜威改造工作的關鍵所在，「生物學發展的結果已經改變了這個局面。哪裡有生命，哪裡就有行動和活動。為了使生命得以延續，這些活動既要是連續的，又必須與環境相適應。而且這種適應性的調整併不是完全被動的，它並不表現為環境對有機體的塑造⋯⋯不存在一種單純適應環境的生物⋯⋯，生命體為了自身的利益去改造周圍媒介中的一些要素。」[3] 杜威的這段話說明，人和環境是交互作用（transaction）、不可分離的，既然達爾文進化論已經證實世界上各種各樣的生命形式都是從低級到高級、從簡單到複雜的長期進化的產物，那麼，人作為自然界的一部分，也不能例外，人也是由從低級到高級、從簡單到複雜進化演變而來的，人是在與環境的交互作用中進化的。當然，作為認知者，人必須積極參與到環境中才能去認識環境，改造環境，從這個意義上說，人不是旁觀者，更不是局外人，相反，人是一個具有主體性、創造性的認知者，「從經驗方面來說，有生命的與無生命的東西之間最明顯的差別是：前者的活動以需要、滿足需要的實際要求的努力以及需要的滿足為特徵。在講這句話時，需要、努力和滿足基本上是按照生物學上的意義來運用的。但是，需要是指精力的緊張的分配狀態，因而有機體處於一種不安或不穩定的均衡狀態之中。要求或努力是指這個事實而言，即這種

狀態在行動中體現，這些行動反作用於有機體，借助於這種方式，行動改變著周圍的物體，因而才能恢復自身主動的均衡狀態的顯著特徵，而這又是環境和機體的主動要求相互作用時所發生的變化所產生的後果。」[4] 人並非置身自然之外，人就在自然之中，人和自然密切相連，不可分割，因而人能對所處環境有所適應，也能使環境對自己有所適應。這也就是說，基於達爾文進化論學說中的「有機體適應論」，即有機體的存在依賴於與環境保持一種平衡，環境是不斷變化的，那麼有機體也能不斷適應環境的各種變化達到新的平衡，這樣有機體才得以生存。

借助於達爾文進化論，杜威將傳統認知者的性質徹底改變了，知識的性質由此也獲得了新的意義。我們知道，在傳統知識論那裡，由於認知者（孤立的局外人和旁觀者）與被認知者（固定的、靜止的實在）之間確立了形而上學的二元論，所以才引發了知識論上種種問題及其困境，而達爾文進化論卻證實這種理論是不能成立的，必須拋棄它。相反，在新的知識論裡，認知者與被認知者構成了一個共同的世界，換言之，杜威所構建的新知識論已經超越了傳統知識論的前提，試圖在一種「前認識」或者「前反思」的領域內來研究知識論了。如此一來，基於這種認知者性質的轉換，知識的性質也發生了改變，知識是在人與環境交互作用的關係中產生的，而不是在主客二分的狀態下產生的。依據皮爾士和詹姆士的「意義」和「真理」理論，知識不是產生於那種現成的主客二分的狀態中，而是產生於一種關係性的存在之中，這種關係體現了具有某些特殊目的的行動者與其環境的交融。在此，杜威繼續推進皮爾士和詹姆士的這種思路，但是由於他接受生物學的影響，於是把這種關係進一步具體化為人與環境的交互作用，知識就產生於這種人與環境交互作用的關係中，透過這種人與環境交互作用的關係，即生物學的圖式，杜威消解了傳統知識論模式中的主客二元對立狀態和知識模式。

基於達爾文進化論的影響，認知者從一開始就充滿了趨勢，它體現為一種連續性的關係。在認知過程中，任何感覺都已經處在一個相互作用的充滿「問答」或「刺激 / 反激」的意義發生機制中，而不只是接受被動的、孤立的訊息，它與那帶有總體含義和超出本身內容的後果相關聯。認知者是生活

在環境中的一種生物，它不是被動的感覺接受者，而是一個與環境相互作用而生存的積極主動的有機體。

杜威從生物學中人與環境的交互作用的立場來重建知識論，透過這種交互作用的關係，人和環境同時因為對方而獲得了新的意義，進一步說，離開人的目的性活動，環境是不可理解的。反之，倘若沒有人不斷適應環境的過程，那麼人的目的性活動也不可能產生。環境之為環境，乃是因為它與人的關係，如果沒有人的存在，環境也是沒有意義的。人之為人，乃是因為受制於環境，脫離這種交互作用的關係，雙方將不復存在。從知識論意義的角度而言，基於這種關係，人的創造性與主體性意味著在認知活動中，引入了一個積極的、富有活力的創造性的主體，它借助於意義機制的幫助而創造出認識對象。人和環境乃是透過意義結構而發生交互作用的，人憑藉意義結構把握自然界，正是意義結構使得人類有機體與環境意向性的相連。依據達爾文進化論學說，意義是有機體適應環境的一種功能，人類是自然界的一個部分，那麼人類的認識活動就不能脫離以下這個事實：人是自然有機體，人須依存於自然環境，人的活動和環境之間不是簡單的刺激一反應的關係，也不是因果關係，而是某種意義的關係，知識實際上就產生於這種意向性的關係之中。

基於人和環境之間的這種交互作用，作為認知者的人產生了雙重意義，人不僅是與環境密切相連的有機體，同時又是借助於意義結構來構建有意義世界的認知者。人與環境的這種交互作用實際上是一種現象學式的、意向性的關係，由於這種關係，人與環境的交互作用就使得經驗結構已經具有了一種不可歸約的意義。人的認識就是由不可歸約的意義結構所構成，換言之，意義結構組成了被認識世界的內容。正是由於人之目的性的實踐探究活動和這些活動賴以存在的環境之間發生了交互作用，才導致了不可歸約的意義結構，認識對象也正是憑藉這樣的結構呈現於我們的意識之中。總之，因為生物學圖式的影響，人和環境的交互作用導致人的行為具有不可歸約的意義，而這種不可歸約的意義又構成了人的意識，所以意義性行為構成了認知者與被認知對象之間這種意向性統一的根本基礎。

其次，透過達爾文進化論，杜威不僅重新闡釋了認知者概念，同時還改造了傳統知識論中的認知對象概念。「知識的旁觀者理論」認為，被認知者（即認知對象）是一種「以帝王般的孤獨」存在的固定而靜止的實在。杜威這樣描述被認知者的：「因此完全而真正的實在必是不變的、不可移易的，如此的充滿著『實有』，因而它總是永遠讓它自己處於一個固定和靜止的狀態。現代最巧妙的辯證的絕對論者布拉德列（Bradley），明確地說出『沒有完全真實的東西是動的』。相對而言，柏拉圖認為變化為墮落，抱著悲觀的見解，而亞里斯多德仍與柏拉圖同樣，以為完全實現了的實在，神聖的和究竟的實在，是不變的。」[5] 如果我們接受達爾文進化論學說，就可以看到「知識的旁觀者理論」中所講的靜觀的、固定的實在根本不存在，就算它存在，也只能是理論上的一種假設而已。我們應承認，沒有脫離環境（情境）的「實在」，因為達爾文進化論已經證實環境是易變的，是動態的，它表現為種種過程，這樣，我們就必須拋棄將那種不變的、固定的實在視為認知對象的知識論，與之相反，應根據生命體與動態環境之間的相互作用來理解認知對象問題。

由上分析可知，借助於達爾文進化論學說，杜威透過一種自然主義的方式，驅逐了「知識的旁觀者理論」，杜威的思路不是從一個存在於客體之外的主體立場出發，而是從一個活的有機體與它周圍環境（物理的、自然的、社會的、文化的）的交互作用出發，實現了傳統知識論向現代知識論思維框架的轉換，「這種轉換已經非常類似於後來庫恩所說的『典範轉移』了。」[6] 由此，杜威知識論具有了濃郁的自然主義傾向，自然主義的方法成為杜威知識論建構的基本方法。從某種意義上說，正因為這種自然主義方法的引入，才使得知識和與情境相連的實在緊密相連。此時，認知才體現為一種通向實在之主體目的性的活動，認知過程凸顯出了人之主體性意義。

在這種「典範轉移」中，達爾文進化論所起的作用是一種功能性的作用，從某種意義上說，杜威利用自然科學的新成果來研究知識論問題表明，他很重視科學，但他對科學的理解方式是實用主義的，即只是借助於達爾文進化論所發生的深遠地哲學意義來改造和建構知識論，以加強其知識論的合理性和權威性，並非完全依附於達爾文進化論學說，「現在已經很清楚，在看待

技術和科學的關係上，亞里斯多德和杜威的出發點是相左的。亞里斯多德自上往下看待人類的生產活動，從對神聖的和不變的東西的靜觀出發，看待工匠所從事的對資料的不確定的和危險的操縱。對亞里斯多德來說，工匠是自然這位偉大工匠的模仿者，工匠活動之上的東西是神聖的。然而，杜威的觀點正好相反。他從日常的製造出發，建立了意義這種理想的實體。意義並不是單獨由探究賦予的，而是隨著探究的擴展而開發出來的工具。科學不是對意義的靜觀，而是意義的主動產生和操縱。亞里斯多德的出發點往往被解釋成本體論的，也就是把各種存在的事物進行分類，他的目標就是把事物歸入恰當的範疇中。然而，杜威的出發點是實用主義的。他以探究為起點，認為要做的分級和分類只有在探究的情境中才是需要的，也就是說才是有意義的。」[7] 在這個問題上，引發了很多學者對杜威實用社會知識論研究視角的爭論。有些學者認為杜威重視達爾文進化論的傾向具有還原論的特點，把杜威的這一理論視為某種隱晦的還原論。杜威依靠達爾文進化論來研究知識論問題，從某種意義上說，具有自然主義的因果分析理論的特點，就這點來說，杜威也並未徹底擺脫近代哲學世界觀的影子，也正是基於這點，很多學者曲解了杜威的科學方法視角，以至於把他的理論視為還原論。但是，在杜威那裡，人雖然來源於自然界，但是人與環境的交互作用使得知識已經不可能還原為自然界了，因為人和環境的交互作用發生於某種意義結構中，這種以行為為基礎的意義機制的參與，使得人和環境因為對方而彼此獲得了新的含義，雙方從而具有了不可歸約的意義。在這個圖式中，人與環境的關係乃是人賦予環境意義的關係，它是一種意向性的關係，而非因果性的關係。以此為基礎，知識就產生於這種意義結構中。當然，人的意識也就具有了這種不可歸約的意義，並且環境也不純粹是自然的環境，環境還包括社會環境、文化環境等等，由於這種社會的、文化的、歷史的狀況的參與，人永遠不可能還原到自然界了，知識也不能還原為客觀知識了。所以，杜威重視達爾文進化論的思路並不是還原論的思路，而是一種富有創造性的新思路。

註釋

[1] John Dewey.Experience and Nature，Chicago：London Open Court Publishing company，1926，p.371.

[2] 《杜威全集 . 中期著作（1899—1924）》第四卷（1907—1909），陳亞軍等譯，華東師範大學出版社，2012 年，第 3 頁。

[3] John Dewey.Reconstruction in Philosophy（英文珍藏版）第 65 頁。

[4] John Dewey.Reconstruction in Philosophy（英文珍藏版）第 47 頁。

[5] John Dewey.Experience and Nature，Chicago：London Open Court Publishing company，1926，p.252—253.

[6] John Dewey.Reconstruction in Philosophy（英文珍藏版）第 59 頁。

[7] JohnMcdemott.ThePhilosophyofJohnDewey，TheUniversityofChicagoPress，1980，P.41.

▌2.3 杜威實用社會知識論的建立及其基本特徵

　　透過對傳統知識論進行尖銳地批判與解構，杜威立足於實踐的維度，引入了生存論的思維視域，借助於達爾文進化論移植到人文之路，從人與環境的相互聯繫、相互作用這個觀點入手，對傳統知識論進行了重構。重構後的知識論被稱為「實用社會知識論」，它貫徹著經驗主義的原則，在情境主義中消融了二元對立的局面，以實踐為基礎的生存論思維視域這個立足點的確立，使得其關注實踐境遇中的知識，其功能是評價性的，強調從尚未發生的、預期性的實踐來對知識進行評價與確證，實用主義或者工具主義乃是該理論的一大基石。由此，傳統意義上的知識典範已發生了根本的轉換。這一理論包含以下主要觀點：

　　首先，在杜威的實用社會知識論那裡，認識是人適應環境的一種實踐行為，它是一種探究的活動，探究乃是對有問題的情境做出回應，認知在本質上是實驗性的，它發揮引導和控制情境的功能，由此路徑而獲得的知識依賴於操作而形成。知識的對象與認識活動不可分離，它是改變了的情境，是偶然的、易變的、不確定性的，此時知識已成為被證實了的假設、「被確保的論斷」，以及能持續地成功探究未來的增長能力。進一步說，人類構建知識的根本目的不是為了認識環境，而是去為了回應環境所作的挑戰，以解決疑難的問題情境，讓這種疑難動盪的情境回歸相對的平衡狀態。在此，認識的過程是一種與環境相關的行為的過程。換言之，認知是一種動態的、連續的實踐過程，對此，杜威這麼說道：「就筆者的判斷而言，歸因於這樣一個事實：

一些具有某種實踐生活特徵的東西，諸如缺乏和需要、衝突和牴觸、渴望和努力、失去和滿足，都已經明確地指稱了實在；同時還歸因於這個更進一步的事實：認知的作用和結構與這些實踐特性是系統地關聯著的。」[1] 環境（情境）是認知發生的背景性要素，離開（情境）這個要素，認識不可能產生。基於此，杜威所理解的認識和傳統經驗主義、理性主義所理解的認識有了明顯的差距。我們知道，在傳統經驗主義那裡，知識主要來自經驗，認識的起點是感覺，杜威反對傳統經驗主義這種強調感覺重要性的觀點。在他看來，認識的起點不應是感覺，而是人與環境相互作用中產生的一種適應環境以達到改造環境之目的的實踐行為，感覺只是引發實踐行為的一種刺激。在以康德為主的理性主義那裡，理性的綜合能力是形成認識的基礎，即一切知識主要都來源於思維的理性能力，作為認識出發點的基本命題在邏輯上是自明的、先天的或者是天賦的，普遍必然的知識源自於人心中所固有的或與生俱來的天賦觀念，對此，杜威也不贊同，因為這種思路下形成的知識是確定性的、靜觀的、抽象的知識。既然認識是在人與環境相互聯繫、相互作用中產生，那麼所得到的知識也是不確定性的、變化的、動態的，因此，理性主義知識論有其內在缺陷，它也應被拋棄。至於經驗主義和理性主義之間爭執了數百年理性還是經驗在認識中誰是第一這個問題，沒有任何意義。與此相反，我們應該超越這一思路，即超越二元分離的虛假思路來重新理解知識論問題。在此，杜威所建立的實用社會知識論主張，認識既不只是來源於感覺，也不只是來源於理性綜合能力，而是內涵了兩者，知識是人和環境相互作用的產物，實踐在其中發揮著重要的作用。進一步而言，知識離不開實踐，知識從操作中（即實踐中）產生，「根據我們的闡釋，握住和欣賞玫瑰是呈現出來的，但它們不是以氣味呈現的方式來呈現。透過氣體所激起的操作，它們以將要呈現的那種方式來呈現。情境內在的是一個不穩定的情境，在這樣的情境中，任何事物都依賴於操作的進程，依賴於作為連接環節的運作之恰當性，依賴於意味著的事物和被意味著的事物的真實調整。把這個事例進行普遍化，我們得到了以下定義：如果在經驗的可感性質中有被經驗到的以下兩種要素之間的區分和聯繫，那麼這個經驗就是知識：其中一個以它自身已經呈現的方式表示或者意謂其他事物的呈現，而另一個則儘管不是以相同的方式來呈現，

但是如果它的同伴或者同類物的意義或意圖將要透過它設定的操作來實現，那麼它也必定變為如此 t 的呈現。」[2] 由此出發，實用主義或者工具主義成為杜威知識論建構的一個重要基點。

其次，杜威的實用社會知識論引入了社會情境的要素，即重視認知境況的社會性、歷史性和文化性等，這個方面表現出杜威傾向於從社群主義的維度來研究知識論，杜威的這一傾向還使得社會學、歷史學和社會心理學等學科參與到知識論的研究中來，使得其知識觀具有了社會、歷史、文化等向度，在一定程度上拓寬了知識論研究的範圍和視野。情境指的是認知發生的背景性事件，即境況問題，它內涵著社會、歷史、文化等向度，由此出發，知識的來源、知識的內容以及認識方法等都與社會、歷史、文化等等要素不可分離，這些社會要素作為認識的境況進入到了杜威知識論之中，「他思想上的主要特點，是向我們展示了當時引起理智改造的一種新精神的重要特徵。這些特徵可能暗示，這個新精神由以產生的社會的和歷史的力量。培根最著名的格言是：『知識就是力量。』（Knowledge is Power）按照這個實用的標準來判斷，他譴責了當時的學問主要是非知識（not-knowledge）、自命不凡的虛假的知識（pseudo-and pretentious-knowledge）。因為它們並不提供力量，它們是無用的、無效驗的。」[3] 杜威很重視知識論研究中的社會向度，因為認知依賴於其所處的境況，這種境況的性質屬於社會性的，這點正如美國學者希爾所說的：「社會性概念在杜威、穆爾和其他工具主義者的思想中已經存在而且相當重要。」[4] 既然強調認識是一種實踐的活動，而實踐發生在具體的時空限度內，它就不是超驗的、靜觀的、確定的，而是社會的、歷史的、文化等視域中的活動。基於此，人的認知活動與實踐保持了一致，因而就具有了時空的向度。換言之，如果認知與社會生活實踐不可分離，它是人與環境相互作用的結果，而環境不僅僅包括自然環境，還包括社會、歷史、文化等等人文社會情境，那麼人類的語言、概念、理論等基本範疇都要在社會情境中加以考察，它們隨著社會的變化而不斷地生成發展，這樣知識就有了社會、歷史、文化的向度，它是在具體的時空內發生，以解決具體的問題情境為目的，對此，胡克這麼說道：「誠如本卷所表明的，杜威持久的哲學興趣之一：是歷史的本質、歷史判斷的特徵和邏輯，以及認識過

去對於理解現在的關係。」[5] 因此，這樣的知識論就有理由關心人的生活世界，並作為一種工具性價值為它們服務。

循著這條思路，在杜威實用社會知識論那裡，知識的來源、形成、內容、結果等都和社會情境有了密切的關聯，社會關係、利益、價值以及制度等各種要素對知識產生了深刻的影響，知識論的視域裡有了社會情境的烙印，知識受到了社會、歷史、文化等相關要素的影響和制約。所以，社會性是杜威實用社會知識論的一個重要特徵。進一步而言，與重視個人境況這類知識論哲學家相比較而言，杜威更為重視知識論的社會性質，正是在這個問題上，形成了杜威知識觀與很多知識論學者的重要區別，應該說，這是杜威在知識論哲學發展中的一個富有成效的新探索，對此，美國學者希爾高度評價了杜威的這一特點』他這麼說道：「自亞里斯多德以來，哲學家們就認識到，人是一種社會性的動物，但令人奇怪的是，當哲學家們論述認識時，卻彷彿人類生活的這一方面完全孤立地發生，與其社會背景無關，彷彿每個人所面臨的僅僅是他個人的境況。的確，某些社會學家與社會心理學家曾以另一種風格論述過這一問題，但哲學家認識到這一點卻非常緩慢。杜威和採納了杜威解決認識問題的方法的那些哲學家，第一次在西方哲學的主流中，不僅恰如其分地堅持人們的認識目的是致力於把一些社會存在物適應於另一些社會存在物，而且還堅持，在這個意義上，人類的語言、概念和基本範疇要在社會情境中加以闡述，所以，即使一個人獨自存在時，他的周圍也與社會環境。這樣，他們在某種程度上使認識論與社會學家和社會心理學家的最佳見解一致起來，並給予認識論以新的深刻性。」[6]

最後，杜威的實用社會知識論是一種工具主義，它貫徹著實用主義的精神，知識的產生、確證標準與實用、效用價值緊密相連，它是評價性的，以實踐合理性為基礎，主要由實踐的結果，即目的這一體現後果的概念來給出，即強調效用和實用的知識之工具性價值，這點正如拉爾夫．羅斯所言的：「思想產生於問題情境之中，它本身不是目的，而是應對生活的重要工具。」[7] 在這個圖示中，工具性價值上升為知識的產生與確證標準，如此一來，認知在本質上是實用性的、工具性的，它發揮引導和控制情境的功能，此時知識已成為被證實了的假設、「被確保的論斷」，以及能持續地成功探究未來的

增長能力，知識產生出「如果一那麼」的命題，這是一個已提示的或已指明的內涵著假設性質的解答方案，它是作為一種可能性而被闡述的和應用的，以此為基礎，杜威將哲學討論與現實社會中的民主問題結合起來。循此思路，哲學的關注點就從知識論的紛爭和迷霧走向了「人的問題」。此時，知識訴求於人類的生存福祉，知行合一，價值與實踐溝通，它能發揮一種方法論的目的性意義去改造社會、道德、民主以及教育等問題了，這樣哲學就不僅僅侷限在哲學專業內，它擴大了其研究視野獲得了自身的價值。例如，杜威除了研究哲學之外，還重視政治學和教育學等的研究，在這兩個領域內頗有建樹。這點正如理查德．舒斯特曼說的：「杜威曾嚴厲地斥責其專業上的同事逃避責任，沒有將哲學運用於『其自身時代的生活鬥爭與問題』，而把哲學實踐侷限於陳舊的學院問題，以便『保持一種不受影響的修士般的無暇，與當代的現實……毫無關聯』。杜威譴責哲學退卻到自鳴得意的、經院式的專業主義，他堅持認為，只有當『哲學不再是一種解決哲學家的問題的手段，而成為由哲學家培養出來的、解決人的問題的方法時』，哲學才可以恢復它的真正價值（作為一種以生活為中心的事業）。」[8]

註釋

[1] [美] 拉里希克曼：《杜威的實用主義技術》，韓連慶譯，北京大學出版社，2010 年，第 156—157 頁。

[2] 《杜威全集．中期著作（1899-1924）$ 第四卷（1907—1909），陳亞軍等譯，華東師範大學出版社，2012 年，第 98 頁。

[3] 《杜威全集．中期著作（1899-1924）$ 第三卷（1903—1906），徐淘譯，華東師範大學出版社，2012 年，第 84—85 頁。

[4] 《杜威全集．中期著作（1899-1924）》第十二卷（1920），劉華初等譯，華東師範大學出版社，2012 年，第 76 頁。

[5] 托馬斯．E. 希爾：《現代知識論》，劉大椿等譯，中國人民大學出版社，1989 年，第 430 頁。

[6] 《杜威全集．中期著作（1899-1924）》第二卷（1902—1903），張留華譯，華東師範大學出版社，2012 年，第 2 頁。

[7] 托馬斯．E. 希爾《現代知識論》，劉大椿等譯，中國人民大學出版社，1989 年，第 440 頁。

[8] 《杜威全集．中期著作（1899-1924）》第十二卷（1920）：劉華初等譯，華東師範大學出版社，2012 年，第 9 頁。

2.4 新實用主義主要代表對杜威實用社會知識論的認識與理解

　　杜威從驅逐「知識的旁觀者理論」出發，立足於經驗主義，構建起了實用社會知識論大廈，其中，工具主義貫穿於該理論中，成為該理論的一大基本原則。這一個基本原則深深影響了新實用主義主要代表羅蒂與奎因，在他們的知識觀裡包含著很多杜威知識觀的影子。羅蒂繼承了杜威實用社會知識論中的實用主義和行為主義特徵，尤其是實踐與社會向度，形成了其認識論行為主義，從某種意義上說，羅蒂的認識論行為主義與杜威實用社會知識論是一脈相承的，藉此，發展出了以實用主義為基礎的後哲學文化觀。奎因受到杜威實用社會知識論中所包含的自然主義和行為主義的影響，將杜威知識論中的實用主義或者工具主義、社會實踐性、不確定性等觀點運用到其認識論的眾多方面，形成了自然化認識論，例如其行為主義的意義理論、語言學習理論、翻譯的不確定性思想等等都體現了杜威知識觀的基本原則和精神，由此深化和發展了杜威實用社會知識論。

2.4.1 羅蒂認識論行為主義與杜威的關係

　　在羅蒂哲學之中，他所倡導的後哲學是在對傳統知識論問題的批判與解構中完成的，正是從批判和解構傳統知識論問題出發，羅蒂一步步地建構起了自己的知識論，可以說知識論問題的探討是羅蒂提出的後哲學文化的出發點和根本問題。本書在前面已經指明，羅蒂在批判傳統知識論問題與構建其知識論理論框架的時候，深深受到杜威批判「知識的旁觀者理論」的影響，因而舉起了反鏡式哲學的大旗，旗幟鮮明地反對傳統知識論中的本質主義、基礎主義和表象主義，透過對傳統鏡式哲學進行深刻而尖銳地批判，羅蒂提出了自己的認識論行為主義理論，該理論倡導「無鏡哲學」或「教化哲學」，其目的是取代傳統的再現論（表象論）思想。那麼，羅蒂提出的認識論行為主義觀念與杜威的實用社會知識論是什麼樣的關係呢？

　　首先，羅蒂的認識論行為主義繼承和發展了杜威實用社會知識論的基本特徵一實踐性與社會性向度。我們從字面上就可以看出，羅蒂提出的認識論

行為主義將認識論和行為主義聯姻，這種聯姻意味著行為主義在其認識論中具有著舉足輕重的地位，由此可見，羅蒂提倡的這種知識觀相當重視實踐問題，從這個維度來說，其認識論行為主義之基本精神與杜威知識論的基本精神是基本一致的，因為在杜威實用社會知識論那裡，實踐性與社會性發揮著重要的作用，正是由於重視實踐性，杜威將實用主義或者是工具主義理念納入到了知識論的理論構架中』如此一來，知識的來源'知識的內容、認識的方法、知識的確證標準等等都蘊含了實用主義或者工具主義的立場與精神，正是在這個問題上，羅蒂找到了其認識論行為主義形成的理論基礎和思想來源。

　　在《哲學與自然之鏡》該書中，羅蒂明確指明了其認識論行為主義與杜威的關係，他主張知識論應參照社會和人的實踐行為來評價認識的合理性和重要性，在這點上，他和杜威保持了一致。羅蒂認為，在杜威那裡，社會性與實踐性是非常重要的，知識的社會實踐向度是實用社會知識論建構的重要基質之一，「杜威是這樣一位哲學家，他最清晰、最明確地再現古希臘哲學家和德國古典哲學家所共同具有的目標（精確地再現實在的內在性質），而支持日益增長的自由社會以及在其中日益多樣的個體的社會目標，這也是我之所以把他看作是 20 世紀哲學中最有用的也是最重要的人物的原因。」[1] 在這裡，「日益增長的自由社會以及在其中日益多樣的個體的社會目標」體現了杜威思想中重視社會實踐的傾向，因而成為羅蒂「最為」看中的地方，藉此，他追隨杜威，在其認識論的行為主義思想中，也高揚了社會實踐的重要性，「更廣泛地說，如果論斷是由社會來證明而非由人們所表達的內部表象的特性來證明，那麼就無必要企圖抽離出特殊的表象來。參照社會使我們能說的東西來說明合理性與認識的權威性，而不是相反，這就是我將稱作『認識論的行為主義』的東西之本質，這也是杜威和維根斯坦共同具有的態度。我們最好把這種行為主義看做一種整體論，但它不需要唯心主義形而上學的基底。」[2]、「指出真實與正確是一個社會實踐的問題，似乎把我們宣判為一種相對主義者，這種相對主義把一種行為主義方法應用於知識或道德。」[3]

　　從上述所言的羅蒂兩段話裡，不難看出，他提出的認識論行為主義理論強調行為的重要性，這意味著行為意義在其知識論中發揮著一種方法論的功

能，貫穿於整個知識論的構架中。在此思路下，知識的真理性、正確性等問題就要靠實踐來確證了。換言之，知識的形成、價值及其確證標準不僅不能離開實踐，相反，它們與實踐是相互聯繫的，即知識的正確性、真理性內涵於實踐之中，如果離開實踐去找尋一種所謂的與實在符合的觀念，即真理符合論，是不成立的。進一步說，知識的正確性、真理性標準應依據具體的實踐標準去衡量。基於此，傳統形而上學的所謂「內在的」、「基礎的」、「抽象的」知識由於缺失這一標準，而成為靜觀的、確定的、抽象的知識，對現實生活世界沒有意義與價值，因而是不成立的，這點正如其所言的：「與道德哲學的這種類比使我們再次集中於認識論行為主義的問題，這個問題不是與事實說明的正當性有關，而是與一種證明的實踐能否實際上被賦予一種『基礎』有關。問題不在於人類知識實際上是否有『基礎』，而在於當提出它有基礎時是否有任何意義，以及有關認識的或道德的權威性具有一個『基礎』的觀念對否具有一致性。」[4]

將羅蒂的認識論行為主義理論與杜威思想作比較，不難發現，羅蒂提出的知識觀在一定意義上說和杜威思想是一脈相傳的。在羅蒂眼裡，杜威知識觀中實踐性的傾向是很突出的，或者說，實踐高於理論的傾向是很明顯的，實踐在杜威思想中發揮著「核心」的作用，「像詹姆斯一樣，杜威是一位功利主義者，他認為，追根究柢，我們需要的或者我們具有的唯一的道德標準或認識論標準是：施行某個行動，持有某種信念，從長遠來看是否將造就更大的人類幸福。」[5] 無論是知識的來源與內容，還是認識的方法，以及知識的確證標準都具有了實踐這個時空的向度，正是在這個問題上，杜威贏得了羅蒂的認同和高度讚揚，他這麼評價：「杜威不如皮爾斯和詹姆斯那樣在分析哲學家中間受到歡迎，他出於愛國熱情對美國政治和社會問題表現出來的強烈關切也限制了那些哲學家對他的工作的興趣。不過，正因為他對歷史主義具有自我意識，我認為，所以杜威成了這樣一位古典實用主義者，從長遠來看，他的工作將具有極大的價值。」[6] 這段話體現了羅蒂對杜威重視社會實踐這一思想的高度認同感。

循著這條思路，他與杜威一致，在其認識論的行為主義理論上也賦予了實踐性和社會性的向度，或者說，羅蒂和杜威工作相似的是，他也將社會實

踐的向度引入到了知識論的探討中，從而將知識論問題（知識的來源、基礎、內容、正當性與重要性的確認標準等等）與社會和人的實踐行為結合起來。「認識論的行為主義不是一個形而上學的思維節約的問題，而是這樣一個問題，權威性是否可由於在人與（例如）思想、印象、普遍項和命題之間的『認識』關係，而附著於論斷句之上。在奎因 - 塞拉斯和齊思霍姆 - 貝格曼對這些問題的看法上的區別，不是在豐富的風景與貧瘠的風景之間的區別，而更加像是在兩類道德哲學家之間的區別，一類認為，權利和責任是有關社會所賦予的東西的問題，另一類認為，在人的內部存在著某種東西，當社會在進行賦予時，可將它『識認』出來。這兩個道德哲學學派之間的區別不在於人是否有值得渴望的權利，而在於，一當我們理解了這些權利何時和為何被認可或否認，正如社會和思想史家所理解的那樣，是否還有更多的有待理解的東西。」[7] 羅蒂所言的這段話不僅表明了其知識論與傳統知識論的區別，同時還指明了其知識論與社會實踐之間的緊密關係。這樣，透過對社會實踐理念的重視，羅蒂將實用主義或者工具主義精神納入到了其認識論的行為主義思想中。由此，我們可以清晰地發現，羅蒂的認識論行為主義具有杜威思想的某種影子，「人們往往指責實用主義者混淆了真理和正當性，真理是絕對的和永恆的，用正當性是過渡性的和暫時的，因為它是相對於旁聽者的。實用主義者以兩個主要途徑來回應這個批評。像皮爾斯、詹姆斯和普特南這樣的一些實用主義者回應說，透過把它等同於『在理想狀態下的正當性』──皮爾斯稱這個狀態為『探索的目的』，我們能夠保留『真』的絕對意義。像杜威那樣的令一些實用主義者（我認為還有戴維森）建議，對真理沒有什麼可說的，哲學家應該明確地且自覺地使自己侷限於正當性，侷限於杜威所謂的『有正當理由的可斷言性』。我偏愛後一種策略。」[8] 這段話更加清楚地體現了羅蒂對杜威思想的追尋和維護。當然，我們也可以這麼理解，正是借助於杜威的路徑，羅蒂的認識論行為主義具有了某種權威性和正當性。

其次，從某種意義上說，羅蒂所提出的認識論行為主義是杜威實用社會知識論的另一種深化和發展，其知識觀仍然屬於實用主義傳統。在建構認識論的行為主義時，羅蒂的邏輯思路與杜威批判「知識的旁觀者理論」思路基本相同，即他們都是從實踐這一現實的經驗層面出發，對傳統知識論展開了

尖銳地批判和拒斥,這種批判意味著知識論的重構,意味著知識論內部某些觀念的顛覆與改造。從羅蒂方面來說,他對傳統知識論進行尖銳地批判與解構的同時,高度讚揚杜威的工作,把自己稱為是杜威思想的繼承者,透過這種路徑,羅蒂的認識論行為主義具有了實用主義的特徵,成為一種實用主義的知識觀。我們可以在羅蒂著作中看到,他將其認識論行為主義與實用主義劃上了等號,甚至將自己「實用主義者」更加確切地稱為「杜威主義者」。羅蒂強調,其認識論行為主義的建立,意味著對知識中所謂的「基礎性」、「本質性」、「抽象性」等特徵給予否定,其原因在於它們不是整體論的思維圖式,而是透過虛假二分法建立起來的理念。換言之,由於實踐的介入,它們走向蕩然無存的境地。循此思路,由於認識論行為主義強調實踐的重要性,因而成為一種整體論。在此,羅蒂將塞拉斯和奎因視為同盟軍,其原因主要在於他們倆都強調知識論中的行為主義,否認二元劃分,從而成為整體論者,「那麼,我們將同意塞拉斯的下述看法:『科學是合理的,不是因為它有一個基礎,而是因為它是一種自我糾正的活動,這種活動能使任何主張岌岌可危,雖然不是使一切主張遭此厄運。』我們將同意奎因的看法,知識並不像是一種體系結構,而像是在一種立場,並不存在可免於以後被加以修正的論斷。我們是整體論者,不是因為我們編好整體,我們是行為主義者,也不是因為厭惡『靈魂實體』,而只是因為證明永遠是行為主義的和整體論的。」[9] 塞拉斯對所與神話的批評,奎因對語言和事實間的區分所做的批評,與他對有關「知識本性的論述」這一再現(表象)論的批評都是一致的,當然,這些對傳統知識論的批評主要源自於傳統知識觀中實踐的缺位導致。進一步而言,他提出的認識論行為主義乃是一種整體論的知識觀,整體論的思維模式意味著對二元化分的否定與拒斥,意味著知識與實踐構成了一個統一的整體,顯然,這種強調實踐的整體論知識觀與杜威知識觀的立場是一致的。由此出發,羅蒂的認識論行為主義成為一種實用主義的知識觀。

正是由於實用主義的介入,羅蒂有時乾脆將其認識論的行為主義直接稱為「實用主義」,以表明自己知識論的立場和原則,他這麼說道:「因此,在我們對知識的態度方面我們能否稱為行為主義者的問題,不是一個有關對知識主張或心理狀態進行行為主義『分析』的『適當性』問題。認識論的行

為主義（它可以被簡稱為『實用主義』，如何不嫌棄這個詞含義過多的話）與華特森或賴爾沒有任何關係。」[10] 從上述這段話裡可發現，羅蒂所提出的認識論行為主義中實用主義色彩是很重的，有時甚至於將實用主義和認識論行為主義相提並論，劃上了等號，這些舉措意味著羅蒂已將其認識論行為主義上升至實用主義的高度，表明了自己在知識論方面的立場和原則，「我稱作『認識論的行為主義』的立場，想要把奎因關於信念和慾望的網絡描繪為無縫隙的，意思是，關於任何事情的信念的任何變化都可能使我們有理由去改變其它方面的某個信念或慾望。……我想這就是傳統實用主義如下主張的實質，即只有『哲學問題』與『實踐』發生聯繫以後，我們才能去思考它們。按此觀點，實用主義或認識論的行為主義就成了決定論的對立面。」[11] 從羅蒂對其認識論行為主義的稱呼中，可見其知識論和杜威關係之間的緊密程度。

由於實踐在羅蒂知識論中的重要性，所以其認識論行為主義成為一種實用主義的知識觀，從這個維度上說，羅蒂的認識論行為主義和杜威實用社會知識論在很多問題上是契合的，透過羅蒂對杜威思想中工具主義、相對主義與非理性主義等觀念的極力捍衛和辯護上，可看出羅蒂知識論與杜威知識論在本質上有很多相似之處。例如，針對人們對實用主義上體現出來的相對主義這個指責，羅蒂說道：「然而不論是海德格爾還是維根斯坦都未使我們從社會角度理解鏡子形象的歷史現象，這就是由視覺隱喻支配西方思想的歷史。他們兩位都關心極其受偏愛的個人而非關心社會，關心使自己脫離一個沒落傳統最後時期所特有的拿著平庸無謂的自我欺騙。與此相反，杜威雖然既不具有維根斯坦那種辯證的敏識，又不具有海德格爾的歷史修養，卻能根據一種新型的社會觀寫下自己對傳統的鏡子形象的反駁。在他的理想社會中』文化不再由客觀認識的理想而是由美學昇華的理想所支配。如他所說，在這種文化中藝術和科學將成為『自由自在的生命花朵』。我希望我們現在已有可能把人們曾經加予杜威的『相對主義』和『非理性主義』的指責，僅只看作他批評過的哲學傳統的不自覺的自衛反射。」[12]、「杜威是我最敬仰的哲學家，也是我最願意成為其弟子的哲學家。杜威是美國實用主義的奠基者之一，他是一位花了 60 年時間試圖使我們擺脫柏拉圖和康德束縛的哲學家，杜威常常被人稱作相對主義者，我也是如此，但是我們實用主義者不自稱是相對

主義者。我們通常從否定意義上規定我們自己。我們自稱是『反柏拉圖主義者』、『反形而上學家』或『反基礎主義者』。……所以，當我們的柏拉圖主義者或康德主義者論敵對稱我們為『相對主義者』厭煩了以後，他們便轉而稱我們為『主觀主義者』或『社會建構主義者』。在他們的情景圖畫中，我們正在斷言，人們所發現的原以為來自我們之外的某個東西其實是來自我們內部的。」[13] 從上述所言的這兩段話裡，羅蒂明確稱呼自己為「我們實用主義者」，他不僅積極贊成杜威對「知識的旁觀者理論」的批判和解構，同時還將自己和杜威列為一個陣營，站在一起，來回應別人對所謂「相對主義」等觀念的攻擊。透過上述羅蒂對相對主義維護與捍衛的語言，不難發現，羅蒂的認識論行為主義是杜威知識觀的一種深化和發展，兩者在很多方面是相同的。

綜上所述，從知識論建構路徑以及邏輯起點看，羅蒂建構自己的認識論行為主義和杜威所做的工作是大體相似的，即將實踐引入到知識論的探討中，來批判傳統形而上學知識論，這樣就使得其知識論和傳統知識論截然不同，分道揚鑣。以實踐為基礎的實用主義思維典範成為羅蒂知識論的一個重要基點，在實用主義精神的影響下，知識已經不是那種靜觀的、抽象的、本質的、基礎的、普遍性的知識了。相反，知識在實踐的影響下，成了具體的、社會的、歷史的、不確定性的知識，這種知識與傳統知識論視域中的知識完全不同，因為它具有了時空的向度。此時，知識的來源、內容與發展等都內涵著變化的視野，而知識的確證標準也與實踐不可分離，知識的價值就在於實踐中的效用和實用原則，功能性的評價模式與知識的真理性問題相連，工具主義在羅蒂知識論中凸顯出來。在這種典範下，羅蒂的認識論行為主義成為一種實用主義的知識觀，這種理念下的知識自然走向了相對主義，走向了多元主義，走向了偶然性。

最後，羅蒂受杜威實用社會知識論中包含的反傳統知識論立場以及反哲學專業化傾向等思想的影響，發展出了以實用主義為基礎的後哲學文化觀，這種後哲學文化建立在其認識論的行為主義理論之上，強調取消知識論問題的探討，主張哲學的解釋學轉向，即將哲學轉變成「解釋學」之類的東西，其思想最終滑向了後現代主義。

在羅蒂著作中，多次論述到相對主義與非理性主義等問題，在論述這些問題的時候，羅蒂主要將實用主義、相對主義與非理性主義聯繫在一起來探討，例如其論文直接用「實用主義、相對主義和非理性主義」來命名，在其著作中，也多次以實用主義作為視角來論述相對主義與非理性主義問題，例如：「我們的論敵喜歡建議道，放棄那套語彙等於放棄了理性，也就是說，成為理性的恰恰也就在於尊重絕對之物和相對之物的區分，被髮現之物和被製作之物的區分，客觀和主觀的區分，自然和習慣的區分，實在和表象的區分。我們實用主義者回答說：假如那就是理性，那麼毫無疑問我們的確是非理性主義者。」[14]、「不妨總結一下我剛才說過的話，我們實用主義者透過做出如下回答來對稱我們為『相對主義者』、『非理性主義者』的種種指責不屑一顧，這些指責恰恰以我們反對的區分為前提，假如我們一定得對自己作些描述，也許我們最好稱我們自己為反二元論者。」[15] 顯然，羅蒂在論述相對主義、非理性主義等問題時，主要是從實用主義角度去闡述的，其中，具有維護相對主義、非理性主義等觀念的意味，儘管他反對用這一詞彙來稱呼自己，但仍然反映出了其認識論行為主義知識觀具有相對主義、多元主義、非理性主義、偶然性等色彩。

以此相關聯，羅蒂大力倡導後哲學文化，他主張取消知識論問題的探討，以希望取代知識，以政治問題替代知識論問題，「我認為，人們能夠做到的把實用主義和美國聯繫起來的最好方法在於提出如下說法：這個國家及其最傑出的哲學家都認為，我們能夠從政治上用希望取代哲學家通常試圖獲得的那類知識。」[16] 用希望取代知識，意味著傳統知識論哲學中的知識問題被重新理解，即被未來和希望所取代，從這個意義上說，和傳統哲學相比，擁有這種特徵的後哲學文化具有「解構主義」的含義，即具有解構傳統知識論及其主張的意蘊，羅蒂思想逐漸向後現代主義思想靠攏，與傅柯、德希達、利奧塔等人有了很多相似之處。當然，羅蒂提倡的後哲學文化與傅柯、德希達等人也有很多明顯的不同，其原因主要在於它建立在實用主義基礎之上。進一步說，羅蒂從認識論的行為主義出發，走向了實用主義的後哲學文化，基於實用主義這個背景，羅蒂思想中的後現代主義和德希達等人的後現代主義有了許多差距，而與哈貝馬斯有了許多共同之處，「從認識論的行為主義角

度來看，哈貝馬斯有關科學研究是由『不可避免的主觀條件』所形成和限制的主張中唯一真確之處是，這種研究是透過採取了證明的實踐才得以成立，而且這種實踐具有可能的替代物。但這些『主觀條件』，在任何意義上都不是可由『對研究邏輯的反思』發現的『不可避免的』東西。它們只是有關某一社會、職業或其他集團認為可作為某種陳述良好理由的東西的事實。這類約束性模式為『文化人類學』的通常的經驗的及解釋學的方法所研究。」[17] 正是在這個問題上，羅蒂又繼續將杜威視為是自己的同盟軍，將其思想看作是自己思想的來源或者理論基礎，「要是黑格爾做了杜威後來做過的工作就更好了，把思想進步和道德進步簡單地描述為自由的增長，描述為導致民主而不是絕對真理。杜威是這樣一位哲學家，他最清晰、最明確地再現古希臘哲學家和德國古典哲學家所共同具有的目標（精確地再現實在的內在性質），而支持日益增長的自由社會以及在其中日益多樣的個體的社會目標，這也是我之所以把他看作是 20 世紀哲學中最有用的也是最重要的人物的原因。」[18]

　　羅蒂提出的後哲學文化探討的主要問題之一是圍繞「對待哲學的態度」而展開，在此，羅蒂主張取消以知識論為基礎的哲學，將哲學看作是解釋學之類的東西，而他提出解釋學之目的主要在於和傳統知識論哲學「劃清界限」，即「在棄置以認識論為中心的哲學之前，先須棄置有關人類的這幅經典圖畫。作為當代哲學中一個有爭議的詞的『解釋學』，是達成這一目的之企圖的名稱。」[19] 在這段話裡，「有關人類的這幅經典圖畫」指的是柏拉圖主義者、康德主義者和實證主義者所共同具有的關於本質的知識圖景，羅蒂猛烈抨擊這樣的知識論圖景，並主張放棄它，由此走上了後現代主義之路。我們知道，在近代形而上學知識論那裡，哲學與知識論問題是緊密聯繫在一起的，知識論問題被置於哲學的中心，從此意義上說，知識論問題代表著哲學關注的重要問題，循此思路，實在、理性或者是經驗等被視為知識的基礎，由此產生出了經驗主義與理性主義知識論哲學派別，追求「客觀真理」、「必然性」、「普遍性」等成為哲學所追求的首要任務。羅蒂反對這些觀點，他站在反基礎論、反本質論、反表象論的立場上，駁斥將知識論視為是哲學中心的觀點，否認哲學是知識的基礎，或者說是知識的一種形式。從此出發，他試圖取消知識論，將以知識論為中心的哲學轉變為一種解釋學之類的東西，

「因此，在本章中我將談論解釋學時，從一開始我就要申明，我並非提出解釋學來作為認識論的一個『繼承的主題』，作為一種活動來填充曾由以認識論為中心的哲學填充過的那種文化真空。在我將提供的解釋中，『解釋學』不是一門學科的名字，也不是達到認識論未能達到的那種結果的方法，更不是一種研究綱領。反之，解釋學是這樣一種希望的表達，由認識論的憋除所留下的文化空間將不被填充，也就是說，我們的文化應成為這樣一種狀況，在其中不再感覺到對限制和對照的要求。認為存在有一種哲學能顯示其『結構』的永恆中性構架，就是認為，與心相對照的對象或限制著人類研究的規則，乃是一切話語共同具有的，或者至少是在某一主題上每一種話語都具有的。這樣，認識論是根據這一假設來進行的，即對某一話語的一切參與活動都是可共度的。一般來說，解釋學就是為反對這一假設而進行的一種論證。」[20] 一旦哲學成為一種解釋學之類的事物，那麼原有的以知識論為中心的哲學也就「瓦解了」，正如羅蒂所說的：「哲學學科的、或某個天才哲學家的談話興趣在改變著，並將繼續以由於偶然事件而無法預測的方式改變。這些偶然事件將涉及從物理學現象到政治學現象等各個方面。……如果不承認康德關於哲學家能夠決定與文化中其他部分的主張有關的合法裁決問題這個假設，專業哲學家的這個自我形象也就瓦解了。」[21] 經過這一轉換，哲學成為治療性的、多元性的、偶然性的、遊戲性的、隨機性的。進一步說，經過羅蒂轉換後的這種新哲學超越了自柏拉圖以來的哲學傳統，它不再具有任何霸權和權威，而只是參與文化對話的一種話語，此時，希望可以代替知識，知識論問題可被政治問題所取代，哲學的功能就在於增進人的幸福了。透過這種理解，哲學就轉變為一種類似於文化批判的東西，成了一種「後」哲學的文化。

在羅蒂看來，上述所言的這種哲學轉向與受古典實用主義的影響是分不開的，尤其是與杜威的影響有著密切的關聯，「儘管那樣，當杜威稱實用主義是『民主的哲學』的時候，他並不是毫無道理的。其言下之意是，實用主義和美國都表現了一種充滿希望的、蒸蒸日上的和注重實驗的精神狀態，我認為，人們能夠做到的把實用主義和美國聯繫起來的最好辦法在於提出如下說法，這個國家及其最傑出的哲學家都認為，我們能夠從政治上用希望取代

哲學家通常試圖獲得的那類知識。」[22] 羅蒂認為，早在杜威那裡，他已經做了類似的一種示範，「按我的觀點，杜威、塞拉斯和費耶阿本德的偉大功績在於，他們指出了通向一條非認識論哲學之路，並部分地做出了示範，從而它也是一條放棄了對『先驗性』懷抱任何希望的道路。」[23]

羅蒂認為，這種哲學轉向與杜威反哲學專業化傾向以及將哲學視為一種工具的觀念也是一致的，「杜威試圖把注意力從永恆不變的事物轉向未來，為了做到這一點，他就要使哲學成為變化的工具而非保守的工具，並因此使它成為美國人的哲學，而不是歐洲人的哲學。為了做到這一點，他希望一像海德格爾後來也否認一樣一否認哲學是一個知識形式。」[24] 羅蒂所說的哲學成為變化的工具體現了杜威的工具主義思想。我們知道，因拉在杜威實用社會知識論那裡，知識的實用性獲得了強調，知識由作為工具的概念所構成，其目的是解決問題情境。認知是工具性的』這樣的知識論可作為一種方法論走向改造哲學、倫理學、教育學等領域。從這個意義上說，杜威的實用社會知識論已不具有本體論的意蘊，它只是一種工具，它須立足於現實實踐，依附於現實的社會才能獲得自身價值。如此一來，以知識論為主的哲學就要重新改寫，一旦哲學成為一種方法和工具，它就不再具有任何權威，它是偶然的、無中心的、無基礎的。很顯然，杜威的這一思路頗有後現代主義的某些特徵。正是在這個問題上，杜威贏得了羅蒂、哈貝馬斯等人的認同和擁護，他們試圖從杜威思想中吸取養分，將當代社會批判理論與實用主義的轉向對接起來，進而又將當代社會批判理論與杜威思想結合起來研究，「讀者從一開始就注意到了，批判性的理論是在一個寬泛的意義上理解的，『實用主義轉向』極大地拓展了美國實用主義。在他們這種轉向及其意蘊的表達中，吸引讀者的不僅有杜威和米德，還有分析性的實用主義者。」[25]、「從根本上說，杜威是後現代主義的，他拒絕的不僅僅是傳統哲學，同時還是它的整個構架。」[26]

因此，透過羅蒂對杜威思想的解讀，不難發現在杜威與後現代性思想相結合的核心問題上有了某種契合點，基於此，美國很多學者認為杜威思想中具有後現代主義的特徵，把他理解為後現代的先驅，因為其預期了許多後現代主義的題旨，例如 John Stur 以及 Randall E.Auxier 等人將杜威與傅柯、

德希達相提並論，他們比較了杜威、尼采、德希達與傅柯等人的異同點，指明了杜威思想中對他們學說的影響與關聯。透過這些比較，他們認為，杜威思想加入到了後哲學的歷史中，正是在後哲學的意旨中，杜威思想凸現了現代性和後現代性之間的張力和矛盾。

總體來看，羅蒂的認識論行為主義來源於杜威反傳統哲學思想，他繼承了杜威實用社會知識論中的實用主義與工具主義，最終發展成為實用主義的後哲學文化，這種後哲學文化具有後現代主義的色彩。在這裡，羅蒂後哲學文化的提出不僅高揚了杜威的實用主義與工具主義精神，甚至比杜威思想更進一層了，那就是滑向了後現代主義。針對羅蒂等人的思想以及對杜威思想的重新解讀，一些美國學者也表達了自己的不同意見，例如，蘇珊 . 哈克說：「羅蒂對杜威拋棄了認識論傳統的做法不勝神往。但他的這種神往是勉強的，因為杜威注意『知性的自然化』，注意科學的研究方法代替『知識的旁觀者理論』；而羅蒂卻聲稱認識論不需要後繼者主體（successor subject）並且也絕不歡迎認識論向科學轉變，而是期望未來的後哲學成為一種文化流派或文學批評的風格。」[27] 關於羅蒂對杜威的理解與解讀，在美國哲學界頗有爭議，在此本書不做贅述了。

2.4.2 奎因自然化認識論與杜威的關係

奎因自然化認識論是一種自然主義的認識論，從其性質來說，該認識論是在經驗主義的維度上建構起來的，換言之，奎因的知識論仍然屬於經驗論的傳統；從建構路徑來說，奎因是在批判「經驗論的兩個教條」之後，提出了自己的知識論主張，對傳統經驗論的批判是其知識論建構的理論基礎和運思前提；從目的來說，自然化的認識論主要針對對像是邏輯經驗論，它試圖建立一種一般意義上的經驗主義知識論，即沒有教條的經驗主義知識論；從任務來說，自然化認識論的中心任務主要是理論與語言之間的密切關係，進一步說，主要體現為分析觀察語句與理論語句之間的關係，「這種關係包括兩個方面：

一、一個語句如何成為另一個語句的證據，這是一種認識論關係，由科學的證據理論加以回答。

二、一個語句如何獲得它的意義，這是一種語義關係，由語言學習理論加以回答。」

[28] 奎因自然化知識論的中心議題主要是探討感覺刺激是如何透過語言產生知識（科學理論）的？在解決這個問題時，自然主義具有著舉足輕重的地位，「自然主義並沒有拋棄認識論，但把它同化於經驗心理學。科學本身告訴我們，我們關於世界所獲得的訊息僅僅限於我們表面的刺激，於是認識論問題就轉變為科學內部的問題，即我們人類如何能夠從那樣一些有限的訊息出發達到科學這樣一個問題。」[29] 在堅持知識論中的自然主義傾向時，奎因認為很多實用主義者在不同程度上具有自然主義的特點，尤其是杜威的自然主義，這也就是說，在奎因那裡，杜威的自然主義對他產生了重要的影響。換言之，奎因知識論的核心精神——自然主義與杜威的自然主義有著重要的關聯，此問題本書將在下一章裡專門闡述。

總體來看，奎因自然化認識論與杜威的關係主要表現在以下幾個方面：

首先，奎因自然化認識論中的行為主義思想、語言的社會性與杜威知識觀有著密切的關係。我們知道，奎因知識論具有鮮明的行為主義色彩，例如行為主義的意義理論、語言學習理論、翻譯的不確定性思想等等思想中，都體現著濃厚的行為主義特徵，而奎因的行為主義傾向與受杜威的影響是分不開的，從某種意義上說，杜威重視社會實踐的特徵深深影響到了奎因行為主義思想的形成和確立，進而奎因將這種行為主義理念應用到了其知識論的眾多方面。本書透過奎因對語言性質的分析以及語言學習理論來闡述杜威對他的影響。

關於語言的性質，奎因和杜威兩者的觀點是一致的，即將語言視為是社會實踐的產物，在這個問題上，奎因受到了杜威實用社會知識論中重視社會實踐向度的影響，強調語言是一種社會的技藝，「當我們認識到一種正當的意義理論必須是一種關於語言用法的理論，語言是一種由社會培育出來的社會技巧時，這個事例就變得在哲學上有重要意義了，維根斯坦以及更早一些的杜威已強調指出這個問題的重要性，可是，任何一個在離開語境的場合下碰到這個問題的人，則不理解這種重要性。」[30] 奎因的話說明，語言與社會

是密切聯繫的，社會作為語言形成的背景性事件被稱為語境，換言之，語言需要一定的語境才能形成，而這種語境是一種社會性的事物，所以，語言和社會形成了不可分割的關係，語言不僅在社會語境中產生，而且也是社會構成的要素，離開社會這個背景性之語境，語言則不能形成和發展。奎因對語言之社會性屬性的理解是在其自然主義基礎上形成的，而他的自然主義和杜威的自然主義有著 '淵丨源的關係，在和杜威的自然主義保持一致之後，奎因就將語言視為是社會的技藝了，這種作為社會技藝的語言意味著語言不僅僅是一種私人的語言，它更主要體現為一種社會性的、公共性的屬性，語言的形成在社會實踐過程中獲得的。人們在使用語言的時候，首先將其視為是一種意義的存在，換言之，語言與意義有著密切的聯繫，語言是意義傳遞的一種載體，意義則是語言的意義，它借助於語言而形成，由於意義是一種社會性的事物，正是在這個維度上，語言是一種社會的技藝，它不是私人的，而是公共的，與社會實踐情境不可分離，這種技藝的獲得靠人們在公共語境下所顯示的行為來保證，「當一位自然主義哲學家談論心靈哲學時，他易於談到語言。首先並且首要的是，意義是語言的意義。語言是一種社會的技藝，我們都僅僅是根據他人在公共可認識的環境下的外顯行為來獲得這種技藝的。因此，意義，即那些精神實體的典範，作為行為主義者磨坊裡的穀物碾碎完蛋了。」[31]

　　從上述所言的奎因這段話裡，我們不難發現，奎因思想裡具有明顯的社會實踐性，在他那裡，語言的獲得具有兩個基本的要素，其一是社會性。由於語言是意義的表達，意義是語言的意義，而意義具有社會性的特徵，它不能離開現實的社會而存在，它只有在現實的社會情境中才能生成，否則就成了傳統知識論中那種靜觀的、抽象的、先驗的狀態，成為一種精神性的產物。由於意義與社會不可分離，所以語言具有了社會性這個向度。其二是實踐性。語言作為一種技藝，是用來表達意義的，而意義不是精神的存在物，而是一種實踐的特徵。要想獲得這種技藝需要透過一個實踐的環節，即透過一個行為的過程，「正是關於意義的事實本身，而不是由意義所意指的實體，才是必鬚根據行為來解釋的。」[32]、「知道一個詞包含兩個部分。一個部分是熟悉它的聲音並能複製它。這一部分，也即語音部分，是透過觀察並模仿他人

的行為而完成的，而且，關於這一過程，不存在重大的迷誤。」[33] 倘若離開社會中的行為，語言則不可能產生，因此，社會和實踐這兩個要素構成了語言的基礎，兩者相互聯繫，成為一種關係性的整體性的存在，正是在二者相互作用的關係中，語言生成並不斷發展，因而不存在那種離開社會實踐的語言，即私人的語言，「一旦我們以這些術語來理解語言的機制，我們就會看到，在任何有用的意義上，都不可能有私人語言。」[34]

由上所知，在奎因自然化的認識論中，社會實踐傾向是很明顯的，即其思想中具有典型的行為主義色彩，透過奎因對語言的理解，可清楚地看到其知識論中的社會性與行為主義特徵，這點與他受到杜威的影響是不能分開的，尤其是杜威重視社會實踐這一特徵對他的影響。我們知道，社會實踐在杜威知識論裡發揮了重要作用，它不僅成為杜威批判「知識的旁觀者理論」以及建構自己知識論的一個重要武器，同時也是與傳統知識論分道揚鑣的關鍵因素。正是在社會實踐這個問題上，杜威獲得了奎因的重視，他不僅認同杜威的觀點，例如，「杜威的看法是明確的：『意義……不是精神的存在物，它主要是行為的屬性。』……在 20 年代，杜威就強調了這一點。他寫道：『獨白是與別人交談的產物和反映』。他循此進一步擴展了這一觀點：『尤其的，語言至少是說者與聽者兩個人之間相互作用的方式，它預設了一個有組織的群體。這些人屬於這個群體，並從中獲得他們的言語習慣。所以，語言是一種關係』。幾年之後，維根斯坦同樣拒絕了私人語言。當杜威以這種自然主義風格寫作時，維根斯坦仍然堅持著他的語言拷貝理論（Copy theory of Language）。」[35] 與此同時，奎因還將杜威的觀點引入到自己的理論中，作為自己的思想來源，例如，「當我們和杜威一道承認『意義……首要地是行為的性質』時，我們也就承認了，在內含於人們的外部行為傾向中的東西之外，既不存在意義，也不存在意義的相似和差別。」[36]

在語言學習理論這個問題上，奎因再次提到了杜威的觀點，「在正常情況下，這個詞指稱某個可見的對象，學習者不僅必須透過從別的說話者那裡聽這個詞來從語音上學習它，他也必須看見這個對象；而且，除此以外，為了把握該對象與該語詞之間的相關性，他必鬚髮現說話者也看見了這個對象。杜威對這一點作了這樣的總結：『關於 B 理解 A 的聲音的特有理論是：他從

A 的立場對該事物做出反應』。我們中的每一個人，當他學習語言的時候，都是他的鄰居的行為的學生；並且，反過來說，就他的嘗試受到認可或改正而言，他是他的鄰居進行行為研究的對象。」[37] 這段話反映了奎因語言學習理論與杜威的淵源關係，在杜威那裡，語言建立在一種社會性的關係存在方式中，語言不是一種私人的性質，而是一種社會性的實踐活動，正所謂學習語言是以他人為參照物來做出反應，奎因認同杜威的這一觀點，強調了語言學習的社會實踐性。語言學習理論作為奎因自然化認識論中一個重要內容，它是從行為主義的立場上提出的，語言學習的過程是主體間相互交流的行為過程，學習者與說話者之間的這種行為過程是語言學習的一個重要方面。上述分析說明，奎因語言學習理論中重視實踐行為的特徵與杜威重視社會實踐的特徵是分不開的。由此，我們可以看到杜威對奎因自然化認識論的深刻影響。

其次，除了杜威重視社會實踐這一特徵對奎因影響很大之外，杜威實用社會知識論中的工具主義或實用主義也對奎因也產生了重要的影響，在奎因知識觀中的知識確證標準上，我們可以清楚地看到工具主義或實用主義的傾向。本書在前面指出，杜威實用社會知識論的一個重要精神是工具主義，認識是人適應環境以達到預期目的的一種社會實踐行為，在此背景下，認知成為一種探究的活動，這種探究活動乃是對有問題的情境做出回應，它在本質上是實驗性的（實用性的、工具性的），發揮著引導和控制情境的功能。循此思路，人們的觀念、思想、理論等等都是為了達到預期目的而設計的工具，其目的是轉變不確定的、疑惑的境況。工具主義在杜威實用社會知識論中發揮了重要的作用，效用價值不僅是知識形成的基礎引導著認知的發生與變化，同時還是知識確證的重要標準。杜威實用社會知識論中的這一特點體現在奎因自然化認識論的很多論述中，透過奎因的闡述，我們可以看到奎因思想中的工具主義，例如：「作為一個經驗論者，我繼續把科學的概念系統看做根本上是根據過去經驗來預測未來經驗的工具。」[38] 在奎因的這段話中，工具主義意味是很突出的，知識具有工具性的意蘊，它體現為一種經驗流中動態的、聯繫性的過程，作為一種工具，知識依賴過去的經驗，即滿足過去經驗的條件，同時又作為一種境況中發揮效用的工具，滿足於未來經驗的需要。

進一步說，奎因是從目的性後果的角度來評價和選擇確證知識的。他的這一論點與杜威頗有相似性，因為杜威也強調從尚未發生的、預期性的實踐來對知識進行評價與確證。顯然，在工具主義上，兩者具有很多相通的地方。

在奎因知識觀裡，其工具主義或實用主義特點是很明顯的，例如，「物理對像是作為方便的中介物被概念地引入這局面的一不是用根據經驗的定義，而只是作為在認識論上可同荷馬史詩中的諸神相比的一些不可簡約的設定物。就我自己而言，作為非專業的物理學家，我確實相信物理對象而不相信荷馬的諸神，而且我認為不那樣相信，便是科學上的錯誤。但就認識論的立足點而言，物理對象和諸神祇是程度上、而非種類上的不同。這兩種東西只是作為文化的設定物（cultural posits）進入我們的概念的，物理對象的神話所以在認識論上優於大多數其他的神話，原因在於，它作為把一個易處理的結構嵌入經驗之流的手段，已證明是比其他神話更有效的。」[39] 奎因從認識論的角度，將物理對象和諸神作比喻，指明物理對象與諸神都是人工創造物，與諸神相比，物理對象凸顯優勢的原因主要在於其效用性質，換言之，他是從效用的角度來評價這兩個概念的，「早些時候我極力主張，我們是透過考慮整個系統的簡單些和可以說是同經驗相聯繫的有效性來決定存在什麼，或把什麼看作存在的。」[40] 如果以效用這個目的性後果來評價和選擇概念，那麼奎因的思想已經具有明顯的實用主義或者工具主義意蘊了，這和杜威實用社會知識論的工具主義、實用主義是不謀而合的。

我們再來看奎因知識觀中工具主義或實用主義更為典型的一段話，「語言有兩種基本的功用：一是作為讓別人做我們想讓他們做的事情的手段，而是作為從別人那裡學習我們想知道的事情的手段。在前一種情形裡，語言可以間接地向我們提供更多的手，在後一種情形裡則提供更多的眼。我們在這裡所感興趣的是預言，即如果我們做了這樣或那樣的事情，[可能] 會有什麼後果產生。觀察對所有這樣的預言都是至關重要的。觀察越多，預言的機會也越多。所以，語言在透過他人的證言提供間接觀察結果這個方面，可以帶來重大的利益。」[41] 本段話體現了奎因對語言性質的理解，從字面上，我們就可以看到功用、手段、後果、利益等具有工具主義或實用主義色彩的語詞，奎因借助於行為主義這個思維典範，將語言與功用、手段、後果、利益等聯

姻起來，從而使得語言的評價與選擇標準有了實用主義或者是工具主義的意蘊。換言之，透過功用、手段、後果、利益等的介入，語言已經變得不單純了，它變成了一種具有目的性後果意義的存在物，此時，語言成為實現目的的一種功用和手段，從而使得語言的檢驗和評價具有了工具主義的成分，因此，奎因思想中的實用主義特色昭然呈現出來。

上述分析說明，奎因關於知識確證標準中的實用主義或者工具主義色彩與杜威實用社會知識論中的工具主義是相呼應的，透過奎因思想中的實用主義、工具主義表述，儘管他在陳述它們時未提及杜威，但仍然能夠看到杜威對其思想的影響和滲透。對此，陳波這麼評價道除了自然主義之外，杜威哲學中的工具主義因素也對奎因哲學產生了重要影響。」[42]、「杜威實用主義的上述因素在奎因哲學中也得到了充分的體現，這突出表現在他明確地把科學理論系統看做是工具，因而把是否方便、有用等實用主義的考慮作為理論評價與選擇的標準。」[43]

最後，杜威實用社會知識論中知識性質及其構建思路對奎因知識觀中可錯論與整體主義產生了深刻地影響。首先我們來看杜威實用社會知識論中關於知識性質及其建構思路問題。在知識及其獲得的過程（認知）這兩個問題上，杜威知識觀關心的主要問題不僅僅是知識，同時也是認知問題，即如何獲得知識的過程。換言之，知識是透過認知的路徑建構起來的，在此過程中，認知成為杜威知識論重點關注的問題，那麼，認知是什麼呢？在杜威那裡，認知是一種「探究」的過程，即探究的過程就是認知的過程，從某種意義上說，兩者之間可以劃等號。探究體現為一種行動，那麼認知也是一種行動，它在本質上是實驗性的（實用性的、工具性的），人類構建知識的根本目的帶有一種工具主義的性質，它是為了回應環境（疑難的問題情境）所作的挑戰，讓這種疑難動盪的情境回歸相對的平衡確定狀態，當然，這種相對確定的平衡狀態會再次趨向不確定的疑難情境，如此循環往復，杜威的思維五步說更為細緻地描述了這個問題，在此不做具體闡述。這其中，知識的價值主要在於發揮一種工具性的功能去解決疑難的情境。在這個過程裡，探究（認知）和不確定性是緊密結合在一＇起的，探究的一＇端指向著不確定性，另一＇端指向著相對的確定性，而相對的確定性也會走向不確定性，在這個永遠動

態變化的世界裡，沒有任何最終的、絕對的、確定的事物。因此，不確定性才是探究中的重要內容。基於探究（認知）在杜威實用社會知識論中的重要性，那麼在探究之下所建構起來知識就已不是確定性的知識了，此時知識走向了不確定性，成為被證實了的假設、「被確保的論斷」，以及能持續地成功探究未來的增長能力。這也就是說，在不確定性影響下的探究中生成的知識產生出「如果一那麼」的命題，這是一個已提示的或已指明的內涵著假設性質的解答方案，它是作為一種可能性而被闡述的和應用的。循此思路，知識的性質就不是確定性的、固定的、絕對的、靜觀的，而是一種變化的、不確定的、相對的、多元的、偶然的。進一步而言，內涵著變化與不確定性等性質的知識是一種可以錯誤的、能夠修正和發展的知識。正是在這個不確定性知識的問題上，杜威實用社會知識論和傳統的「知識的旁觀者」理論劃清了界限，也正是由於這個問題，杜威對傳統形而上學知識論豎起了批判和拒斥的大旗。

杜威知識觀中關於知識的不確定性及其構建思路影響到了奎因，奎因自然化認識論的建構路徑和運思前提，即對傳統知識論的否定與批判立場，不確定性精神，以及對知識性質的理解，例如整體主義、可錯主義傾向等等，都可以看到杜威的影子和烙印。

一方面，和杜威拒斥和批判傳統知識論來建構實用社會知識論這個路徑相似，奎因從實用主義的維度將其自然化認識論之運思前提建立在對傳統基礎論與懷疑論的否定與批判上，例如，他站在實用主義的維度上，極力批駁分析命題和綜合命題的傳統區分和還原論，即對「經驗論兩個教條」的批判，在《經驗論的兩個教條》此文中，奎因開門見山地說道：「現代經驗論大部分是受兩個教條制約的。其一是相信在分析的或以意義為根據而不依賴於事實的真理與綜合的或以事實為根據的真理之間有根本的區別。另一個教條是還原論：相信每一個有意義的陳述都等值於某種以指稱直接經驗的名詞為基礎的邏輯構造。我將要論證：這兩個教條都是沒有根據的。正像我們將要見到的，拋棄他們的一個後果是模糊了思辨形而上學與自然科學之間的假定分界線。另一個後果就是轉向實用主義。[44]」奎因的這段話表明他是從實用主義角度來批判經驗論的兩個教條，這種對傳統知識論的否定與批判成為其自

然化認識論建構的一個基礎和前提，我們在奎因作品中，經常可見到他對傳統知識論的批判語言，例如，「非批判的語義學是一種博物館神話，在其中，展品是意義，語詞是標籤，轉換語言就是改變標籤。自然主義者反對這種看法，主要並不是反對那種作為精神實體的意義，雖然這也是完全能夠加以反對的。」[45] 奎因用博物館神話去評價非批判的語義學，顯然是從批判的意義上體現的。在《經驗主義的五個里程碑》這篇文章裡，當談到第五個轉折點的時候，奎因更加明確地說道放棄先於自然科學的第一哲學的目標。因此，批判性是奎因自然化認識論建構起來的一個顯著特點，正是在這個意義上，奎因建構自然化認識論的路徑和杜威建構實用社會知識論的路徑是一致的，針對這一點，他曾明確地指明自己和杜威的關係，在《本體論的相對性》此文中說道，「因而，當我們和杜威一道轉向自然主義的語言觀及行為主義的意義論時，我們所放棄的並不僅僅是言語的博物館圖像，我們也放棄對於確定性的信念。」[46] 這段話說明了奎因是從否定意義上來評價博物館圖像以及確定性知識的觀念或者意義，在他身上體現出來的對傳統知識論哲學的否定態度與立場與杜威批判「知識的旁觀者理論」思路是一致的。

另一方面，奎因以不確定性來反對傳統知識論哲學中的確定性，例如笛卡爾追求知識的確定性這種理念，與受杜威的影響也有著密切的關聯。奎因對傳統知識論哲學持否定與反對的態度，表現在他旗幟鮮明地倡導放棄語言的博物館圖像，放棄追求知識的確定性等問題上，從此出發，其自然化認識論大力推崇不確定性來反對確定性，「三個不確定性論題在我的著作中顯眼地出現：翻譯的不確定性、指稱的不可測知性和科學理論的不充分決定性。每一個……都預設了一個不同的進一步主題……翻譯預設的主題是刺激。指稱的不可測知性預設的主題是實體化（reifi-cation）。科學的不充分決定性預設的主題是經驗內容。」[47] 他的理論的不充分決定性思想、翻譯的不確定性思想、指稱的不可測定性思想、本體論的相對性思想等等，都貫穿著不確定性精神，「然而，現在我們面對的翻譯不確定性，以同樣的方式貫穿於外延和內涵。詞項『兔子』、『兔子的未分離部分』以及『兔子的時間段』不僅在意義上不同，它們也適用於不同的事物。指稱自身證明是行為上不可測知的（inscru-table）。」[48] 因此，正是基於這個維度，奎因的很多核心思

想和杜威實用社會知識論的很多精神是相似的,兩者有著淵源的關係,為此,奎因寫了《本體論的相對性》等文章來紀念杜威,這點正如其在導言裡說的:「就像《本體論的相對性》是為了紀念約翰．杜威而作的一樣。」[49]

在杜威的影響和啟發之下,奎因將不確定性的精神拓展應用到了對知識性質的理解上,使得其知識觀中具有了整體主義、可錯主義的色彩。如果接受杜威的不確定性這個理念,那麼知識就不再是一種確定不變的、絕對的、靜觀僵化的,相反,知識具有了不確定性、變化、相對等特徵。此時,知識(信念)是一種變化的狀態,沒有一成不變的知識(信念),它能夠隨著經驗的變化而變化,隨著情境的變化而變化,隨著目的性後果意義的變化而變化,「一個人的信念總體在幾乎每一個醒著的時刻都在變化。僅僅一隻鳥的啁啾聲或一輛過往汽車的嘎嚓聲,一旦被這樣識別到,都會在我們波動著的信念倉庫中增加一個信念。這些是微不足道的信念;它們來得快,但它們很容易被擠出,被遺忘,因此去得也快。有些信念是持續的,如漢尼拔翻越過阿爾卑斯山的信念,海王星是一顆行星的信念。人們的一些信念最終被放棄了;這裡的原因並不總是它們被擠出和遺忘了,也可能是因為我們發現它們與可信性似乎更高的其他信念(可能是新的信念)發生了衝突。」[50] 既然知識(信念)已不再是確定的狀況,那麼知識(信念)就有可能是錯誤的,既然知識(信念)是可錯的,那麼知識(信念)是能夠得到改正的,認知是一種不斷自我糾正的模式,這個思路里體現了知識觀的整體主義與可錯主義傾向,而這種整體主義、可錯主義傾向的知識性質則主要源於知識的不確定性與變化性。作為一個經驗主義者,奎因認為,在經驗面前,信念或者知識不是局部、各自分害j的狀態,它們是作為一個整體面貌出現的,即信念或者是知識(自然理論)是作為一個集合體面對著經驗,它們不是單個句子的面對經驗,更不是逐個特殊理論的面對經驗。當然,這種作為整體性的信念或者知識(自然理論)的確證標準也必須回到經驗中去加以檢驗。針對這點,奎因在其《經驗主義的五個里程碑》裡明確指明:「如果以為理論中沒有任何一個單一的語句具有它的可分離的經驗意義,那也是錯誤的。理論語句逐步下降為觀察語句;可觀察性有程度之別,也就是說,從目前的證據去看一個語句可能獲得的那種自發的一致同意,有程度之別。即使可以說,從一個人的理論中其

他語句的觀點來看，甚至可以撤銷一個觀察語句，但這是一種極端的情況，幸而不是一種典型的情況。無論如何，在另一種極端情況下，將有一些單一的語句，即一些很長的理論語句，肯定具有自己的分可分離的經驗意義，因為我們能夠構造出一個關於整個理論的合取語句。因此，應當把第三個轉折帶來的這種整體論僅僅看中一種溫和的和相對的整體論。重要的是，我們不再要求或者期望有一種具有他自己的可分離的經驗意義的科學語句。」[51] 這段話裡體現了奎因的整體論觀點。

從邏輯上來說，作為整體性的知識（自然理論）由於是被構造出來的，它們是人工的構造物，因而不是確定的、絕對的、靜觀的，正因為知識具有不確定性的性質，所以它們是可錯的，可在探究中被改正。在此，奎因和杜威一樣，反對知識論中的確定性，「笛卡爾夢想科學的確實性有一種比科學方法本身更堅實的基礎，我屬於那些批評這種笛卡爾夢想的不少的少數人或不多的多數人。但是我們看到，我依然在考慮一直是傳統認識論核心的問題，即科學與其感覺數據的關係。我把它看做是一種預先承認的外在世界中血肉之軀內的輸入─輸出關係，一種作為外在世界中科學的部分而予以探究的關係。為了強調我擺脫了笛卡爾夢想，我用神經感受器及其刺激，而不用感覺或感覺物。」[52] 在奎因看來，其自然化認識論和傳統知識論的重要區別之一主要在於由確定性問題所導致的差距。或者說，其自然化認識論與傳統知識論所不同的是，他建構的知識觀在不確定性立場下堅持整體主義的觀念，這也就是說，這些整體性出現的知識所包含的各個陳述部分構成了一個關係性的存在方式，即內部要素之間不是孤立的，而是相互聯繫在一起構成一個知識的集合整體，其中，集合整體內的每個局部陳述就可以被修正，數學與數學的規律也一樣。「因為要記住，那種規範和自然化的認識論本身是科學的組成部分，而科學是可錯的和可改正的。即使經過這樣的巨變，科學依然會是科學，即同樣的舊式語言遊戲，仍然依賴於感覺預言中的檢驗點。經驗主義的崩潰將會接受心靈感應或啟示帶來的特別輸入，但是對由此產生的科學的檢驗依然會是預言的感覺。」[53]

綜上所述，杜威實用社會知識論中的實用主義或者工具主義、社會實踐性、不確定性等觀點對奎因產生了重要的影響，這些觀點包含在奎因自然化

的認識論中，透過兩者的比較，我們能夠看到奎因自然化認識論中有很多杜威知識觀的影子和烙印。

註釋

[1] [美] 理查德 . 舒斯特曼：《哲學實踐：實用主義和哲學生活》，彭峰等譯，北京大學出版社，2002 年，第 22 頁。

[2] 理查德 . 羅蒂：《後形而上學希望──新實用主義社會、政治和法律哲學》，張國清譯，上海譯文出版社，2003 年，第 29 頁

[3] 理查德 . 羅蒂：《哲學與自然之鏡》，李幼蒸譯，商務印書館，2003 年，第 162 頁。

[4] 理查德 . 羅蒂：《哲學與自然之鏡》，李幼蒸譯，商務印書館，2003 年，第 165—166 頁。

[5] 理查德 . 羅蒂：《哲學與自然之鏡》，李幼蒸譯，商務印書館，2003 年，第 165 頁。

[6] 理查德 . 羅蒂：《後形而上學希望──新實用主義社會、政治和法律哲學》，張國清譯，上海譯文出版社，2003 年，第 80 頁。

[7] 理查德 . 羅蒂：《後形而上學希望──新實用主義社會、政治和法律哲學》，張國清譯，上海譯文出版社，2003 年，第 83 頁。

[8] 理查德 . 羅蒂：《哲學與自然之鏡》，李幼蒸譯，商務印書館，2003 年，第 164—165 頁。

[9] 理查德 . 羅蒂：《後形而上學希望──新實用主義社會、政治和法律哲學》，張國清譯，上海譯文出版社，2003 年，第 14—15 頁。

[10] 理查德 . 羅蒂：《哲學與自然之鏡》，李幼蒸譯，商務印書館，2003 年，第 167 頁。

[11] 理查德 . 羅蒂：《哲學與自然之鏡》，李幼蒸譯，商務印書館，2003 年，第 163 頁。

[12] 理查德 . 羅蒂：《哲學與自然之鏡》，李幼蒸譯，商務印書館，2003 年，第 399 頁。

[13] 理查德 . 羅蒂：《哲學與自然之鏡》，李幼蒸譯，商務印書館，2003 年，第 10 頁。

[14] 理查德 . 羅蒂：《後形而上學希望──新實用主義社會、政治和法律哲學》，張國清譯，上海譯文出版社，2003 年，第 94 ─ 95 頁。

[15] 理查德 . 羅蒂：《後形而上學希望──新實用主義社會、政治和法律哲學》，張國清譯，上海譯文出版社，2003 年，第 97 頁。

[16] 理查德 . 羅蒂：《後形而上學希望──新實用主義社會、政治和法律哲學》，張國清譯，上海譯文出版社，2003 年，第 97—98 頁。

[17] 理查德 . 羅蒂：《後形而上學希望──新實用主義社會、政治和法律哲學》，張國清譯，上海譯文出版社，2003 年，第 3 頁。

[18] 理查德 . 羅蒂：《哲學與自然之鏡》，李幼蒸譯，商務印書館，2003 年，第 359 頁。

[19] 理查德．羅蒂：《後形而上學希望——新實用主義社會、政治和法律哲學》，張國清譯，上海譯文出版社，2003 年，第 29 頁。

[20] 理查德．羅蒂：《哲學與自然之鏡》，李幼蒸譯，商務印書館，2003 年，第 336 頁。

[21] 理查德．羅蒂：《哲學與自然之鏡》，李幼蒸譯，商務印書館，2003 年，第 297—298 頁。

[22] 理查德．羅蒂：《哲學與自然之鏡》，李幼蒸譯，商務印書館，2003 年，第 365 頁。

[23] 理查德．羅蒂：《後形而上學希望——新實用主義社會、政治和法律哲學》，張國清譯，上海譯文出版社，2003 年，第 3 頁。

[24] 理查德．羅蒂：《哲學與自然之鏡》，李幼蒸譯，商務印書館，2003 年，第 356 頁。

[25] 理查德．羅蒂：《後形而上學希望——新實用主義社會、政治和法律哲學》，張國清譯，上海譯文出版社，2003 年，第 10 頁。

[26] William Rehg&James Bohman.Pluralism and the Pragmatic Turn：The Transformation of Crit-ical Theory.Massachusetts Institute of Technology Press，2001，p.2.

[27] David L.Hildebrand.Beyond Realism and Antirealism.John Dewey and the Neopragmatists，Vanderbilt University Press，2003，p.90.

[28] Nicholas Bunnin& 燕宏遠等：《當代英美哲學概論》（下冊），社會科學文獻出版社，2001 年，第 706 頁。

[29] 塗紀亮：《從古典實用主義到新實用主義——實用主義基本觀念的演進》，人民出版社，2006 年，第 170 頁。

[30] 奎因：《奎因著作集》（第 6 卷，塗紀亮、陳波主編），《理論與事物》，塗紀亮譯，中國人民大學出版社，2007 年，第 67 頁。

[31] 奎因：《奎因著作集》（第 6 卷，塗紀亮、陳波主編），《理論與事物》，塗紀亮譯，中國人民大學出版社，2007 年，第 177 頁。

[32] 奎因《奎因著作集》（第 2 卷,塗紀亮、陳波主編),《本體論的相對性及其他論文》,賈可春譯,中國人民大學出版社,2007 年,第 368 頁。

[33] 奎因：《奎因著作集》（第 2 卷，塗紀亮、陳波主編），《本體論的相對性及其他論文》，賈可春譯，中國人民大學出版社，2007 年，第 369 頁。

[34] 奎因：《奎因著作集》（第 2 卷，塗紀亮、陳波主編），《本體論的相對性及其他論文》，賈可春譯，中國人民大學出版社，2007 年，第 369 頁。

[35] 奎因：《奎因著作集》（第 2 卷，塗紀亮、陳波主編），《本體論的相對性及其他論文》，賈可春譯，中國人民大學出版社，2007 年，第 368 頁。

[36] 奎因：《奎因著作集》（第 2 卷，塗紀亮、陳波主編），《本體論的相對性及其他論文》，賈可春譯，中國人民大學出版社，2007 年，第 368—369 頁。

[37] 奎因：《奎因著作集》（第 2 卷，塗紀亮、陳波主編），《本體論的相對性及其他論文》，賈可春譯，中國人民大學出版社，2007 年，第 370 頁。

[38] 奎因：《奎因著作集》（第 2 卷，塗紀亮、陳波主編），《本體論的相對性及其他論文》，賈可春譯，中國人民大學出版社，2007 年，第 369 頁。

[39] 奎因：《奎因著作集》（第 4 卷，塗紀亮、陳波主編），《從邏輯的觀點看》，陳啟偉等譯，中國人民大學出版社，2007 年，第 48 頁。

[40] 奎因：《奎因著作集》（第 4 卷，塗紀亮、陳波主編），《從邏輯的觀點看》，陳啟偉等譯，中國人民大學出版社，2007 年，第 48—49 頁。

[41] 奎因：《奎因著作集》（第 5 卷，塗紀亮、陳波主編），《論心的實體》，葉闖譯，中國人民大學出版社，2007 年，第 217 頁。

[42] 奎因：《奎因著作集》（第 5 卷，塗紀亮、陳波主編），《信念之網》，翟玉章譯，中國人民大學出版社，2007 年，第 369 頁。

[43] 陳波：《奎因哲學研究——從邏輯和語言的觀點看》，三聯書店，1998 年，第 383 頁。

[44] 陳波：《奎因哲學研究——從邏輯和語言的觀點看》，三聯書店，1998 年，第 384 頁。

[45] 奎因：《奎因著作集》（第 4 卷，塗紀亮、陳波主編），《從邏輯的觀點看》，陳啟偉等譯，中國人民大學出版社，2007 年，第 29 頁。

[46] 奎因：《奎因著作集》（第 2 卷，塗紀亮、陳波主編），《本體論的相對性及其他論文》，賈可春譯，中國人民大學出版社，2007 年，第 369 頁。

[47] 奎因：《奎因著作集》（第 2 卷，塗紀亮、陳波主編），《本體論的相對性及其他論文》，賈可春譯，中國人民大學出版社，2007 年，第 370 頁。

[48] （美）L. 漢肯森﹒內爾森、傑克﹒內爾森：《奎因》，張立峰譯，中華書局，2004 年，第 94 頁。

[49] 奎因：《奎因著作集》（第 2 卷，塗紀亮、陳波主編），《本體論的相對性及其他論文》，賈可春譯，中國人民大學出版社，2007 年，第 375 頁。

[50] 奎因：《奎因著作集》（第 2 卷，塗紀亮、陳波主編），《本體論的相對性及其他論文》，賈可春譯，中國人民大學出版社，2007 年，第 342 頁。

[51] 奎因：《奎因著作集》（第 5 卷，塗紀亮、陳波主編），《信念之網》，翟玉章譯，中國人民大學出版社，2007 年，第 341 頁。

[52] 奎因：《奎因著作集》（第 6 卷，塗紀亮、陳波主編），《理論與事物》，塗紀亮譯，中國人民大學出版社，2007 年，第 72 頁。

[53] 奎因：《奎因著作集》（第 6 卷，塗紀亮、陳波主編），《真之追求》，王路譯，中國人民大學出版社，2007 年，第 483 頁。

第 3 章 杜威實用社會知識論的哲學基礎——經驗自然主義

第 3 章 杜威實用社會知識論的哲學基礎——經驗自然主義

在西方哲學史上，自知識論問題提出以後，哲學家們試圖從不同的角度來解答它。理性主義者把知識的源泉歸結於思維的理性能力，他們認為經驗是幻象和謬誤的源泉，經驗是獲得知識的障礙。與此相反，經驗主義者認為理性是一種與物質世界毫無關係的抽象能力，只能提供最瑣碎的知識，他們主張經驗是知識的源泉。在這個問題上，杜威與經驗主義者的思想是一致的，他是一名堅定的經驗主義者，也主張經驗是知識的源泉。然而，在「經驗是什麼？」這個問題上，杜威與傳統經驗主義則大相逕庭，傳統經驗主義將經驗理解為由感官所產生的不同的、原子式的精神圖像（「感覺」），從這一論點出發，傳統經驗主義遇到了諸多問題，以至於最後陷入到懷疑論中。杜威改造了經驗的概念，提出了經驗的自然主義（Empirical Naturalism）。在他看來，經驗並不是一個由彼此分離的感覺圖像所組成的系列，它不能被理解為對外在世界的精神圖像的接受。經驗是有機體與自然的相互作用，經驗就是做和經歷（doing and undergoing），它表現為存在於行為中的連續性。傳統經驗主義將經驗視為「外部」世界的圖像所呈現出的被動的思維活動，而杜威則將經驗與有機體的生命活動聯繫起來考慮，經驗就是生活，杜威從生存論的視角來考察經驗，拓寬了經驗的廣度和深度。以此為基礎，它提出了認識的方法，即經驗的方法（empirical method）。

經驗的方法就是從原始經驗出發，經過反省分析之後，把所建構的理論和概念帶回到原始經驗中加以檢驗的方法。一旦經驗成為一種方法，那麼它就是一種探究。基於經驗的方法，杜威把「探究」理論作為重構整個知識論的關鍵所在。杜威經驗的方法源於自然科學的假設——歸納實驗邏輯方法，這一方法使得知識論與科學結盟，藉此，自然主義滲透貫穿於杜威實用社會知識論中，成為其實用社會知識論的重要而又典型的一大特徵。在自然主義的影響之下，杜威重視科學對知識論的影響，因為 16 世紀以來，科學已經發展了一種替代性的模式，依據這一模式，知識在本質上是由「假設所引導

的實驗」所構成的「行動的、操作的」事件，科學將知識理解為預言與控制自然變化進程的實踐性事件。因此，知識論鬚根據科學中的實驗方法來規範知識的概念，以上這一切成為杜威知識論的哲學基礎。

作為杜威實用社會知識論的哲學基礎，經驗自然主義對新實用主義思潮的影響，主要體現在奎因對杜威自然主義的繼承與發展上。一方面，在經驗主義立場上，奎因和杜威一樣』都傾向於把經驗知識當為是實用的指導，雖然兩者的經驗主義程度不盡相同，但共同點都是以經驗主義為基礎來探討知識論問題的。基於此，杜威實用社會知識論與奎因自然化認識論的哲學基礎是一致的。從經驗主義立場出發，奎因和杜威在知識論上具有了很多相似的地方；另一方面，杜威的自然主義對奎因的影響很大，奎因在很多方面採納了杜威自然主義思想，形成了以自然主義為基礎的自然化認識論思想。

▍3.1 經驗的特徵

3.1.1 杜威對傳統經驗概念的考察和改造

知識是什麼？如何獲得知識？我們有可能瞭解事物嗎？……這些問題從古到今一直是知識論哲學提出的典型問題，在回答這些問題的時候，經驗主義的答案就是：我們的一切知識最終都來源於人的經驗，不論是洛克、貝克萊，還是休謨，經驗主義者們都試圖建構一門以經驗為基礎的知識論，例如洛克很形象地說，讓我們設想思維是一張我們所說的白紙，沒有任何特徵，沒有任何觀念，它是如何被充實的呢？……對此我的回答是，一言以蔽之，經驗。在經驗中，所有知識也將最終引導出自身。在這個問題上，杜威同所有經驗主義者是一樣的，即他也是一名堅定的經驗主義者，他同樣主張經驗是知識產生的源泉。

然而，在「有關經驗是什麼」這個問題上，杜威與傳統經驗主義卻不一樣。杜威認為，自笛卡爾以來，傳統哲學中的「經驗」概念是二元論式的概念，由於二元對立的思維方式，傳統經驗主義主要把經驗理解為由感官所產生的不同的、原子式的一系列精神圖像（「感覺」），換言之，經驗是由一

個個彼此分離的感覺圖像所組成的系列。基於這種傾向，傳統經驗主義才遭遇到一系列的麻煩和問題，最終陷入到懷疑主義中，不可能獲得哪怕是最基本的知識，「原來的『物理的事物』，通常表現為經驗對象，因為不是物理學的對象，就變成了非物理的，而是心理的了，然後來了一個偉大場面的溶解高潮，這時候，物理學的對象被顯示出它們依附於經驗對象，而經驗對象又是心理的，因而它們本身也就是心理的了。」[1]針對這個問題，杜威總結說，傳統經驗主義的根本問題主要是沒有面對經驗和事實本身，沒有看到經驗的原初構成和其中的關係，而把反思中所捕捉到的經驗部分，即把精神性的圖像當作是知識的來源。我們知道，很多經驗主義哲學家們的知識觀念是一種孤立靜止的狀態，從洛克到貝克萊，一直到休謨，儘管他們在實體問題上的具體觀點是不斷變化的，但是知識觀念卻一直都是孤立的、靜止、分離的，觀念之間的關係也是彼此分開的！不僅如此，他們還固守著傳統的絕對主義立場，在感覺經驗之外找尋所謂的「可靠的」根據，設定一些不可感知的存在，其結果只能是把精神圖像的感覺經驗當為知識的源泉，可是又不知不覺地拿它來衡量經驗到的一切，或者拿它做確證標準來衡量知識的真實性，這當然會引出一系列的問題和麻煩來了。

杜威批判傳統經驗主義陷入到智力迷宮之中，忽視了普通經驗的世界，忽視了原初的經驗。在他看來，雖然傳統經驗主義者的研究始於「普通事件」的世界，但是它卻迅速演變成一種逃離世界的方式，一種孤立的智力訓練，所以得出了知識不存在以及世界不存在的結論。很顯然，杜威反對傳統經驗主義這種對經驗的理解，在他看來，傳統經驗主義之所以陷入危機和麻煩的原因，主要在於對「經驗」的誤解。為此，他試圖改造並重新定義「經驗」的概念，以此來建構他的新的知識論。

杜威在《經驗與自然》第一章一開始便說道，本書題名為『經驗與自然』，就是想表明這裡所提出的哲學或者可以稱為經驗的自然主義，或者可以稱為自然主義的經驗論；如果把「經驗」按照它平常的含義來用，那麼也可以稱為自然主義的人文主義。在這裡，杜威告訴我們，經驗和自然是不可分離的關係，經驗與自然合二為一，對此，賀麟這麼評價道：「經驗是徹底的絕對的，無 外的。自然和經驗也有著不可分的關係。所謂自然就是理智化的自然，人

文化的自然，經過了人類行動改變的自然。但反過來他又說：理智只是自然潛能的發揮；理智、思想、道德、宗教、科學、哲學，人類文化的各方面都是屬於自然的。自然經過人類行為，也即是經驗的改變，而經驗又是自然潛能的發揮。所以自然和經驗實是一而二二而一的東西，自然與經驗合一，這就是杜威哲學裡的本體，實在。」[2] 正因為經驗與自然的這種關係，杜威的哲學才被稱為經驗的自然主義。它與詹姆士的徹底經驗主義有所區別，除了繼承詹姆士的徹底經驗主義基本論點之外，杜威還依據生物學圖式，更為強調人與環境之間的相互作用。他指出，在傳統經驗主義那裡，經驗與自然是對立的關係，造成這種二元分立的現象乃是由於「經驗」受制於近代知識論的框架，主客二元對立使得經驗被視為是一種純粹的心理事件或純粹主觀事件，經驗被預設為一個靜止的、無時間性的、封閉的概念，不具有面向未來的開放性和可能性。藉此，杜威強調，應從知識論的前提這個角度對經驗的概念進行改造。進一步說，應拋棄傳統知識論主客二分的狀況，相反，從經驗與自然是一個統一的整體這個維度來研究知識論。換言之，知識產生的前提是在經驗與自然作為一個統一整體這個條件下發生的，並非經驗與自然二分的狀況。既然經驗與自然是一個統一的整體，那麼離開自然界，無所謂經驗，不存在經驗。而自然也必須透過經驗才能揭示出來，經驗是揭露自然真面目的手段和方式，它是「自然的呈現」。透過經驗的參與，自然更加深化和豐富化了，離開了經驗，自然便歸於「寂」。經驗既是關於自然的，也是發生在自然以內的（experience is of as well as in nature）。

3.1.2 經驗的基本特徵

杜威在《哲學復興的需要》這篇文章中，把自己的經驗論和以往的經驗論作了比較，透過這種比較，我們可以清楚地看到杜威經驗的基本特徵：

第一，在傳統意義上，經驗主要被視為是某種認識的事件，經驗的意義存在於它與認識的關係之中，換言之，經驗是一種認識現象，經驗就是知識。然而杜威卻認為，經驗不是一種認識現象，經驗不完全是知識，它是一種生命現象。在前面一章中，我們提到，杜威從生物學的發展中開拓出了一種關於經驗的新概念。由於生物學中有機體對環境的適應性的規律，引起了經驗

觀念的根本變革，經驗就是人與環境的相互作用，經驗是活的，是活的有機體與其物理的、社會的環境所發生的一種相互作用。「經驗既指夢想，瘋狂，疾病，死亡，勞動，戰爭，騷亂，混淆，謊言以及錯誤；它還指先驗系統和經驗系統；巫術、迷信以及科學。」[3]、「經驗的『原料』是行動、習慣、主動的機能以及做和經歷的結合等等相互適應的過程；經驗是感官運動的相互協調。經驗自身具有聯繫和組織的基本特徵，這些基本特徵是因為它們是生命的和實用的，而不是認識的。」[4] 依據這種理論，認知就是在經驗中所進行的一種特別的實踐行為，在認知過程中，人是一個積極主動的參與者，他與被經驗的事物發生相互作用，人的行為乃是一種有意識的目的性活動。

第二、傳統哲學主張，經驗主要是反思後的產物，它是由一系列精神性的圖像所組成，而杜威卻認為，經驗不是精神現象組合的系列，它就是自然，它是一種活動，它是做和經歷。在傳統知識論那裡，「精神的生活源於感覺，這些感覺被各自分開並被動地接受而獲得，它們透過記憶和聯想的法則而形成圖像、知覺和概念，這些感覺被視為是知識形成的道路或途徑，除了結合原子的感覺之外，心靈在認知中是完全被動的和順從的，意志、行動、感情和慾望則從屬於感覺和想像，理智和認知的因素是第一位的，情緒和意志的生活僅僅是觀念與快樂、痛苦的情感相結合的結果。」[5] 由於經驗是一種精神性的現象，那麼，外部世界是否存在的問題就產生了，於是知識的問題也就出現了。杜威認為，這類困難不能歸咎於經驗自身的問題，因為經驗不能讓人否定外部世界的存在，相反，經驗卻讓人承認外部世界的存在。實際上，經驗就是自然，它是一種活動，它是做和經歷（doingandundergoing）經驗首先是做事情。有機體絕不只是一事不做，像米考伯一樣，等候著什麼事情發生，它並不消極地等待、幻想，以圖別的什麼事情降臨到它身上。有機體根據自身機構的難易程度，去適應環境。結果是，由環境所產生的變化反作用於有機體和它的活動中去。生物經歷和感受它自己行動的結果，做和感受或者是經歷的密切關係就形成了我們所說的經驗。」[6]

杜威把經驗理解為做事情，理解為在社會中的一種行動和實踐，由此，他對經驗的理解就和傳統經驗論對經驗的理解有了根本性的區別，改變了以往經驗論把經驗主要視為那種孤立的感覺原子主義的觀念，從而否定與拒絕

了將經驗視為是一系列精神圖像的觀點。既然經驗不是純主觀的心境或者是精神圖像，那麼經驗就是人與其所處的環境之間的相互作用，經驗指向的內容很廣泛，它包含人類所控制的一切外部世界。在杜威這裡，經驗所涉及到的這個外部世界包羅萬象，十分豐富，既指人，也指物，指事情，指關係，指活動，……，自然界的方方面面都是經驗的世界，也就是說，自然界中的人、事、物、活動、意義等元素結合在一起，所構成的連續整體便是經驗。「經驗是指人們經歷了什麼，遭遇些什麼，將要去做什麼，經歷後得到了什麼，就像歷史這個範疇一樣，它既是主觀的，又是客觀的，這就是『經驗』，這點正如威廉．詹姆士所說的，經驗具有『雙重意義』的事實。……經驗就像我們已經認可的那樣，它包含萬事萬物，它既指實際存在的事物或者是潛在存在的事物，又指我們思考和談論的一切。」[7] 經驗成為一個真正的世界，它進入到了人的行為和遭遇中，透過人的反應發生變化。經驗就是實踐著，生活著，它是行動、方法和歷程。因此，由經驗而得到的知識就不再是確定不變的、可靠的終極意義上的、絕對抽象的知識。對此，杜威宣稱：「哲學上某種重要的意義出現了。第一、在利用環境以求適應的過程中，所發生的有機體與環境的相互作用是首要的事實，基本的範疇。知識降為次要的地位，即使一旦它確立了，它的地位很重要，但在來源上都是第二位的，知識不是孤立的、自足的而是包含於維持和不斷發展著的生命過程中。感覺不是認知的途徑，而是刺激行動的適當手段。眼睛或者耳朵的作用對於動物而言，不是世間不重要事情的一種無價值的訊息，而是因需要產生的行動的召喚和引誘。它是行動的線索，是生活求適應環境的一種指導性因素，它在性質上說是觸發的，而不是認知的。」[8] 杜威的話意味著由這種經驗而獲得的知識是變化的、發展的、生成的，知識的價值是作為一種行動的綱領而為生活實踐服務。

杜威的經驗是一種行為主義視域中的經驗，如果從實踐的維度來考察知識，那麼思維則是用來控制環境的工具，在行為主義影響下的知識成為一種具有工具主義性質的知識。知識不僅僅為行動服務，它更要轉化為一種行動，即訴諸於行動，才能實現其價值，否則就會失去應有的意義。在此，杜威把knowing 和 knowledge 結合起來。在現實生活中，人們難免要遭遇到各種

各樣有問題的疑難情境，為瞭解決問題，人們需要採取行動，在行動中需要運用知識的指導。同時，透過行動，人們把一個有問題的情境轉變成一個問題解除的情境，所得到的結果便是知識，知識與行動有著密切的關係，行動構成了知識，知識離不開行動。杜威把經驗視為行動和實踐，而行動構成了知識，顯然，其理解的經驗是一種行為主義之下的經驗。杜威的這一論點體現了知行合一的思路，從行動與實踐這個維度來考察知識，意味著一種有意義的變革，給傳統知識論帶來了有影響力的衝擊。

第三、傳統經驗主義認為，經驗主要與過去的事件相關聯，經驗主要是考慮過去的事件，或對「所與」關注，它只是對過去已發生的事情進行單純記載。杜威所理解的經驗正好相反，在他看來，經驗不僅僅是承認過去所發生的事件，而且更注重未來的事件，它是預知性的、實驗性的，它是以規劃和探詢未知領域為基本特徵，它立足於改變現有的事物和狀況，其特性主要是發揮一種投影作用，投向未知的領域，從某種意義上說，杜威對經驗的這種理解直接導致其實用主義或者工具主義的產生。

杜威強調經驗具有面向未來、聯繫未來的投影作用，在知識論上導致了一個根本性的變革，那就是知識的性質以及知識的確證標準中包含著強調後果的特徵。知識的價值在於它的效用，即後果，正是後果的效用價值引導著我們去考慮未來，很顯然，杜威的這一思想與其倡導的實用主義或者工具主義精神有著密切的關聯。我們知道，在傳統經驗論那裡，知識的功能主要在於解釋對象，理論是記錄或者總結過去已發生過的一切，而杜威新構建的知識論正好相反，因為它站在實用主義的立場下，關心未來，即它是從未來這個時間性視角來審視理論所帶來的效果，以及如何用它來指導以後的經驗過程。由於經驗是面向未來的，在未來的影響下，認識、觀念、概念等等都不是永恆的，不是絕對的真理，它們是假設，是實驗探究過程的工具，「不論對什麼原理來說，只靠時間的久遠已不足以說明它是高尚的、尊貴的、普遍的和神聖的。它必須給出它的出生證書，它必須顯示它在人類經驗的什麼條件下產生。它必須憑藉自己的工作——現在的或是潛在的——來證明自己，這就是現代把經驗視為價值和效用的基本標準的原因。第三、進步的觀念大受推崇，主宰想像的是未來，而不是過去。黃金時代是在我們前面，不是在

我們背後。到處都有新的可能性在召喚我們，鼓動我們的勇氣和努力。」[9]
從杜威的這段話中，可以看出，經驗所指引的方向是面對未來，具有開放性；
經驗是前瞻的，而不是傳統經驗論所理解的臨摹的特徵，因而在這種經驗中
所獲得知識富有創造性、創新性，知識走向了相對、多元、偶然性等，它已
不是那種確定性的與凝固不變的知識，它向著未來開放，不在此時駐足，而
以預料的後果來衡量一切。對此，胡適說經驗乃是現在的立面懷著將來的活
動。」[10] 杜威經驗的這一特徵使得其實用社會知識論在知識性質的方向上與
傳統知識論分道揚鑣。

　　第四、在傳統經驗論那裡，經驗中看不到關係的存在，即缺少對於關係
的經驗，關聯與延續性被排除在經驗之外，例如，在洛克、貝克萊、休謨等
人那裡，關係和事物是脫節的，觀念是孤立的、分立的，不存在彼此之間的
聯繫。而杜威卻認為經驗是作為一個整體出現的，其中包含著連續性與相互
聯繫這一基本事實，經驗表現為行為與經歷的連續，經驗的一重要特徵便體
現為連續性和貫通性。

　　杜威強調經驗的連續性主要來自於詹姆士的影響。在詹姆士那裡，傳統
經驗主義將經驗視為孤立的原子式的感覺，把各個經驗之間的聯繫看作是人
為的、主觀的和習慣性的聯想，這就等於割裂了經驗世界的內在聯繫。針對
這個問題，詹姆士以意識流改造了傳統經驗主義的侷限，他認為，經驗之間
彼此相連共同構成了一個連續的經驗流或意識流。杜威繼續推進詹姆士的這
一思路，他尤其強調了經驗的連續性（continuity），他舉例：「毫無聯繫
的動作和毫無聯繫的感受都不構成經驗，……但是，設想一個貪玩的小男孩
把他的指頭伸到火裡，這個動作是隨意的，沒有目的性，也沒有任何的深思
熟慮，但結果卻是發生了這件事。這個孩子感受到了熱，他很疼痛，這個動
作和感受，即伸手和被火燒，將這件事連接起來，一個接一個，以此類推，
於是一個意義重大的經驗就產生了。」[11]

　　杜威強調經驗的連續性與他強調有機體與環境之間的相互作用有著密切
的關聯。經驗既然是人與其所處環境之間發生的一種相互作用，而相互作用
和連續性不可分離，進一步說，相互作用就是在連續中產生的，連續性的結

果便是相互作用，換言之，凡是存在相互作用的地方，就必然有連續性的存在，反之亦然，相互作用和連續性的結合，組成了一個相互影響的經驗的連續性。「新的中心是在自然進程中所發生的不確定的交互作用，這個自然的進程並不是凝固的和完善的，而是透過目的性操作的中介產生新的和多種多樣的結果。……那些交互作用的部分之間有一個運動著的整體。當努力向著某個特殊的方向去改變這些交互作用著的各個部分時，一箇中心就產生了。這些變化又分為許多的步驟，並且這些步驟之間也是相互聯繫的。」[12]

杜威應用經驗的連續性特徵改造了傳統經驗主義把經驗視為個別的、孤立的感覺之觀念，不僅拓展了經驗的廣度和深度，同時他的這個思想還把過程學說引入到了知識論中。認知是一個過程，是一個連續的操作程序的過程，是一個不斷地實驗探索的過程。在認知這個過程中，認知內部各要素之間不僅存在著相互關聯、相互依賴的密切關係。而且，認知的每一個階段也是相互聯繫不可分割的，連續性貫穿於認知的每一個階段和環節，這其中，已經沒有了所謂的理性與感性之間的區別，一切都是作為一個整體出現的，如此一來，在實驗探究過程中，所有的二元對立走向了統一，知行走向統一，正是因為這個特徵，杜威把自己的理論稱為「哥白尼式的革命」。

第五、在傳統經驗主義那裡，經驗是以感覺來定義的，它是精神圖像的系列，而理性思維則是從特殊經驗中所推出的思維能力，它超出了經驗之外，因而把握永恆、普遍、統一、完善的實在。感性經驗與理性經驗呈現出二元對立的狀況，由於感覺經驗和理性思維的對立，經驗得不到推理的邏輯保證，因而經驗要麼是不正確的，要麼是冒險的。與此相反，杜威提出的新經驗不會在經驗的原始資料及組織資料的能力之間產生二元論。因為經驗是一種行動，是人與其所處環境之間的相互作用，所以經驗就不純粹是感性的，經驗中已包含了理性思維。換言之，經驗具有推理能力，它是一種創造性的思維活動，具有推測、預見的作用。像反省這類推理就包含在經驗之中，並且是不間斷的，「總之，經驗這一術語可以用經驗的或者是實驗的思維態度來加以解釋。經驗不是呆板的和封閉的東西；它是充滿活力的，因此是不斷發展的。當經驗被過去、習慣和常規所主宰的時候，它常常同理性和思維相對立。

但是，經驗也包含著反省思維，這種反省思維讓我們擺脫感覺、慾望和傳統的侷限性的影響，經驗也推崇和吸收最精確的、最徹底的思維的產物。」[13]

經驗具有推理的能力這個基本特徵，杜威把它稱之為「智慧」，它不同於理性主義所講的「理性」，杜威的「智慧」乃是感覺和思維的統一、經驗和理性的統一，它是根據當前的條件引導出行為的活動，「智慧」在經驗內發生作用，它幫助人做事情。「建設性的方式為新的目的而使用的經驗的提示被稱為『智慧』。在經驗的進程中，承認主動的和有計劃的思維的地位，從根本上改變了關於特殊和普遍、感性和理性、知覺與概念等專門問題的傳統情形。但是，這些改變已經大大地超過了專門的意義。因為理性是實驗的智慧，它仿製科學中的模式孕育出來，同時在社會藝術的創造中被使用；它一定要做出些什麼事情來。它將人們從因無知和意外而組成的習慣的束縛中解放出來。它計劃著更好的未來，並幫助人們去實現它。」[14] 杜威所理解的「智慧」儘管是一種抽象的邏輯行為，但是由於它植根於經驗之中，因而和以往理性主義所持的「理性」又有了很大的區別，這種區別是：「與這個實驗的核重新調整的智慧相對比而言，歷史的理性主義所持的理性被說成是過於魯莽、虛浮、無責任感和呆板——簡單地來說，是絕對論。……所謂無責任，是因為理性主義假定理性的諸概念是自足的，從而超越於經驗至上，它們不需要也不能用經驗來加以確證。所謂怠慢，是因為這一假定使人們不關注具體的觀察和實驗。對經驗的輕視給經驗一個悲劇性的報復，它造成對事實的輕視，這種輕視卻在失敗、痛苦和戰爭中付出了代價。」[15] 由於「智慧」這種推理能力以經驗為基礎，即以生活實踐為基礎，它在生活世界中發揮作用，因而不是自足的、先天的和獨斷的。這樣，杜威就把經驗和理性有效地協調起來，克服了傳統知識論把經驗與理性、感覺與思維對立起來的侷限。

杜威的經驗論除上述五大特徵外，值得注意的是，杜威尤為關注原始經驗，這一傾向不僅和以往經驗論有著很大的區別，同時和詹姆士的徹底經驗主義也有著了明顯的差異。應該說，對原始經驗的關注是杜威經驗論中富有特色和關鍵的理論，它對於理解經驗的含義有著重要的意義。透過對原始經驗的闡釋性描述，我們可以清楚地瞭解到杜威經驗論的內在結構特點。

　　在杜威看來，經驗包含著原始經驗和認知經驗（精煉過的經驗）這兩個層面。其中，原始經驗是一種直接遭遇的偶然思考，它是一種「日常生活」的狀態，提供粗糙的、宏觀的、未加提煉的素材。而認知經驗是指連續不斷的、有規則的思考研究，是反省中的精煉過的、推演出來的對象或經驗的「認知」狀態，其結果則可以構成某種概念和理論，它能使任何對象的性質獲得「整個體系中的那種意義」，比如科學知識和哲學知識等等。認知經驗則主要體現為反省、分析、提煉和抽象等理性活動。杜威認為，原始經驗是有機體活動所構造的統一體，它是「模棱兩可的」，只有原初的整合性，它先於任何思想範疇所做出的劃分。原始經驗的基本特徵就是統一而不可分的整體性，而所謂的主體與客體、心與物、內在與外在等等經驗性的範疇乃是派生性的功能性產物。由於傳統經驗主義將這些派生性的事物當作是終極的要素，並竭力讓它們組合在一起，以便產生出經驗來，因而才導致一個假問題的出現：即主觀心靈如何能夠認識客觀世界？當然知識論的種種問題及其困境也就出現了。實際上，這種劃分乃是由有機體之有意識的、有目的的活動所創造出來的。意識是一種功能，其作用在於組織原始經驗，將其分化為不同的範疇和不用的部分，傳統知識論上的那種主客體的分離就是這種派生的功能性劃分。從杜威對原始經驗的這種描述中，可以看出，杜威憑藉原始經驗的整合性消融了傳統知識論上主客體二元對立的局面，進而把歷史上主客二元對立的範疇劃分看作是生物有機體統一創造性活動的結果。

　　在經驗的構成中，原始經驗是非常重要的，這一思路意味著認知經驗的產物需要回到原始經驗中去加以檢驗，換言之，這種原始經驗具有意向性和目的性活動的成分，由於這種原始經驗是有機體活動所構造的統一體，因而它是實驗性的，能夠表現出預測性和期待性，它可以檢驗認知經驗的結果和效果。進一步說，抽象出的、精煉出的那些概念、學說、體系等等要受到原始經驗的制約，並返回到原始經驗中，經受原始經驗的檢驗，「如果觀念、意義、概念、學說和體系，能夠積極改造環境，能夠解除某些特殊困難和紛擾，那它們就是工具性質的。它們的效用和價值的標準依賴於是否完成這些工作。如果它們成功了，那它們就是可靠的、正確的、有效的、好的、真的。如果它們不能排除紛擾，不能減少錯誤，反倒增加紛亂、疑惑和禍害，它們

便是錯誤的。」[16] 杜威對原始經驗和認知經驗的區分，並強調它們之間這種相互作用的關係，揭示出了經驗內在結構的動態循環，認識從原始經驗開始出發，經歷認知經驗，然後又返回到原始經驗階段。在這一系列的過程中，認識是發展變化的，原始經驗是認識的起點和歸宿，由此杜威得出了知識是實用性的結論，生活先於知識，知識是為了改造世界，獲得幸福的生活，認識的意義和在價值在原始經驗中得以實現。

綜上所述，經驗和事實，即生活實踐，是杜威實用社會知識論建構的哲學起點，對經驗的理解是杜威實用社會知識論的關鍵之處，正是在對經驗的闡釋性描述中，杜威重新構建了自己的實用社會知識論，其中，工具主義乃是該知識論的基本原則。經驗是人與自然之間的相互作用，是做和經歷，它是知識的源泉，知識來源於生活實踐，並為生活實踐服務，因而它是實用的或工具性的，不存在確定性的、現成的、固化的知識，知識永遠向前發展，它處在不斷的變化和生成之中。經驗是一個流，知識也是一個流，在這個流變中，已沒有永恆不變的感覺、思想和原子，也沒有所謂的絕對的、確定的、超驗的「自我」、信念、概念與理論等，理論和真理都源於生活實踐的需要，「我」以及我們的知識就在經驗之中。面向經驗和生活的思路貫穿於杜威實用社會知識論的始終，這是理解杜威知識論的關鍵所在，杜威經驗論是其實用社會知識論形成的哲學基礎，他的知識論在其經驗論的基礎上發展開來。

註釋

[1] 奎因：《奎因著作集》（第 6 卷，塗紀亮、陳波主編），《真之追求》，王路譯，中國人民大學出版社，2007 年，第 484 頁。

[2] John Dewey.Experience and Nature，Chicago：London Open Court Publishing company，1926，p.141.

[3] 賀麟：《現代西方哲學講演集》，上海人民出版社，1984 年，第 64 頁。

[4] John Dewey.Experience and Nature，Chicago：London Open Court Publishing company，1926，p.10.

[5] John Dewey.Reconstruction in Philosophy 2005 年，第 50—51 頁。

[6] John Dewey.Reconstruction in Philosophy 2005 年，第 45 頁。

[7] JohnDewey.ReconstructioninPhilosophy 2005 年，第 48 頁。

[8] JohnDewey.ExperienceandNature，Chicago LondonOpenCourtPublishingcompany，1926，p.8—9.

[9] JohnDewey.ReconstructioninPhilosophy 2005 年，p.48—49.

[10] John Dewey.Reconstruction in Philosophy 2005 年，第 27 頁。

[11] 胡適：《胡適文存》第一集，黃山書社（合肥），1996 年，第 232 頁。

[12] John Dewey.Reconstruction in Philosophy 2005 年，第 48 頁。

[13] John Dewey.The Quest for certainty：A study for the Relation of Knowledge and Action.New York：Minton，Balch&Company，1929，p.290—291.

[14] John Dewey.How we think，Published in Canada by General Publishing Company，1997，p.156.

[15] John Dewey.Reconstruction in Philosophy 2005 年，第 53 頁。

[16] John Dewey.Reconstruction in Philosophy 2005 年，第 54 頁。

3.2 從經驗的方法到科學的方法

　　杜威相當關注和重視原始經驗這個問題，在對原始經驗和認知經驗的區分中，他提出了經驗的方法，也就是認識的方法，杜威經驗的方法就是「直指法」，「在哲學中，經驗的價值體現為一種方法。它要求我們去關注那種最重要的『直指法』（denotation）。這種『直指法』能夠解決一切紛爭，能夠解決所有的疑問，回答所有的問題，在這件事情上，我們必須去指明，去找出我們自己的答案。」[11]經驗被區分為兩種，一種是粗糙的未經提煉過的經驗（原始經驗），另一種是經過反省的提煉過的經驗（認知經驗），杜威強調，要把提煉過的、反省過的產物回溯到原始經驗中加以檢驗和證實，即把認知經驗的產物帶回到原始經驗去接受原始經驗的驗證。進一步說，那些抽象化的、精煉出的所謂的概念、學說、體系等等都要帶回到原始經驗中去檢驗和證實，這樣的一種方法就是經驗的方法（直指法），即把認知經驗的產物帶回到原始經驗中加以檢驗和證實的方法。杜威把經驗的方法分成了兩步：其一，精煉的方法和產物應追溯它們在原始經驗狀態中的來源，因而就要承認它們所產生以及所要滿足的要求和問題；其二，派生的方法和結論要返回到平常經驗的事物中來，在它們粗糙和自然的狀態中，求得實證。

在這種方式之下，分析的反省方法提供在哲學中構成直指法（a method of designation，denotation）的基本因素的資料。

原始經驗具有原初性和終極性，如果把認知經驗的產物帶回到原始經驗中去加以檢驗和證實，就能保證理論活動不偏離生活實踐和事實，獲得正確的知識，這樣才能避免把反省對像當作「獨斷的、抽象的、甚至是至高無上的真實」。為此，杜威批評了傳統知識論那種非經驗的認識方法，即將靜止的反省結果視作認知的出發點和歸宿的方法。他指出，非經驗之方法的錯誤主要在於，沒有把原始經驗當作理論活動的出發點和歸宿，因而遠離了真正的生活實踐和事實。由於沒有實證，並無從檢驗和證實，所得到的結論和知識必然是獨斷的、確定性的、絕對的和抽象的，如此一來，非經驗的方法不能獲得正確的知識，其原因是二元論所導致。在非經驗的方法那裡，主體與客體是脫節和對立的，它從一個反省的產物出發，並非從原始經驗出發，因而把反省的產物視作為原始的、原來所「給予」的。換言之，把主觀精神圖像的經驗當為知識的源泉，當然，就不能回答認識是怎樣產生的，外界事物是如何影響內部心靈的，心靈又是怎樣把握外界事物等等這類問題了。當然，非經驗的方法是不能回答知識論問題的，因為它的前提已使得知識的事實成為既非自然的，又非經驗的。「經驗作為一種方法，它提醒我們，要對所有的一切變化給予中立性的關注。而非經驗的方法則始於一種假設，這種假設將很多不相同的事物賦予權威的地位，同時把自己的權利看作是最重要的，它為衡量萬事萬物的重要性質提供了一種標準，這種結果當然不是辯證的。」[2]

在批判非經驗的方法具有二元論錯誤之後，杜威指出，他經驗的方法是獲得正確知識的方法，也是檢驗和證實知識的方法，因為這種經驗方法的全部意義與重要性，就在於要從事物的本身出發來研究事物，以求發現事物被經驗時所揭露出來的性質。杜威所提出的經驗的方法指向了一種關係性的存在方式，把經驗作為一種方法意味著經驗是一種關係性的存在，這種關係性的存在立足於生命活動的基本形態，而知識就來自於這種生命活動的基本形態中，駐足於我們的日常經驗生活之中，因而知識不能遠離我們的現實生活實踐而成為所謂的水中月，鏡中花。知識的價值就在於經驗這種關係性的存

在裡，知識不僅是實用主義的，更是工具主義的。杜威提出的這種經驗的方法使得他和傳統知識論走上了不同的道路，經驗的方法成為其反對傳統二元論哲學的主要方法。

基於經驗的方法這個認識方法，杜威實用社會知識論走上了與自然科學相結合的道路。由此出發，自然主義滲透貫穿於杜威實用社會知識論中，成為其實用社會知識論的重要而又典型的一大特徵。

經驗的方法是一種探究的方法，它來自於自然科學的研究方法，在此，杜威非常重視對科學及其方法的研究，並將科學及其研究方法引入到知識論的探討中，「科學探究總是始於我們日常生活所經驗到的環境，總是始於我們所看見、操作、使用、享受和痛苦的東西。這是一個通常定性的世界。然而，實驗探究卻不認可世界的這種性質以及價值（目的和形式）為知識提供了對象，為它們的存在給定了某種邏輯的安排，實驗的探究認為它們為我們的思考提出了挑戰。它們是問題的資料，而不是答案。」[3]、「科學向我們表明，因為我們這樣看待自然對象，我們就能夠到直接經驗對象呈現給我們的直接性質的背後去，以控制這些性質的發生，而不是等待著那種我們不能控制的條件的發生。」[4] 杜威的這些話表明他很重視自然科學的影響力，哲學研究不能忽視自然科學的成就。在他看來，16 世紀和 17 世紀以來，自然科學取得了巨大的成就，科學方法也因此成為舉世公認的成就，哲學研究應該考慮科學及其方法問題。在美國古典實用主義三個代表人中，相對而言，皮爾士和杜威更為重視科學與哲學的關係。杜威所提出的經驗的方法就是植根於經驗科學的探究機制中，從某種意義上說，杜威提出的經驗的方法是一種科學的方法，它表徵著杜威對科學及其方法之重要性的推崇。杜威不僅重視科學研究及其方法的研究，還將科學的方法引入到知識論的探討中，正是在這個意義上說，杜威經驗的方法（認識的方法）屬於一種以自然主義為基礎的認識方法。換言之，自然主義在杜威知識論中，尤其是認識的方法中，具有著舉足輕重的地位。進一步說，自然主義是杜威實用社會知識論的重要特點之一，基於此，杜威贏得了奎因等人的重視，本書將在後面一節專科門論述這個問題。

　　科學的方法和經驗的方法相似之處主要在於它們的出發點和歸宿是一致的，或者說是相似的，即都把原始經驗當為自己的出發點和歸宿。在杜威看來，科學方法產生於不確定的狀態之中，對於科學研究來說，不確定的狀態是造成問題、帶來麻煩的狀況，而這些雜亂無章的、成問題的狀況引導著科學研究的開展，所以，這些不確定的、雜亂無章的、成問題的狀況正是原始經驗的狀況，「從特別的和直接的情境中，加以利用的情境下抽象出來，同時也就形成了一種關於觀念或意義的科學。」[5]、「但是實驗的程序說明，要解決疑惑的狀況，就必須積極改變外在的情境，透過思想指導下的操作，從有問題的狀態轉變到確定的狀態；從內部不連續的情況轉變到連續的和有組織的情況。」[6] 杜威的這些話意味著，科學的創造性主要產生於原始經驗，科學創造出了其對象系統，而這些對象的豐富意義均來自於日常的原始經驗中，這也就是說，科學研究所創造出的那些抽象精巧的產物都是從具體的原始經驗中獲取其豐富意義的。

　　科學探究模式和經驗的方法不僅產生於原始經驗之中，而且二者的歸宿也存在於原始經驗中，兩者所經歷的歷程都是從原始經驗出發，到達反思階段，然後又返回到原始經驗的一個動態循環過程。科學探究的方法是假設、歸納、實驗邏輯的方法，在對資料進行觀察、實驗、計算、預測後，得出科學結論，然後把結論回溯到原始經驗那裡，透過原始經驗來評價其有效性和正當性。原始經驗成為科學結論正確與否的評判標準。以上這一切說明，科學方法使原始經驗的優先地位獲得了保證和肯定，而科學方法與經驗的方法是一致的，從這個意義上說，杜威提出的經驗的方法脫胎於科學的方法。

　　杜威不僅重視對科學探究方法的考察，而且還把科學方法引入到了知識論的研究中，科學方法成為其構建知識論的基本方法，這一思路極大地拓展了知識論研究方法的視野。杜威強調，自 16—17 世紀以來，自然科學發生了翻天覆地的變化，這種變化改變了人們認識事物的方式，給知識論哲學帶來了一場革命。傳統知識論將知識理解為對固定的、充足的實在之確切表象的被動接受，而這個時代，科學的發展產生了一個替代它的模式，這種模式是一種實驗探究的模式，「他們指出，這種實驗探究具有三個典型特徵。第一個特徵很明顯，所有的實驗都是一種外部的行動，它明確地改變著環境以

及我們與環境的關係。第二個特徵是實驗不是一種盲目的活動，它是在觀念指導之下的活動，而這些觀念必須滿足引起積極探究的問題所需要的條件。第三個特徵是總結性的特徵，它使得前兩個特徵成為具有完全意義的方法，它使在指導下的活動所獲得的結果構成了一個新的實驗情境，而這些情境中的對象與其它情境又各自產生了不同的關係，同時，指導下的操作的『結果』形成了『已知』特性的對象。」[7] 這種實驗主義的認知方式改變了傳統知識論對知識的理解。在實驗主義的影響下，知識的對象不再是終極的、不變的、確定性的實在，知識在本質上是由「假設所引導的實驗」所構成的「行動的、操作性的」事件，「雖然已有的真理在實踐上和道德上具有確定性，但是從邏輯上說，它都是假設的性質。它們是真正的『假如』：假如某些其它的事物最終顯示自己時，當後來的事物發生，它們又進而提示出更多的可能性，『懷疑─探究─發現』的操作重複發生。儘管科學在實踐中關注的是偶然現象，但是其方法卻是形成假設，然後在物理條件下實際的實驗變化中進行嘗試。」[8] 此時，知識主要關注的是事物的變化、發展結構，它所探究的對像是我們生活的經驗世界。由於實驗主義所提供的乃是一種不斷自我糾正的認知模式，所以，知識的形成過程不是磚砌式的，知識具有可錯的性質。

　　基於科學方法的引進，與以往傳統知識論相比，在經驗自然主義之下的知識性質由此發生了很大的改變，知識成為預言和控制自然變化進程的實踐性事件。在這種情形下，認識表現為一種意義性結構的行為。科學實驗不是雜亂無章的、盲目的行為，它表現出一種目的性和意向性的統一，這種目的性和意向性指向了意義性的結構。不僅如此，日常經驗也證實了這個道理，我們親身經歷的具體經驗說明一個事實：人是憑藉意義結構把握自然界的，正是意義結構使得人類有機體與世界意向性地相連，或者說，使得二者相互作用而聯繫起來，在此，科學思維和日常經驗都是一致的。杜威指出，就這點而言，科學方法能夠揭示出所有層次上的認知活動的機制，當然它也能說明哲學活動的機制，因為哲學本身就是一種認知活動。

　　由於科學方法的介入，自然主義在杜威實用社會知識論中的地位凸顯出來，由此杜威對傳統知識論的知識概念發起了尖銳地批判，透過這種批判，杜威構建起了一種新的知識論，這種知識論被人們稱之為實驗性的認知理論，

從某種意義上說，實驗性與杜威的經驗自然主義在一定程度上是可以通約的，基於實驗主義或者是自然主義的影響，杜威的知識觀和傳統知識觀有了很大的區別。此時，經驗和知識都是實驗性質的，包含著創造性的闡釋內容，知識正當性的確證標準也有了實用主義或者是工具主義的意蘊了。杜威指出，傳統知識論在固定的、永恆的實在與變化的、不完美的世界之間確立了二元論，理性思考把握完美的存在領域，經驗與觀察則只提供次級領域的知識，因而，經驗世界中的對象與科學家所運用的方法成為知識論中附屬性的成分，杜威反對傳統知識論這種貶低科學方法的思路。他結合現代物理學中的實驗主義，吸收了操作主義的觀念，構建起了了其著名的實驗性認知理論，該理論強調知識論與科學結盟，換言之，哲學家們不能把知識論獨立於科學之外。

經過杜威改造後的知識論，依據科學中的實驗方法來規範知識的概念，這種知識不再追溯過去陳舊的東西，而是面向著未來，它是闡釋性的，包含著創造性的闡釋內容。不僅如此，在知識正當性的確證標準問題上，實驗性的認知理論倡導不能憑藉感覺去驗證知識的價值，即感覺不能成為知識正當性的確證標準，而採用操作去界說知識的性質，並用這些操作所產生的效果去驗證、評判知識的有效性。進一步說，在操作主義精神之下，知識是在具體的經驗範圍內建立聯繫的，而知識的正當性、有效性取決於其能否行之有效地知道我們未來的行動。依據操作主義的觀念，被經驗的事物不再具有實體的性質，它只是素材和可控制的事物，思想和觀察乃是所有進行的或已經完成的操作的標誌，概念、觀念的價值由操作的結果所決定。上述所言讓我們看到了杜威實用社會知識論中濃厚的的實用主義特徵了，這點正如美國學者桑德拉．羅森塔爾所評價的經驗和知識的非中立性理論是與實用主義對旁觀者認識論的批判密切相關的。知識並不意味著去發現什麼純粹的外物，不論這種外物是指透過理性來把握的絕對真理也好，還是指經由感官所記錄下來的感覺資料或物理對象也好。相反，所有的知識都是闡釋性的，所有的經驗都包含著闡釋性內容，都累積著過去的經驗。而所有的闡釋依據於某種考察角度、某種觀點。因此，知識並非對任何預先給定的東西的反應和臨摹，相反應該說，它乃是人對經驗的統轄和組織。這種組織決定了我們如何與經驗打交道，而它的正當性則取決於能夠行之有效地指導我們未來的行動。」[9]

透過上述對杜威經驗自然主義的分析，尤其是對杜威經驗方法或者是科學方法的分析，不難發現，杜威對科學是相當重視的，他的這一舉措讓我們看到了一個現代性中的杜威，這一特徵的杜威推崇科學和民主，他由對二元論、本質主義、基礎主義等的深刻批判延伸到了對實用主義的解讀中，其理論在某種程度上具有科學主義和自由主義的特徵。換言之，從一定意義上說，杜威的實用社會知識論以科學和民主作支撐，其建構路徑、思想傾向與現代性的歷史生成典範有著密切的關聯，讓我們看到了一個現代性的杜威，Thomas C.Dalton 指出：「杜威獻身於並批判性地參與到在世俗化和現代性的過程中。」[10]

一方面，正如本書在前面所分析的，杜威是個重視科學的哲學家，「如果我們很近地去觀察，可以發現杜威是相當崇拜科學的。」[11]正因為杜威將哲學與科學聯姻，實現科學方式的人文移植，其知識論才被稱為實驗性的認知理論，「實驗分析的第一個結果是，正如我們所看到的，把直接經驗後的對象歸結為素材（date），這種分解是有效的，因為這些對像在其第一種經驗方式裡是疑惑的、隱暗的和散亂的，它們不能以某種方式滿足某種需要。這些給定的素材規定了問題的性質。如果有了一定的素材，就會喚起一種操作的思想。如果按照這種思想去做，就會產生新的情境，在這個新情境中便解除了原來引起探究的那種困難或疑問。」[12]

基於經驗自然主義的影響，杜威知識論引入了科學典範，表徵出了很強的科學性傾向，這種科學性指向著理性與實證的精神，這一思路與現代性是不謀而合的，向我們凸現出了一個現代性的杜威。近代以來，無論是紡織工業的技術創新、瓦特蒸汽機的發明，還是現代交通業的迅猛發展以及機械製造業的更新，現代性的歷史生成與科學技術的發展不可分離。現代性運動的典範之一就是用科學理性精神來對抗神性，科學理性構成了現代性的一個重要組成部分。基於此，我們也可以這麼理解，以科學特徵武裝起來的杜威表徵出了很強的現代性，這一意蘊為知識的理解提供了現代性的詮釋構架，不僅極大地延伸了知識的現代性內容，同時，還豐富了現代性歷史生成中的知識內容，拓寬了人們對知識論視域內的現代性理解。在傳統知識論那裡，知識具有「純化」、「去身體化」、「精神化」等特徵，經過杜威改造後的知

識不再高高在上，知識走向了世俗，成為人的價值、信念合為一體的實踐的昭示。知識不在彼岸之中，不再具有永恆性和超驗的光環，知識是現時實踐的產物，具有實用性。

另一方面，與杜威推崇科學這一特徵相伴的是，杜威重視原始經驗，立足於生存論的實踐典範來構建其知識論，例如，他指出經驗就是生活，經驗就是做事情，等等，這個路徑使得他關注現實實踐中人的問題，凸現出了人之主體性地位，指向著自由主義的意蘊和價值，這與現代性精神也是吻合的。在傳統形而上學知識論那裡，人置身實在之外，被形式化和本質化，降格到局外人和旁觀者的境地，杜威將「知識的旁觀者理論」的批判還原為對人的批判，透過批判的深度和高度的轉化，將人從傳統知識論的禁錮中解救出來，賦予了人的現實實踐性，「只有『哲學不再是一種解決哲學家德問題的手段，而成為由哲學家培養出來的、解決人的問題的方式時，』哲學才可以恢復它的真正價值。」[13] 他高揚人的地位和自由，重塑人的主體性，並將它運用到了社會政治中，Bobert B.Westbrook 指出：「杜威是一個社會理論家，尤其體現在他的『民主是一種生活方式』這個概念上。」[14]、「自由主義曾經作瞭解放的工作。」[15] 從這個意義上說，杜威已站在現代性的高度對傳統知識論實行了決裂，他提倡的這種自由主義思路是對現代性前提的確認和劃定。杜威堅守個人本位，為個性解放呼籲，「杜威和羅蒂的自由主義不僅都特別注重個體，也都特別注重可稱之為人的個性的東西：人獨有的自由和自我實現。……因為杜威和羅蒂一樣，認為『民主意味著個性是最初的和最終的實在』，它透過自我實現獲得滿足，這應該是個體和社會的共同目標。儘管社會為它的實現建構了環境條件，但『個性無論由任何人（無論他怎樣聰明和強壯）為其他任何人（無論他怎樣低級和衰弱）實現』；而『只能是……這個正在認識到他的個性的人，在這個詞的積極意義上他是自由的』。」[16] 他提倡個人價值的優先性，其在經驗自然主義的基礎上批判與改造傳統知識論的目的，就是為了從現實社會實踐的維度上來強調和提升人的主體性地位。透過強調和提升人的主體性地位來高揚自由，注重個體，將自由看作人性之一，將民主視為是人的一種生活方式。換言之，當杜威從人的主體性維度和自由之本質訴求的層面，來批判傳統哲學時，他已經站在現代性的支點上了。

綜上所述，杜威的知識觀由於建立在經驗自然主義之上，無論是科學方法的人文移植之視域、行為主義的實踐理性視域還是高揚民主的自由主義視域，都體現出了現代性的視野。

註釋

[1] John Dewey.Reconstruction in Philosophy 2005 年，第 86 頁。

[2] John Dewey.Experience and Nature，Chicago：London Open Court Publishing company，1926，p.10.

[3] John Dewey.Experience and Nature，Chicago：London Open Court Publishing company，1926，p.15.

[4] John Dewey.The Quest for certainty：A study for the Relation of Knowledge and Action. New York：Minton，Balch&Company，1929，p.103.

[5] John Dewey.The Quest for certainty：A study for the Relation of Knowledge and Action. New York：Minton，Balch&Company，1929，p.104—105.

[6] John Dewey.The Quest for certainty：A study for the Relation of Knowledge and Action. New York：Minton，Balch&Company，1929，p.154.

[7] John Dewey.The Quest for certainty：A study for the Relation of Knowledge and Action. New York：Minton，Balch&Company，1929，p.232.

[8] John Dewey.The Quest for certainty：A study for the Relation of Knowledge and Action. New York：Minton，Balch&Company，1929，p.86—87.

[9] John Dewey.Experience and Nature，Chicago：London Open Court Publishing company，1926，p.154—155.

[10] 桑德拉 . 羅森塔爾：《從現代背景看美國古典實用主義》，陳維綱譯，開明出版社，1992 年，第 78—79 頁。

[11] Thomas C.Dalton.Becoming John Dewey：Dilemmas of a philosopher and naturalist，Indiana university Press，2002，p.278.

[12] PhilipW.Jackson.John Dewey and the Philosopher』s Task，Teacher College Press，Columbia university，2001，p.80.

[13] John Dewey.The Quest for certainty：A study for the Relation of Knowledge and Action.New York：Minton，Balch&Company，1929，p.123.

[14] 理查德 . 舒斯特曼：《哲學實踐——實用主義和哲學生活》，彭鋒等譯，北京大學出版社，2002 年，第 22 頁。

[15] Bobert B.Westbrook.John Dewey and American Democracy，Cornell University press，1991，p.2.

[16] William Rehg and James Bohman.Pluralism and the Pragmatic Turn：The Transformation of Critical Theory.Massachusetts Institute of Technology press，2001，p.9.

▌3.3 杜威經驗自然主義對奎因自然主義的影響

　　本書在前面論述了杜威經驗自然主義的基本內容及其主要特徵，並指明經驗自然主義是杜威實用社會知識論的哲學基礎。基於經驗自然主義在杜威思想中的基礎性地位，所以形成了杜威實用社會知識論的系列觀點。這也就是說，在杜威這裡，有什麼樣的經驗內容，就有什麼樣的知識內容，有什麼樣的自然主義，就會產生什麼樣的認識方法。正因為杜威實用社會知識論建立在其經驗自然主義這個基礎上，所以無論是杜威知識觀中的工具主義、實用主義的精神，還是實驗性認知理論中的知識內容以及認識的方法等等，都離不開經驗自然主義的影響。因此，經驗自然主義是杜威實用社會知識論建構起來的基石。作為杜威知識論的基礎，經驗自然主義對新實用主義思潮的影響，主要體現在奎因對杜威自然主義的繼承與發展上。我們知道，作為新實用主義的主要代表之一，奎因和杜威一樣，都是經驗主義者，都傾向於把經驗知識當為是實用的指導，雖然兩者的經驗主義程度不盡相同，但共同點都是以經驗主義為基礎來探討知識論問題的。從這個角度來說，杜威實用社會知識論與奎因自然化認識論的哲學基礎是一致的。從經驗主義立場出發，奎因和杜威在知識論上具有了很多相似的地方，除了前面一章談到的奎因對杜威的行為主義以及語言的社會性等思想的繼承與發展之外，杜威對奎因影響很大的一個方面就是自然主義。

　　從知識論的維度上說，奎因是在批判「經驗主義的兩個教條」之上提出了其自然化認識論思想的，其中，自然主義是其認識論的核心問題。換言之，奎因提出的認識論是一種自然主義影響下的認識論，自然主義在其認識論中發揮著核）的作用，就像是認識論的靈魂一樣。關於自然主義在奎因思想中所起的重要作用，美國奎因哲學專家吉布森指出，行為主義，物理主義，整體主義，實在主義，可錯主義，漸近主義以及自然主義，全都是奎因哲學的

重要方面，但所有這些『主義』中沒有一個比自然主義在奎因思想中發揮了更大的作用。簡而言之，奎因哲學要不是自然主義的，則它什麼都不是！吉布森的這一說法還得到了奎因本人的首肯，他指出「吉布森已合理地猜知：理解我的立場的主要障礙，在於不能認真地對待我對於自然主義的承諾。」[1] 由此可見，自然主義在奎因認識論中是非常重要的，循此思路，奎因關於知識的來源、知識的內容、認識的方法、知識的確證標準等等都以自然主義為基礎而展開。正因為自然主義在奎因認識論中的這種重要性，所以奎因所提出的認識論在很大程度上已經被自然化了。

那麼自然主義是什麼呢？奎因在《經驗主義的五個里程碑》中明確指出：「第五個轉折帶來了自然主義，即放棄第一哲學的目標。自然主義把自然科學看作一種對實在的探索，這種探索是可錯的和可糾正的，但它不對任何超科學的裁判負責，也不需要在觀察和假設——演繹方法之外作任何辯護。自然主義有兩個來源，它們都是否定性的。其中之一是對能夠用觀察詞項甚至用語境定義去普遍地定義理論詞項感到失望。整體論的或者以系統為中心的方法一定足以引起這種失望。自然主義的另一個否定性泉源是一種不可更新的實在論，它是自然科學家的一種堅定的心理狀態，除了對那種內在於科學的、可協商的不確定性之外，自然科學家絕不會感到不安。自然主義在 1830 年已經有一個代表人物，他就是反形而上學家奧古斯特．孔德（Auguste Comte），他宣城『實證科學』在方法上與專門科學沒有區別。」[2] 奎因的這段話對自然主義進行了詳細地說明，從這段話裡，奎因自然主義的基本特徵主要關涉到以下幾個方面：

其一、拒斥形而上學。即從對科學的肯定意義上來否定形而上學，該否定意味著拋棄第一哲學或傳統知識論。奎因的自然主義之所以堅持這點，其原因主要在於第一哲學或者是傳統知識論凌駕於自然科學之上，追求確定性的、絕對的知識，對此，奎因認為這是根本做不到的。奎因對所謂的第一哲學或傳統知識論的否定與拋棄的態度是徹底的，它表現在奎因主張將傳統知識論中的感覺經驗這樣的詞都拋棄掉，然後轉向科學，對此，他這麼說道如果在我關於表面刺激的言論中仍然有一種不自覺的對感性特質的暗示，那麼我撰寫《語詞和對象》一書時已有效地把這種暗示排除掉了；因為，在這裡，

我明確地談到感官接收器的觸發。任何人也不會認為，我假定人們整個說來都在思考或者談論他們的神經末梢的觸發；從統計觀點上說，很少有人知道他們的神經末梢。這種從生理學角度談論這件事的處理方式是與我自然主義相一致的，與我對那作為科學基礎的第一哲學所持的否定態度相一致的。」[3] 與自然主義立場相一致，須反對它們凌駕於科學之上而成為科學之科學，反對它們成為所謂的「第一哲學」或「先驗哲學」的權威地位。從某種程度上說，奎因自然主義的這一特點對應於他哲學中強烈的批判性精神，這種批判性表現在其思想的很多方面，例如，他對分析陳述和綜合陳述之區別和還原論的否定與批判，對基礎主義和懷疑論的否定與批判等等，從這個維度上來說，自然主義中拒斥形而上學此特點是奎因哲學（包括自然化認識論）的重要特徵。

其二、科學主義。在拒斥和批判形而上學之後，奎因主張轉向自我意識的科學，這是從肯定的意義上來說的，我們也可以這麼認為，奎因對科學的重要性表示了充分的肯定，正是在這個意義上，他是一個科學主義者，這也就是說，自然主義在奎因這裡的重要表現之一就是他相當推崇科學，當然，奎因的科學主義與其經驗主義是統一在一起的，二者不可分離。作為一個經驗主義者，奎因很重視常識，重視經驗，重視科學的發展成就，我們可以在其著作中經常見到這種科學主義的特點，例如，「我對於從感覺資料出發合理地重建世界這個計劃所持的態度，同樣是自然主義的。我並不認為這個計劃是不連貫的，儘管它的動因在某些情況下是混亂的。我把它看作一種這樣的計劃，即設定一個由許多個與對感覺表面的刺激緊密相連的實體組成的領域，然後，借助於集合論中的一個輔助的實體領域，透過語境定義構造一種適合於自然科學的語言。」[4] 在這段話裡，奎因的經驗主義和自然主義緊密相連，他從感覺資料山發來重建世界的思路是自然主義的，其經驗主義包含於自然主義之中。不僅如此，奎因還借助於自然科學（如這段話裡的集合論）來說明語言的產生，這是從發生學的意義上來體現的，奎因將這種方式下產生的語言的確證標準同樣也放在自然科學上，如此段話裡的「適合於自然科學」，顯然，奎因的觀點意味著語言的產生、確證標準等等都離不開自然科學。我們再來看奎因在其《經驗內容》文中的一段話，他這麼說道：「前一

篇文章涉及對象設定的經驗意義。這篇文章也涉及，不過更加抽象地涉及那種經驗意義，涉及科學理論與其感覺證據的關係。與從前一樣，我的立場是自然主義的。所謂感覺證據，我指的是對感覺接收器的刺激。我接受現行的物理理論，同時接受關於我們的接收器的生理學，然後進而思考這種感覺輸入如何支持我現在接受的這種物理理論。」[5] 這段話再次說明了奎因對自然科學的重視。在奎因的作品中，經常可見到他重視自然科學的表述。正因為科學在奎因思想中的這種重要地位，奎因思想被稱為是科學主義，陳波認為奎因甚至是一個極端的科學主義，「奎因哲學的特徵之一就是科學主義，並且是相當極端的科學主義。」[6] 奎因的自然主義思想也體現在他將哲學視為是一種自然科學這個問題上，在他看來，哲學就在自然科學之中，哲學研究可以利用自然科學的巨大成就，尤其是精確的科學，哲學採用自然科學的方法，獲得理論，這是奎因科學主義影響之下所形成的觀念。

從知識論的維度上說，自然主義對其認識論的影響更大，換言之，科學和認識論的關係更是非同一般，奎因甚至認為認識論就是科學的一部分，他將認識論同化於經驗心理學，「自然主義並沒有拋棄認識論，但把它同化於經驗心理學。科學本身告訴我們，我們關於世界所獲得的訊息僅僅限於我們表面的刺激，於是認識論問題就轉變為科學內部的問題，及我們人類如何能夠從那樣一些有限的訊息出發設法達到科學這樣一個問題。」[7] 由於自然主義的影響，認識論問題就可轉變為科學內部的問題，透過科學來解決，正因為科學在認識論中的這種基礎地位，所以他的認識論被稱為是自然化的認識論，即以自然主義為基礎的認識論，從某種意義上說，自然化的認識論也可以理解為是「科學化的」認識論，自然化和科學化在一定意義上是可以劃等號的，這是奎因自然主義在認識論上的重要特徵。

在此，奎因的思路是將自然主義（科學主義）的基礎性地位拓展到認識論之中，於是認識論成為科學的一個部分，這就意味著知識的來源、內容、認識方法以及確證標準等問題都與科學不可分離，例如，知識從哪裡來？知識是什麼？如何獲得知識？我們有可能瞭解事物嗎？……等等這些問題都與科學緊密結合在一起，「認識論關乎科學的基礎。當這樣寬泛地來構想認識論時，它把對數學基礎的研究作為自己的一個部門包括在自身之內。在 20

世紀初，專家們認為，在這個獨特的部門裡，他們的努力取得了顯著的成功，數學似乎都可以還原為邏輯。用最近的觀點來看，這種還原可以更好地說成是還原到了邏輯和集合論。在認識論上，這種修正是令人失望的，因為對於集合論來說，我們不能聲稱它具有我們使之與邏輯相聯繫的那種穩固性和明顯性。但是，用一種相對的標準來看，在數學基礎方面所取得的成功依然是典範性的，而且，透過在某種程度上描述與這一部分的平行對應，我們能夠闡明認識論的其餘部分。」[8] 奎因的這段話說明，認識論包含於科學之中，它是關於科學的基礎的學問，即認識論是科學不可或缺的部分，它是自我意識到的科學。進一步說，數學的基礎研究是認識論的一個部分存在於自身之中。由此可見，科學在認識論中具有著相當重要的地位，這是奎因自然主義的一個重要特徵。循此思路，奎因強調，在認識論問題的解決上，只能依靠科學的方式來獲得解決，而不能依靠哲學的方式來解決，這點正如其所言的：「我們倒想能把科學翻譯成邏輯、觀察詞項及集合論。這將是認識論上的一個巨大成功，因為它可以表明：從理論上來說，所有其餘的科學概念都是多餘的。透過表明用一種裝置所做的一切事情都可以用另一種裝置去做，它可以使科學概念合法化——無論這些集合論的、邏輯及觀察的概念自身合法化到何種程度。假如心理學本身能夠提交一種準確翻譯了的此類還原，我們就應該歡迎它。」[9]

其三、行為主義。奎因自然主義的基本特徵除了前面所講的兩個之外，最後一個重要特徵就是行為主義了，該特徵是在經驗主義、科學主義影響之下形成的。奎因正因為從其經驗主義、科學主義的立場出發來闡述自然主義，所以其結果必然是形成了行為主義這個很鮮明的特徵。進一步而言，行為主義是奎因經驗主義和科學主義的產物和結果，該特徵如同方法論一樣全面貫穿於、滲透於其自然主義的方方面面，離開經驗主義與科學主義立場下的行為主義這個特徵，奎因的自然主義無疑就喪失其重要的特色了。在《自然主義》文中，奎因對自然主義進行了深入地分析，他認為，除了接受科學告訴我們的關於感官知覺、語言學習和理論形成的東西之外，我們沒有更好的說法，這其中，奎因立足於科學主義，對感官知覺、語言的學習、理論形成的產物等內容進行了深入地探討，表徵出了濃厚的行為主義特色，例

如，「如果採取物理主義的選擇，兩個方向會自動顯現出來。一個方向是，其目標僅僅在於按《數學原理》的精神去追求概念的經濟和明晰，這確實就是物理主義者在理論的核心地帶一直在做的事情，儘管最後的縮微模型在銅模中陶鑄出來之前，邏輯學家會出手幫助做一些修飾和擦亮的工作。另一個方向，更類似於卡爾納普的《世界的邏輯構造》，就是我所想到的自然主義（naturalism）。它是對下屬過程的理性重構：在這一過程中，個人和種族實際上習得了關於外部世界的一個負責任的理論。它將提出這樣的問題：我們，物理世界的物理的子嗣，從我們與整個世界的貧乏的接觸出發，從光線和粒子對我們的感官的單純衝擊以及努力爬山這一類的零星事件出發，如何能夠構想出我們關於這個世界的科學理論呢？這就是我的選擇。它是經驗科學的重要部分。」[10]

奎因在《經驗主義的五個里程碑》裡對自然主義做了這樣的描述：「自然主義把自然科學看作是一種對實在的探索，這種探索是可錯的和可糾正的，但它不對任何超科學的裁判負責，也不需要在觀察和假設－演繹方法之外做任何辯護。」、「我們的科學認識論者進行這種探索，得出一種與語言學習和知覺神經病學密切相關的說明。科學認識論者談到人們如何設置物體以及那些假設的粒子，可是他沒有打算提出以如此方式設置的事物是不存在的。進化和自然選擇無疑會出現在這種說明之中，科學認識論者如果看出一種方法，他將感到他能自由地應用物理學。自然主義哲學家是在繼承得來的世界理論的範圍內開始他的推理的，他把這種理論看作一種正在進行的事業。他嘗試相信其中所有的一切，可是他也相信某些尚未辨認出來的部分是錯誤的。他試圖從系統的內部去改進、澄清和理解這個系統。」[11] 透過上述這幾段話對自然主義的分析，讓我們看到了奎因思想中所體現出來的鮮明的行為主義特徵。不論是用實證科學的研究手段和方法來探討認識論問題，還是語言學習理論，以及可錯主義傾向等等，行為主義這個特色都一覽無餘。由於奎因相當重視科學，因而使得實踐性蘊含於其思想的方方面面，正是基於這種實踐性，所以行為主義貫穿於其自然主義之中，構成了奎因思想中的一個顯著特徵。

在這裡，關於世界的理論如何從感官知覺中產生的問題，或者是理論如何從觀察中產生的問題，理論與語言之間的關係問題，或者是觀察與理論話語之間的關係問題等等，都表徵出了鮮明的行為主義，這種特徵意味著認識過程不是抽象靜止的過程，不是完美無缺的樣態，而是一種可錯的、漸變的狀況，進化與發展的狀況！這也就是說，無論是感官知覺，還是語言學習以及理論形成的產物等等，都與行為主義這個特徵緊密相連。從奎因對自然主義的闡述中，我們還可以發現，奎因的這種行為主義特徵與其科學主義是分不開的，正因為他是從科學主義的立場出發，因而行為主義才凸顯出來。當然，這種行為主義也置於其經驗主義之中，與其經驗主義主張是一脈相承的。綜上所述，奎因自然主義的內容及其基本特徵，都體現出了他經驗主義、科學主義、行為主義的思想傾向。

上述所言的奎因自然主義基本特徵與杜威有著密切的關聯，從某種意義上說，杜威思想是奎因自然主義的重要理論來源之一。對此，奎因直接宣稱，他的這一學說主要歸於杜威的影響，他這樣說道：「1931 年春季，當我讀研究所的時候，我聽了杜威倫作為經驗的藝術的講演。那時，杜威是哈佛大學威廉．詹姆士講座的首任講演人。現在，使我感到驕傲的是，我作為杜威講座的首任講演人出現在哥倫比亞大學。在哲學上，我堅持杜威的自然主義。這種自然主義支配了了他的後 30 年。與杜威一樣，我認為，知識、心靈、意義是它們不得不與之打交道的同一個世界的部分，並且必須按照使自然科學充滿生機的同樣的經驗精神對它們加以研究。這裡，沒有先驗哲學的位置。」[12] 從這段話裡，我們不難發現，奎因早在讀研究所期間，就很認同杜威的自然主義思想，此後，在杜威自然主義的影響下，或者說採納了杜威自然主義中的很多思想，漸漸地形成了自己的自然主義思想。進一步說，奎因自然主義中所包含的如拒斥傳統形而上學觀念、科學主義以及行為主義等這些基本特徵都和杜威思想有些密切的關聯，我們可以在奎因自然主義基本特徵中看到杜威思想的很多烙印和痕跡。

首先，杜威對傳統知識論哲學的深刻批判精神影響到了奎因自然主義的第一個基本特徵，即拒斥形而上學。本書在前面部分已經指明，杜威在提出其經驗自然主義的時候，對傳統知識論哲學發起了嚴厲地批判與拒斥，正是

在批判傳統知識論哲學的過程中，杜威重構了經驗的內容與意義，進而提出了經驗的方法，創立了自己的實用社會知識論思想。在美國古典實用主義三個人中，與皮爾士、詹姆士相比較，杜威對傳統哲學的批判是最為典型和深刻的，在杜威思想中隨處可見他對傳統形而上學的這種批判觀點，以至於這種批判性成為杜威知識論的一大顯著特徵。杜威對傳統知識論哲學的這種批判精神和立場深深影響到了奎因。和杜威相似，他在宣稱堅持杜威自然主義的時候，也舉起了批判基礎論、挑戰懷疑論的大旗。我們可以在奎因自然主義第一個基本特徵（拒斥形而上學）中找到杜威的痕跡，這點正如奎因在上文中所講的「沒有先驗哲學的位置」。不僅如此，奎因更加鮮明地指出：「因而，當我們和杜威一道轉向自然主義的語言觀及行為主義的意義論時，我們所放棄的並不僅僅是言語的博物館圖像，我們也放棄了對於確定性的信念。根據博物館神話，語言中的詞和句子有其確定的意義。為了發現土著人語詞的意義，我們可能不得不觀察他的行為，但是語詞的意義仍被設想為在土著人的心靈即他的精神博物館中是確定的，甚至在行為標準無力為我們發現這些意義的情況下也是如此。」[13] 奎因在這段話裡明確表達了自己對待傳統形而上學的反對和拒斥態度，而這種對待傳統形而上學的態度與杜威是一致的。進一步說，奎因拒斥傳統形而上學的否定態度作為其自然主義建立起來的一個理論前提，與杜威批判性工作是相同的，從某種意義上說，他所做的這個工作是對杜威反傳統二元論思想的一種繼承和發展。

其次，杜威經驗自然主義中重視科學的這種自然主義傾向對奎因產生了深刻的影響。我們知道，在杜威知識論那裡，基於經驗的方法，「探究」理論成為其重構整個知識論的關鍵所在。而杜威所提出的這種經驗的方法可稱為科學的方法，因為其源自於自然科學的假設——歸納實驗邏輯方法，如此一來，知識論與科學結盟，自然主義滲透貫穿於杜威實用社會知識論中，成為其實用社會知識論的重要而又典型的一大特徵。在自然主義的影響之下，杜威相當看重科學對知識論的影響，在他看來，知識論不能獨立於科學之外，知識論必鬚根據科學中的實驗方法來規範知識的概念。因為人類自 16 世紀以來，科學已經發展了一種替代性的模式，依據這一模式，知識在本質上是由「假設所引導的實驗」所構成的「行動的、操作的」事件，科學將知識理

解為預言與控制自然變化進程的實踐性事件。由此可以看出，在杜威實用社會知識論那裡，科學的因素是相當重要的，這也就是說，杜威實用社會知識論中的自然主義色彩是很厚重的，無論其實用社會知識論中的知識概念，還是經驗的方法，以及確證標準，都同自然科學緊密相連，不可分離。正因為科學在杜威實用社會知識論中的這種重要性，杜威實用社會知識論被人們稱為是實驗性的認知理論。杜威重視自然科學的這種自然主義傾向也深深影響到了奎因。和杜威一樣，在經驗主義的立場之下，奎因秉承杜威之路，他非常重視自然科學，在此，奎因重視自然科學的程度比杜威更為強烈，他甚至將知識論建立自然科學之上，形成了奎因自然主義中的第二個基本特徵，即科學主義。這點正如此段話裡所講的，知識、心靈、意義等都是實在的，不是抽象的，必須按照使自然科學充滿生機的同樣的經驗精神對它們加以研究。正是在這個問題上，我們可以看到，奎因將杜威自然主義視為是自己自然主義的理論來源。

最後，杜威經驗自然主義強調社會實踐性這一傾向對奎因自然主義產生了重要的影響，形成了其思想中的第三個基本特徵，即行為主義。我們知道，在杜威那裡，經驗不是精神現象組合的系列，它是自然，是一種實踐活動，是做和經歷。這樣，經過杜威的這一轉化，經驗在一定程度上被理解為一種在社會中的實踐行動事件。由此出發，杜威提出了經驗的方法，這種方法作為一種認識方法存在於行為主義視域中。杜威提出的這種經驗的方法屬於一種探究的方法，來自於自然科學的研究方法。此時，實驗性的認知理論強調，不能憑藉感覺去驗證知識的價值，即感覺不能成為知識正當性的確證標準，而採用操作去界說知識的性質，並用這些操作所產生的效果去驗證、評判知識的有效性。這也就是說，在操作主義之下，知識是在具體的經驗範圍內建立聯繫的，而知識的正當性、有效性則取決於其能否行之有效地知道我們未來的行動。依據操作主義的觀念，被經驗的事物不再具有實體的性質，它只是素材和可控制的事物，思想和觀察乃是所有進行的或已經完成的操作的標誌，概念、觀念的價值由操作的結果所決定。由此看出，杜威所提出的實驗性認知理論是與自然科學緊密相連的，它是一種實踐視域下的知識觀，其中，行為主義色彩非常鮮明。

　　正因為杜威重視實踐性，所以其實用社會知識論和傳統知識論才分道揚鑣，其知識論進入到了現代知識論的視野。也正是在這個問題上，杜威獲得了奎因的重視。在杜威的啟發和影響之下，其自然主義中的行為主義色彩也昭然呈現出來。例如，在奎因自然主義語言觀和行為主義意義論中，我們就能看到很多杜威思想的烙印，在此，奎因明確肯定了自己與杜威的關係，「當一位自然主義哲學家談論心靈哲學時，他易於談到語言。首先並且重要的是，意義是語言的意義。語言是一種社會的技藝，我們都僅僅是根據他人在公共可認識的環境下的外顯行為來獲得這種技藝的。因此，意義，即那些精神實體的典範，作為行為主義者磨坊裡的穀物碾碎完蛋了。在這一點上，杜威的看法是明確的：『意義……不是精神的存在物，它主要是行為的屬性。』」[14]、「另一方面，當我們和杜威一道承認『意義……首要地是行為的性質』時，我們也就承認了：在內含於人們的外部行為傾向中的東西之外，既不存在意義，也不存在意義的相似或差別。對於自然主義來說，這個問題即兩個表達式是否在意義上相似，沒有任何已知或未知的答案，除非這些答案在原則上由人們的已知或未知的語言傾向所決定。如何按照這些標準還有不確定的情形，那麼對於意義和意義相似這些術語來說，情形就更加不妙。」[15] 從上述兩段話裡，我們能夠看到奎因對杜威重視實踐的認同態度，而他這種對杜威的認同態度意味著他採納了杜威的實踐性思想，將行為主義應用到了自己的自然主義中，形成了自然主義的語言觀與行為主義的意義論，例如，賦予語言的社會實踐性，以及賦予意義理論的行為主義特徵。

　　綜上所述，杜威的經驗自然主義對奎因產生了重要的影響，在杜威的啟發之下，奎因繼承與發展了杜威經驗自然主義的很多觀念，使得其自然主義思想中包含了杜威知識論的很多成分，例如，他將杜威經驗自然主義的運思前提—對傳統知識論哲學的批判性思維發展成了拒斥形而上學的立場，將杜威對科學方法的重視發展成了科學主義，將杜威對實踐性的重視發展成了行為主義語言觀與意義論等等。因此，從自然主義這個維度上說，奎因自然主義的很多思想與杜威經驗自然主義的相關性較大，其自然主義是對杜威經驗自然主義在新時期的繼承與發展。

　　但是我們也應看到，奎因在繼承和發展杜威經驗自然主義的同時，其自然主義和杜威的自然主義也有很大的區別，如果從對待科學的態度來說，那就是奎因自然主義的程度也許要比杜威自然主義深得多，因為奎因對科學的態度可謂是到了崇拜的地步，例如，在其自然主義認識論思想中，認識論已經被自然化了，換言之，也就是奎因的知識論已經被科學化了，此時知識論包含於科學中，哲學也同化於科學之中了。而杜威的經驗自然主義則不是這樣的，其實用社會知識論作為一種邁向現代知識論的知識觀，雖然重視科學，儘管其自然主義內涵著很多科學的因素，但是他是從工具主義的角度上來重視科學的，即將科學作為一種工具來證明自己學說的有效性與合理性，畢竟對情境和實驗穩妥的強調有助於其觀點最終的有效性。這點正如美國學者托馬斯 .E. 希爾所評價的：「根據工具主義者對情境和實驗的穩妥的強調來看，他們已經能夠適當認識到，哲學家的責任是闡明並評價人們在常識和科學探究中實際致力於證明其事實判斷的合理性所依賴的那些程序，這些責任在以前卻被忽視了。工具主義者的確前進了一大步，他們把研究認識的科學家作出的任何要超過常識和科學研究的方法去考察認識主張之所謂最終有效性的努力，稱為可悲的『認識論』。但無論後一種更為激進的見解是否穩妥，至少前者是更為穩妥的。」[16] 同樣，美國的另一個學者坎貝爾更加明確指出：「儘管杜威從來沒有陷入這種盲目的科學崇拜，但是他依然承認科學在人類事務中的具有廣泛的用途，在杜威看來，科學的目標不在於減少『物理性的或者甚至半機械化形式』的活動，而在於提供了評價我們各方面行動的新的系統性的方法。因此，即便他似乎把科學褒揚為『經驗變成理性』時，他的本意也只是要表明科學是一種『為了那些過去形成的習慣性的目的，把我們從受奴役狀態解放出來的方法』」[17] 基於杜威從工具主義的維度來理解科學，因而使得杜威與奎因的自然主義有了很大的不同。進一步說，杜威儘管重視科學，但這種重視主要是工具主義維度上體現出來的，它仍然沒有取代知識論的哲學優先地位，此時的科學依然從屬於知識論哲學，哲學的地位依然是第一位的。而奎因自然主義對科學的重視則是到了崇拜的程度，也就是本體論意義上的科學主義了，上述所言乃是二者在自然主義上的差異之處。

　　成為習慣性的目的，把我們從受奴役狀態解放出來的方法 [18] 基於杜威從工具主義的維度來理解科學，因而使得杜威與奎因的自然主義有了很大的不同。進一步說，杜威儘管重視科學，但這種重視主要是工具主義維度上體現出來的，它仍然沒有取代知識論的哲學優先地位，此時的科學依然從屬於知識論哲學，哲學的地位依然是第一位的。而奎因自然主義對科學的重視則是到了崇拜的程度，也就是本體論意義上的科學主義了，上述所言乃是二者在自然主義上的差異之處。

註釋

[1] 王成兵主編：《一位真正的美國哲學家—美國學者論杜威》，中國社會科學出版社，2007 年，第 144 頁。

[2] 陳波：《奎因哲學研究——從邏輯與語言的觀點看》，生活 . 讀書 . 新知三聯書店，1998 年，第 337 頁。

[3] 奎因：《奎因著作集》（第 2 卷，塗紀亮、陳波主編），《理論與事物》，塗紀亮譯，中國人民大學出版社，2007 年，第 72—73 頁。

[4] 奎因：《奎因著作集》（第 2 卷，塗紀亮、陳波主編），《理論與事物》，塗紀亮譯，中國人民大學出版社，2007 年，第 43 頁。

[5] 奎因：《奎因著作集》（第 6 卷，塗紀亮、陳波主編），《理論與事物》，塗紀亮譯，中國人民大學出版社，2007 年，第 27 頁。

[6] 奎因：《奎因著作集》（第 6 卷，塗紀亮、陳波主編），《理論與事物》，塗紀亮譯，中國人民大學出版社，2007 年，第 29 頁。

[7] 陳波：《奎因哲學研究——從邏輯與語言的觀點看》，生活 . 讀書 . 新知三聯書店，1998 年，第 336 頁。

[8] 奎因：《奎因著作集》（第 6 卷，塗紀亮、陳波主編），《理論與事物》，塗紀亮譯，中國人民大學出版社，2007 年，第 73 頁。

[9] 奎因：《奎因著作集》（第 2 卷，塗紀亮、陳波主編），《本體論的相對性及其他論文》，賈可春譯，中國人民大學出版社，2007 年，第 400 頁。

[10] 奎因：《奎因著作集》（第 2 卷，塗紀亮、陳波主編），《本體論的相對性及其他論文》，賈可春譯，中國人民大學出版社，2007 年，第 405 頁。

[11] 奎因：《奎因著作集》（第 6 卷，塗紀亮、陳波主編），《從刺激到科學》，陳波、夏國軍譯，中國人民大學出版社，2007 年，第 565—566 頁。

[12] 奎因：《奎因著作集》（第 6 卷，塗紀亮、陳波主編），《理論與事物》，塗紀亮譯，中國人民大學出版社，2007 年，第 72—73 頁。

[13] 奎因：《奎因著作集》（第 2 卷，塗紀亮、陳波主編），《本體論的相對性及其他論文》，賈可春譯，中國人民大學出版社，2007 年，第 368 頁。

[14] 奎因：《奎因著作集》（第 2 卷，塗紀亮、陳波主編），《本體論的相對性及其他論文》，賈可春譯，中國人民大學出版社，2007 年，第 370 頁。

[15] 奎因：《奎因著作集》（第 2 卷，塗紀亮、陳波主編），《本體論的相對性及其他論文》，賈可春譯，中國人民大學出版社，2007 年，第 368 頁。

[16] 奎因：《奎因著作集》（第 2 卷，塗紀亮、陳波主編），《本體論的相對性及其他論文》，賈可春譯，中國人民大學出版社，2007 年，第 370 頁。

[17] 托馬斯 .E. 希爾：《現代知識論》，劉大椿等譯，中國人民大學出版社，1989 年，第 441 頁。

[18] 詹姆斯 . 坎爾：《理解杜威——自然與協作的智慧》，楊柳新譯，北京大學出版社，2010 年，第 96 頁。

第 4 章 實驗性認知理論發生的境況、模式及基本特徵

　　杜威以科學的方式來建構新的知識論，他的知識論被稱為「探究的理論」！探究是改變現有情境的行為來解決問題的行動，探究成功實現的標準是將有問題的情境轉換為問題解除的情境。探究源於「不確定性的情境」，這種情境不僅是生物學意義上的（自然的），社會文化的，而且又是特殊的、具體的。作為探究理論發生的境況，情境主義消融了傳統知識論經驗與自然、心與物、主體與客體二元對立的局面。由於認知是一種探究，探究指向有問題的情境，有問題的情境是多種多樣的，所以探究也具有不同的層次。雖然不同的探究在對象和重要性上有所不同，但是成功的探究都遵循著一種一般的模式，那就是杜威的「思維五步說」。在這五個步驟裡，順序可以根據實際情況有所變化。杜威實用社會知識論關心的是認知，而不是知識，認知是一種「探究」的過程，它在本質上是實驗性的，因而其知識論可稱為實驗性的認知理論，這一理論具有兩大特點：其一、認知過程是行為的過程；其二、實驗性的認知理論與科學實踐相一致。由此，知識的旁觀者理論實現了向實驗性認知理論的轉換，其中，一系列重要的概念發生了變化，知識以及知識的對象獲得了重新的理解。

▎4.1 情境主義——實驗性認知理論發生的境況

　　16—17 世紀以來，自然科學發生了翻天覆地的變化，哲學不能忽視這一現象，它應與科學結盟，因而知識論不能獨立於科學之外，改造後的知識論將以科學的方式來建構，基於此，杜威將他的知識論稱為「探究的理論」，從科學的意義上說，探究的方式類似於科學方法的標準形式，也就是說，杜威探究的理論與科學實踐具有相似性。

　　探究是什麼呢？回答這個問題，我們得從經驗談起，杜威把經驗視為有機體與環境之間的相互作用，透過對經驗的闡釋，杜威引出了探究的問題。在他有關探究的研究著作——《邏輯學：探究的理論》一書中，杜威著重考

察了探究理論。在此，杜威引入「情境」（situation）一詞來表示環境。情境指的是環境的自然因素、社會因素，以及經驗在其中發生的「背景性整體」。杜威認為，情境是動態性的，它易發生波動和變化，所以有機體經常面對著不穩定性、危險性和障礙。換言之，有機體是與這種「不確定性的情境」發生作用的。杜威這樣描述情境的：「人發現他自己生活在一個碰運氣的世界之中。他的存在，粗俗一點說，就是一場賭博。這個世界是一個充滿危險的地方，它是不確定的，不穩定的，非常地不穩定。這種危險毫無規則、變化無常，不能說出它們的時間和季節。儘管這些危險是持續的，但卻是散亂的，始料未及的。它是黎明前最黑暗的時期，驕傲後就是失敗，最昌盛的時期就是惡兆最多的時間，在邪惡的視線裡，這就是最好的機會。災禍、饑荒、歉收、疾病、死亡、戰爭中的失敗，總是隨時可以到來，而充裕、力量、勝利、節日和歌舞也是如此。」[1] 探究就是將有機體與不確定的情境相聯繫時，在經驗中產生的一種行為，由於不確定的情境會給有機體帶來疑惑和問題，所以探究表現為一種行動來改變現有情境，從而使問題得以解決。探究的目的和結果就是把含糊和困惑的情境轉變為相對穩固或確定的情境。探究指向有問題的情境，其目的是解決問題，改變情境的狀況。如果探究將有問題的情境轉化為「統一的整體」或是相對「確定的情境」，那麼，它就是成功的，反之，就是失敗。

由此可知，探究是一種具有控制力與引導性的轉化活動，它轉變那種不確定的情境，使其內部分散的因素和關係確定下來，以確保該原初的境遇重新整合為一個統一的整體，情境的性質引導著探究的轉化。換言之，探究狀況由情境的狀況所制約和限制，情境狀況乃是探究活動的起點和歸宿，「實驗分析的第一個結果是，正如我們所看到的，把直接經驗後的對象歸結為素材（date），這種分解是有效的，因為這些對像在其第一種經驗方式裡是疑惑的、隱暗的和散亂的，它們不能以某種方式滿足某種需要。這些給定的素材規定了問題的性質。如果有了一定的素材，就會喚起一種操作的思想。如果按照這種思想去做，就會產生新的情境，在這個新情境中便解除了原來引起探究的那種困難或疑問。」[2] 在這裡，杜威所講的操作就是探究，探究的過程就是認知的過程，探究體現為一種行動，那麼認知也是一種行動。杜威

實用社會知識論所關心的不僅僅是知識，更主要的是認知，即如何獲得知識的過程。杜威的探究理論相當重視情境的因素，他在認知中引入情境一詞，意味著將認識置於探究實際所發生的背景中來考察認識，情境主義乃是杜威實用社會知識論產生的境況，和其它知識論相比，這是杜威實用社會知識論與眾不同的地方，也是其知識論的核心內容。

情境不僅是理解探究的關鍵性因素，同時也是理解認知的關鍵性因素。杜威認為，情境作為探究產生的境況，它具有三種樣態。

第一、情境是生物學的。人類作為一種生命體，生存於周圍的條件之中，勢必會產生接觸感覺和距離感覺之間的緊張狀態，依據有機體適應的規律，它需要消除和克服這種緊張狀態，才能趨於穩定和平衡。「生物學發達的結果改變了這個圖像。哪裡有生命，哪裡就有行為和活動。為了生命的維持，活動就要繼續，並與其環境相互適應。而且這種適應性的調節也不是完全被動的，並不僅僅只是有機體要受制於環境。就是蛤蜊對其環境也要有所適應，同時改變自己去適應它。它要選擇資料充當自己的食物，選擇資料作護身的介殼。它的活動是為了適應環境，同時也使環境適應自己。在生物中是沒有只順從環境的，就是寄生物也僅僅只是接近這個狀態而已。要維持生命就要變換環境中諸多因素。生活的形式越高，對環境的積極改造就越加重要。」[3]、「不確定性本來是一件實事。它表明，當前經驗的『狀況』是不確定的；這些經驗本來就是面對很多障礙，未來充滿危險。克服這些障礙的行動又沒有成功的保證，因而這些行動本身也是危險的。情境本身具有麻煩和不確定的性質，因為這種情境的後果是不確定的；它們會走向厄運，也會走向好運。人類的自然傾向就是立即行動起來，優柔寡斷是不能忍耐的，渴望立即行動起來。」[4]

杜威的這些話意味著他是從生物學的維度來闡釋情境的。認知發生的境況首先體現為一種生物學上的情境，它是認知境況中最基本的形式，而強調認知境況的生物學背景，又意味著認知的過程是一種實踐和行為的過程，因為生物學情境總是與實踐和行為的特徵相伴，就此而言，杜威的這一思路具有獨特而新穎的含義。我們知道，自古希臘哲學以來，很多研究知識論的哲

學家們就已經意識到，人具有生物性特徵的一面，然而，他們又把人的理性和生物性區別開來，高揚人的理性，把認識歸屬於人的理性，相對而言，貶低了人的生物性，這種思路的結果必然將人身上的某些基本的生物性因素置於認識的分析之外。例如，在因果推理中，休謨就將假定的必然性歸結為本能所支持的習慣性聯想；柏格森則把觀念與有機體的需要密切相連，在這些哲學家的視野裡，認識主要取決於獨特的心理過程，也就是說，認識更主要體現為一種心理現象。斯賓塞和尼采雖然看到了進化過程中的某種重要性，但他們的研究重點又主要不在哲學領域之內進行。與這些哲學家相反，杜威追隨生物學家們，將認知過程適當地歸於進化鬥爭之列，他明確提出，作為一種探究，認知表現為有機體與環境之間的相互作用。由此，杜威把生物學引入到知識論的研究中，從而賦予知識論以實踐的特徵。

第二、情境是社會和文化的。杜威認為，一切社會現象、文化現象、歷史現象……都應納入到情境之中，因而歷史、語言乃至科學在內的各種社會因素不僅是知識論問題的重要組成成分，同時也是解答問題的因素。杜威說道唯獨人類自有一個世界，其中所有事件都充滿著既往事件的許多反響、許多回憶，其中事事均能引動其他事情的回想。是以人類與山野間的獸類不同，他不僅生活在一個物的世界，而且生活在一個符號和象徵的世界。一塊石，不只是人撞上去覺得硬的東西，而且是他們先人的一個紀念碑。……舉凡表識人性與獸性有別，文化與單純物性相異的這些事件，都是由於人有記性，保存著而且記錄著他的經驗。」[5]、「經驗和歷史、生活、文化這些事情有同樣的意義。……為文化現象所強調的存在有一個特點，即它是動盪不安的。」[6]

重視認知境況的社會性和文化性，是杜威實用社會知識論的一個重要方面，這個方面表現出杜威傾向於從社會性的維度來研究知識論，杜威的這一傾向還使得社會學和社會心理學參與到知識論的研究中來，賦予了知識論研究以更多的豐富性。長期以來，很多哲學家們已認識到人是一種社會性的動物，然而當討論知識論的時候，他們卻都遠離了人類的社會生活，僅僅從一種純思辨領域（精神性的領域）或者從個體性的角度來研究知識論，使得知識論陷入到脫離社會、脫離生活的危險之中，成了一種抽象的、純思辨的狀

態。杜威堅持從社會與文化的視角研究認識狀況,如此一來,人類的語言、概念、理論等基本範疇都要在社會情境中加以考察,並且隨著社會的變化而不斷地生成發展,應該說,杜威的這一理論擴大了知識論的研究視野,具有重要的意義和價值。

第三、情境是具體的和獨特的,這種狀況使得杜威實用社會知識論走向了相對主義。杜威不僅堅持認識與生物背景、社會文化背景密切相關,同時還強調認識的每一實例都是具體而獨特的,並且這種狀況是普遍存在的。既然每一境況都有自己的獨特性和具體性,那麼,在我們理解每一認知狀況的時候,就要考慮該認識所發生的時間、地點、自然背景、文化背景、社會背景、獨特的境況及特殊的意向。「我們知道,情境是不穩定的,充滿了危險,因為生命活動的維持依賴於當前行動對於未來行動所發生的影響。生命過程得以維持,在於我們所實施的動作使得環境有利於後來的有機動作,把這一事實從形式上概括起來,就得到如下的陳述:有問題的和不穩定的情境之所以發生,是由於『分散的或個別的和連續的或關聯的東西所特有的一種結合』。所有知覺的對象都是個別的。它們本身是一些完備自足的整體。任何直接經驗的事物都是具有獨特性質的,各自有它安排題材的中心點而這箇中心點是永不再現的。雖然這樣的情境彼此相差很小或彼此難以嚴格劃分,但是其內容安排的格局是從不兩次完全相同的。」[7] 杜威把情境視為具體而獨特的結果,導致其知識論走向了相對主義。換言之,如果認知狀況的時間、地點、自然背景、文化背景、社會背景等因素發生變化時,那麼,認識也就會隨之改變,此時,已沒有絕對的知識存在,一切都是相對的了。不僅如此,和以往知識論相比,杜威把認知境況置於獨特性和具體性來考慮,而非論及普遍認識、抽象認識、宏觀認識,他的這一理論已顯示出鮮明的現代哲學特徵。

走向特殊性和具體性可謂是現代哲學的一般趨勢,我們知道,現代哲學更為表現出關心具體、特殊、差別的傾向,而反對中心、同一、本質、基礎。在很多現代哲學家那裡,語言、人的現實生存狀況、科學發展等等主題成為研究的重點,他們拒斥整體性和宏觀基礎的事物,青睞於微觀、瑣碎、邊緣化的事物,由此,不再用抽象的眼光看待事物,而是就事物本身的狀況來研究事物,把事物置於其特殊、具體的條件下加以考察。現象學要求回到「事

物自身」，阿爾多諾則認為，辯證法是始終如一的對非同一性的意識。利奧塔則大聲強調，向整體性開戰，我們要證明不可描述性，我們要激活差異性，我們要拯救差異性，我們要拯救名稱的榮譽。在羅蒂那裡，這一特徵更是明顯，羅蒂把「現實狀況」視為認識的起點，他說：「為了說明『真理』、『知識』、『道德』和『德性』，我們所能做的一切，就是回顧這些術語在其中產生和發展的文化的詳細細節。』」[8] 以上這些事實表明，杜威的思路和很多現代哲學家是一致的，因而杜威關注境況的特殊性、具體性，富有現代哲學的特徵。

透過我們對杜威情境主義的考察，不難發現，杜威是從生存論的立場來解釋情境的，這點是其經驗自然主義本體論的產物。由此，我們要把目光回溯到杜威的經驗自然主義上，經驗就是生活，生活就是為了應付環境，這是杜威經驗論的基本內容，這一經驗的特徵是從生存論的視角闡述的。杜威本人是個徹底的經驗主義者，從知識論意義上說，杜威實用社會知識論是其經驗論的產物，他把認識的源泉歸於經驗，既然經驗就是生活，那麼知識的源泉也是從生活、生存的境遇中展開的。當然，人與環境的相互作用構成了認識的源泉。在認識中，環境的因素乃是一個重要的因素，這個因素決定了知識的產生和結果。

情境是有機體生命活動的生存「環境」，它表現為不確定性、動態性、偶然性、波動性，正是這種不確定性，展示了認識活動的多樣性、創造性，它是人類生命活動的生存樣態。情境不僅是自然的，也是社會文化的，更是具體的、特殊的。情境的根本特徵就在於它的整合性和統一性，這種整合性和統一性構成了杜威探究理論發生的背景，也正是基於這點，杜威有力地維護了自己的理論，並抵禦住了來自其他哲學家的批評。情境的整合性和統一性是杜威解構傳統二元對立知識論的武器，在他的情境裡，不僅看不到人與自然的二分局面，同時也看不到主客對立、心物脫節的痕跡。相反，情境讓人與自然走向統一，讓主客分離狀況風飄雲散，一切都是一種關係性的存在。

基於杜威的情境主義，其知識觀關涉到以下幾個方面的問題：

首先，我們可以從知識與探究，理性與意識的關係中來理解知識。既然情境使得知識建立在一種「前認識」或者「前反思」的生存領域內，那麼，在生存論領域中，知識不僅是探究活動的產物，它也是理性發展的結果。如此一來，在將不符合人意的、不確定性的境況轉變成符合人意的、確定性的境況的時候，意識成為一個完整統一的環節，它已不是孤立的、個別的、自足的，與世界相對立的精神實體。

其次，知識不再被視作是與自然對立的東西，相反，它被視為是自然中的一個合理的部分，因而知識是可知的，而不是抽象的、神祕莫測的東西。人們可以辨認和描述知識，就像可以確認任何客體、所關切的事物或事件一樣。當然，知識是一種行動性的事件，知識不是實體自然與非自然的秩序之間的比較，知識源於有機體與環境之間的相互作用。

最後，在現實的情境中考察知識，有助於將整個自然世界以及人們能夠談論的每一個事物都視作經驗的組成部分，換言之，情境主義有利於人們更好的理解經驗的內在構成狀況，由此，情境主義和經驗主義融為一體。情境主義的意義使得我們不能用超驗的思想來理解經驗，相反而應採取自然主義來理解經驗，這種自然主義體現為一種整體性的精神。由於情境建立在生存論基礎之上，因而經驗是現實的、具體的，它不再是一連串的精神事件，相反，它是一連串的事實，經驗的內容豐富多樣。

註釋

[1] John Dewey.Experience and Nature，Chicago：London Open Court Publishing company，1926，p.41.

[2] John Dewey.The Quest for certainty：A study for the Relation of Knowledge and Action. New York：Minton，Balch&Company，1929，p.123.

[3] John Dewey.Reconstruction in Philosophy 2005 年，第 47 頁。

[4] John Dewey.The Quest for certainty：A study for the Relation of Knowledge and Action. New York：Minton，Balch&Company，1929，p.223.

[5] John Dewey.Reconstruction in Philo sophy 2005 年，第 1 頁。

[6] John Dewey.Experience and Nature，Chicago：London Open Court Publishing company，1926，p.40.

[7] John Dewey.The Quest for certainty：A study for the Relation of Knowledge and Action. New York：Minton，Balch&Company，1929，p.234.

[8] 理查德 . 羅蒂：《後哲學文化》，黃勇譯，上海譯文出版社，1992 年，第 260 頁。

4.2 思維五步說——探究的一般模式

探究是生命有機體對有問題的、不確定的情境所做出的反應，而有問題的、不確定的情境是豐富多彩、多種多樣的，因而探究也具有不同的層次，人們能夠進行宏觀地探究，例如，人們可以探究宇宙的情形，天體的演變，國家民族的狀況等等；人們可以進行局部的、微觀的探究，例如，在顯微鏡下觀察分子、原子的情況等等。雖然不同的探究在對象和重要性方面有所不同，但杜威認為，所有成功的探究都遵循著一種一般的模式，這種模式就是杜威的「思維五步說」理論。它們是：

第一、困惑、混亂與懷疑，人們處於一種對全部特徵尚未確定的不完整的境遇中；

第二、推測性的預期一對給定的元素作試探性的解釋，以影響某些結果；

第三、對手頭的所有可定義與說明之問題的理由進行仔細的調查（檢驗、審查、探測與分析）；

第四、對試驗性的假說進行詳細闡述，以使其更加精確和連貫，從而與更大範圍內的事實相一致；

第五、將所提出的假設視為一種可以應用於現實事態的行為方案，公開採取某種行動以實現預期的結果，並因此而檢驗上面的假設！

探究的過程經歷以上這五個步驟，探究的兩端，一端是有問題的、疑難的、困惑的情境；另一端則是相對穩定的、疑難被解除的情境，下面我們來簡要分析杜威提出的探究過程：

探究起於疑。疑難是探究活動的第一步，它指的是存在問題的情境。探究的發生不是空穴來風，在人們的生活實踐中，總是存在著有問題的、疑難的狀況，當這種狀況出現的時候，人們就開始懷疑，於是認識活動才得以發

生。知識就是把一個有問題的情境轉化為一個問題解除的情境的結果。當然，知識也是對付疑難情境的工具，「思維起源於叉路的疑難，起源於分歧的取捨。如果行動是順利而毫無困難，如果思維只是聊以自娛的幻想，那便沒有反省的必要。只有遇到困難、阻礙時，而將信將疑之中，我們才會遐想高瞻，找出觀察新問題的立場，從這種立場，決定事物的關係。」[1] 探究產生於經驗過程的間斷，產生於不和諧的情況，當人們處於一種和順、無憂無慮的狀態中，探究是休眠的。一旦人們遇到困難和疑惑情境時，探究活動就開始激發了，常言道，憂和慮相互聯繫。此時，人就需要開動腦筋，冥思苦想，積極尋找解決問題的方法。境況引導著探究活動的產生和發展，疑難和問題境況表明，有機體與環境之間的相互作用失去了平衡，此時，人們在其中表現出某種不穩定的、紊亂的、困惑的心理狀態，它引起了人的緊張、疲勞……，這種疑難境況與人的生活情境相依相隨，它實際上是人的一種生存方式。疑難情境的出現是杜威探究活動的關鍵性因素，它就像導火線一樣，迫使人們重新調整境況，追求認識。

界說困難。在探究過程中，疑難情境開始轉化為問題境況。每一個探究必然針對某一個具體的現實的問題，因而可以把探究的第二個步驟稱為「界說困難」。當人們陷入到疑難、不確定之情境中的時候，人們也許會表現出慌亂、迷惑、不知所措的精神狀態，疑難情境使人們陷入到困境之中，但是問題出現在哪裡還不知道，這時，人們需要想方設法，以求找出問題的所在，看看疑難到底出現在什麼地方，這才是探究的真正所在。胡適非常重視杜威探究五步說的問題意識，他在《多研究些問題，少談些主義》中說道：「凡是有價值的思想，都是從這個那個具體的問題下手的。先研究問題的種種方面的種種的事實，看看究竟病在何處，這是思想的第一步功夫。然後根據於一生經驗學問，提出種種解決的方法，提出種種醫病的丹方，這是思想的第二步功夫。然後用一生的經驗學問，加上想像的能力，推想每一種假定的解決法，該有什麼樣的效果，推想這種效果是否真能解決眼前這個困難問題，推想的結果，挑選定一種假定的解決，認為我的主張，這是思想的第三步功夫。凡是有價值的主張，都是先經過這三步功夫來的。」[2]

　　杜威所說的問題觀念在探究中很重要。實際上，在具體生活實踐中，人們往往會遇到疑難和困惑的狀況，這是在所難免的，然而把這些疑難狀況提煉成準確的問題，以助於問題的解決，這就有些不易了。如果問題指錯，以後的一切努力全部白費勁，所以杜威認為這一步至關重要。但是一般人又往往容易忽視它，在這個階段裡，人們需要把注意力放在與疑難有關的問題上，並集中考慮這個問題，不要忙於先作判斷和決定。這時候要延緩行動，延緩行動不僅是人的活動與低等動物活動的區別，還是理智的活動與非理智的活動的區別，延緩活動有利於把注意力集中到境況的各種不同特徵上，有利於選擇有意義的東西，有利於用過去的經驗對現存問題進行思考。

　　解決問題。它是探究活動的第三個步驟，解決問題需要隨機應變和足智多謀的能力。如果能夠發現問題的所在，那麼就可以開始解決問題了，這一步驟表徵著已提示的解釋或者可能的解答的產生。面對問題，人們需要運用他過去的經驗、知識和能力來提出解決問題的方案，這些方案是頭腦中的推測方案，它還未真正的實行，因而是一種假說。在這裡需要指出的是，過去的經驗、知識和能力與方案的提出有著重要的關係。人的經驗越豐富，知識和學問就越廣博，因而也就越能提出更多的解決問題的方案。不僅如此，還要把知識、學問運用到解決問題的實踐中去，才能提高解決問題的能力，否則，知識、學問就沒有價值，僅僅是紙上談兵了。

　　在這個步驟中，假說是個重要的環節，它產生出「如果一那麼」的命題，這是一個已提示的或已指明的解答方案，它是作為一種可能性而被闡述的，「透過推論，對假說的起源和發展的掌握並沒有結束，然而，卻可以發現出一些問題來。觀念在早期表現出的特徵是不完善和不全面的，『推論是意義成熟和完善的產物，』醫生所分析的事實之全部狀況的症狀在暗示前就已經存在，例如，我們會說，這種病是傷寒引起的發燒。此時，由傷寒所引起的發燒有可能會進一步加劇，『如果』是傷寒，不論是什麼樣的傷寒，已經診斷出了確定的結果，確定的特徵。透過仔細檢查傷寒症狀的全部情形，科學家可以獲得進一步的症狀，其結果成為他探究、觀察和實驗的工具。他能夠有目的地的繼續工作，看看現在的病例是否能給出某些特徵，而這些特徵是否符合暗示所提示的那種有效性。推論的結果為觀察的結果提供了論據。除

了透過理性推論出來後所形成的一系列原則以外，驗證（試驗）假設的過程也是不全面的和偶然的。」[3] 假說的結果部分地受制於心靈的習慣，受制於一些特殊情境的選擇和安排，人們過去所獲得的習慣總是在影響著假說的形成，因而假說的結果是難以直接控制的。最先提出的假說方案不僅是不充分的，而且也是不夠完善和成熟的。如果要獲得富有成效的假說方案，那麼人們需要對各種可供選擇的方案進行精挑細挑選，認真思考。

推理和思想實驗。探究的第四個步驟是對假說或者提出的方案的內涵進行推演和思想實驗的階段。「發揮任何意象中所涵之義。（專名曰 Implications 譯啟示）以明其對於某種問題之關係。其歷程名曰演繹（Reasoning）。演繹之出自意像，猶意像之得自現有事實也。……演繹之所暗示之解決所產生之效果，亦猶較廣泛之觀察之災原有問題所產生之效果也。暗示初發生時，經詳考後，吾人必不遽而信之。臆想乍觀之看似有理者，其所有效果，經演繹後，吾人往往以為不適當。甚且以為荒謬也。即使一說，其義經推衍後，雖不足令吾人斥之為妄，亦能變更其意象之形式，而使之較為適宜於待決之問題也。」[4] 杜威的這段話意味著，對每一個提出的假設方案從邏輯到實驗的進行演繹，以便把方案所能產生的結果揭示出來，排除錯誤的方案，在可行的方案中進行篩選，找出最佳方案來。這一系列的過程表明，在所提出的方案中，大部分內容應具有可以操作或實驗的性質，依據這個特點，並以它為基礎，才能對後果進行預測，才能檢驗方案的可行性是否正確。

以此為基礎，邏輯就包含在這一探究的過程中，這一探究過程的細節伴隨著問題類型的不同而不同，它們常常是複雜的。如果方案是可行的合理的，那麼，假說命題就能詳細說明可操作的與可期待的結果。在其中，「如果一那麼」命題可作為中介操作隨時插入到最先的方案和最後所期待的結果之間。「如果一那麼」命題存在於所提出的方案中，它必定存在於有秩序地關係中，與其他形式相似的命題一起獲得發展，一直到獲得了有關的內容為止，這些內容構成一個特殊的「如果一那麼」命題，指導那種能產生新資料的實驗的觀察。當然，任何給定的一組資料都需要大量的、無數的前提，這就要求大

量可供選擇的假設命題存在。總體來說，這個階段屬於理論上演繹，思想中實驗的階段，它仍然是一種假說的形式。

證實。杜威探究理論的最後一個步驟是證實階段，在這個步驟中，要把那些假說放到實踐中去加以檢驗，透過試驗證明其理論的價值。如果在試驗中證明是有效的，那麼它就是有用的。如果在試驗中不能被證實或證實是無效的，它就不是有用的，「最後之一步，而有斷定之用者，謂之試驗的證實，或曰證明。即揣度之意象之證明也。按照演繹之法，如其意象而可信，則其效當見。至是其結論可謂之假設的或附有條件的。如吾進而觀察凡此說所要求之狀況，皆可見之，而其相反之說之所要求之特徵，皆不可得。則信（或曰承受）之元傾向，將不可抵禦矣。」[5] 證實就是以假說命題為行動規則來進行操作，以便把資料轉變為統一的境況。此時，人們根據某一假說或觀念的需要，精心設置，安排種種條件，以瞭解該觀念或假說在理論上所指明的結果是否發生。如果發現該理論所要求的一切條件都具備，如果發現與它競爭的另一理論所要求的特性不存在，那麼，人們就會接受或者相信該理論了。

然而，證實的結果最多也是或然的，因為以假言命題為根據的邏輯，儘管已被事實所證明，但它也仍然是形式的、假設的，而且永遠不可能充分地適用於事實。同時，那些將要驗證的、可供人們選擇的假言命題的數目還具有潛在的無限性，也就是說，證實了某一假言命題的後果，並不能確保證實命題的前提，最多也不過是對其或然性有所貢獻而已。最終，所期待結論的證實還有賴於經驗資料，所有這些經驗資料又要依賴於下一步的探究。

當某一不符合人意境況的疑難狀態被解除後，和諧與穩定狀態就獲得了恢復，那些引起探究的問題也獲得瞭解決，意志和情感的偏見就有可能被消除了，此時，曾經持有偏見的人們便重新開始過上了正常的生活。當然，他們有可能會把那些曾經幫助過他們探究的知識和觀念擱置起來，重返常識的生活。但是，這種情形是暫時的，因為每一解決的問題又會重新引起新的問題，而所有的解答都會成為其它探究的資料，以上這一切並不是說沒有取得任何進步。實際上，每一探究都會有不同程度的提高，在新的探究中，原先的錯誤可以得到避免，人們能在更高的水平上尋求新的調整，原來的認識能

被人們所利用，以便為新的目的服務。總而言之，探究過程永無終止，它無限地發展下去。在這個永遠動態變化的世界裡，沒有任何最終的、絕對的、確定的事物，探究永遠存在著。

以上就是杜威的「思維五步說」，在這五個步驟裡，順序可以改變，它們並不一定依照固定的順序出現，順序可以依據實際情況有所變化，有時兩個階段可以合二為一，有時某個步驟重點突出，其它步驟匆匆掠過。在複雜的思維中，這些步驟可以擴展為若干步驟，小步驟又各自組合自己的步驟。五個步驟的展開也隨每個人的具體狀況有所不同。基於每個人的智力、偏好和思維習慣的差異，因而每個人實際思維的進程也有很大的差別。但是，無論差別是多大，思維從疑難、不確定的境況趨向於相對確定的境況這個內容則是永遠不變的。

註釋

[1] 杜威：《思維與教學》，商務印書館，1931 年，第 11 頁。

[2]《胡適哲學思想資料選》（上），華東師範大學出版社，1981 年，第 94 頁。

[3] John Dewey.How we think，Published in Canada by General Publishing Company，1997，p.94—95.

[4] 杜威：《思維術》，上海中華書局，1921 年，第 78—79 頁。

[5] 杜威：《思維術》，上海中華書局，1921 年，第 80 頁。

▌4.3 實驗性認知理論的基本特徵

杜威的實驗性認知理論具有兩個基本特徵：

第一、認知過程體現為行為的過程。我們知道，杜威的知識論也可稱為「實驗性的認知理論」，因為在杜威那裡，知識論關注的不僅僅只是知識，同時他更關注認知。認知乃是對有問題的情境所做出的轉變行動，它是一種探究的過程。探究指向著疑難、有問題的情境，其目的是解決問題，改變情境。杜威強調，作為探究的認知同其境況是密切相關的，不論是生物情境、社會文化情境還是特殊具體的情境，這些情境作為一個整合性的因素，表現出動態的、不確定性的特徵，生命體經常面對著這種不穩定性、危險性和緊

張狀態，這些成問題的、疑難的情境乃是認知發生的條件，認知就是從這個疑難的、有問題的情境出發，將疑難情境和問題情境轉化為相對確定的、問題解除的行動過程。杜威把認知過程視為一個行為的過程乃是因為他接受了達爾文進化論的影響，由於他把生物學成就納入到知識論的研究視域中，將認知過程適當地歸於進化鬥爭之列，並明確地把這些過程視作是理性有機體適應動態多變的物理和生物環境的努力活動，從而賦予了知識論以實踐的特徵。

認知過程是一個行為的過程意味著操作的實施是必不可少的。這些操作既包括內在精神的操作，也包括外在的操作。在操作中，人的主觀能動性是一個重要的因素，換言之，人透過行動積極參與到認知中，由此取代了「知識的旁觀者理論」中的消極認知方式。認知過程並不僅僅是消極地接受所與的事物，也不侷限於對資料的選擇和重新安排，它是對不符合人意的境況進行積極改造的行動，從而緩解某種不符合人意境況的壓力，並使它轉變成符合人意的境況。很顯然，杜威的這一理論受到經驗科學之實驗方法的影響，並在它們的啟發下形成的。實際上，人們認識事物的時候，是在操作的情形下實現的，認識不僅僅是在屋裡冥思苦想的過程，人們還必須用眼睛去觀察，用耳朵聽，用手和身體的其它部分區觸摸，用舌頭嘗，用鼻子嗅，⋯⋯這一切表明，人們是在操作實踐中發生認知行為的，當然，人們同樣能夠記憶、反省和想像，需要指出的是，人們使用這些操作方式所獲得的認識產物依賴於人的個體領悟能力，所以杜威堅持對事物的認知有賴於人的主觀能動性。

將行動引入到知識論中，意味著認識對像是在行動中形成，而不是在認知前就已充足完備的東西。它是一種人化的實在，是活動的素材，換言之，認識能力在行動中不斷生長和成熟。而且，認知對象也在不斷地生成和變化。借用普特南的話表示就是：「如果非得使用隱喻來表達不可，那麼這個隱喻可以這樣說：心靈和世界一起構成心靈和世界（或者，讓這個隱喻更黑格爾化一些，宇宙一和在構造中起著特殊作用的心靈一起，集體地一構造著宇宙）。」[1]

　　將行動引入到知識論中，還意味著知行合一。杜威把 knowing 和 knowledge 統一起來，在他看來，知識論所關心的不是 knowledge，而是 knowing，換言之，知識論關心的不是「什麼是知識」，而是「如何做」的問題。在人們生存的現實世界中，往往要面對很多不確定的、有問題的情境，這些情境迫使人們用行動或操作去解決問題，在行動中人們需要運用思維和知識，思維和知識這時候成為行動的綱領。與此同時，透過操作，探究把一個有問題的情境轉化為問題解除的情境，其獲得的結果便是知識，知識乃是行動的成果。杜威進一步從工具的維度上實現了知行統一，在具體的實踐中，知行常常有效地相互作用，知識是行動的工具，行動是知識的手段，兩者相互作用，不可分離。對此，賀麟說道：「假如我們借用中國哲學的術語來解釋，杜威的學說是『行乃知之始，知乃行之成』，這種王陽明的『知乃行之始，行乃知之成』的意見正好反對，雖然它們都應當算是知行合一說。」[2] 杜威從生存論視角強調認知與其境況的相關性，把認知看作是一個行為的過程，賦予知識論以實踐的特徵，在知識論發展史上具有重要的建設性意義。

　　第二、作為探究的認知在本質上是實驗性的，它與科學實踐相一致。探究是在不確定的問題情境中提出假設，以假設為基礎開展實驗性操作的事件。在探究的過程中，假設需要透過實驗來加以證實和檢驗。失敗的假設被修改或放棄，成功的假設則被證實。然而，成功的假設並不是像所謂的「真理」那樣，具有絕對的、固定的、永恆的特徵，成功的假設引導著進一步的探究，它通常可以被修改，具有可錯性，並且，它也要接受未來探究的檢驗。

　　在杜威實用社會知識論中，假設是個重要的環節，佔有十分重要的地位，它是探究過程中的重要形式，是從感性資料到理性知識的中介。杜威認為，假設是一種解決問題的方法，當人們行為中斷，產生疑難困惑或緊張狀態的時候，就需要想辦法，提出方案來克服這種疑難情境。這時，假設作為一種可能性而被提出，它產生出「如果─那麼」的命題，「最後的以及具有決定意義的步驟是某種『經驗過的確證事實』或者是確鑿的證據，它們屬於可能性的觀念。推論顯示，『如果』的觀念被接受，確定的結論就出現了。迄今為止，結論是假設的或者是有條件的。現在，如果我們能夠看到和找到理論所需要的一切條件，並且，如果我們能夠發現那些被對手所忽視的特徵，如

果我們能夠找到可以信任的方向，去接受它，那麼這幾乎是天下無敵了。」[3] 在這裡，杜威把假設視為解決問題情境的方法，乃是把假設作為一種工具和條件的意義上使用的。

杜威指出，要大膽的假設，必須從客觀實際出發，以大量實際資料的分析概括為基礎，換言之，如果要形成富有成效的假設，必須具有大量的可供選擇的假設命題，這些假設命題以客觀實際資料為基礎。同時，還要發揮人的主觀創造性，假設就是創造性的產物，假設就是解放思想，胡適很重視杜威的這一思想，他曾用十個字來概括這一思想，那就是「大膽的假設，小心的求證」。

杜威以現代科學的實驗程序為模型來闡釋認知，既然作為探究的認知在本質上是實驗性的，那麼它與科學實踐相一致，探究的方式類似於科學方法的標準形式，正是基於這點，他的理論被人們稱為「實驗主義」。在此，杜威吸收了操作主義的觀點，把認知視為一個連續的操作程序的過程，視為一個不斷地實驗探索的過程。操作主義是美國哲學家和物理學家布里奇曼（Bridgman1882—1961）研究認識的方法。布里奇曼於 1946 年獲得諾貝爾物理學獎，他在高壓物理學上做出了許多卓越的貢獻。像大多數實用主義哲學家一樣，布里奇曼也是個徹底的經驗主義者。在他看來，除了經驗，沒有什麼東西可以被推測為已知的，一個詞語之所以有意義，是因為它所表達的東西能被經驗檢驗，只有透過某種經驗，才能實現某種確證，任何東西最終「只能求助於實驗」，思想自始自終都要接受檢驗。布里奇曼主張，科學最終所依賴的經驗基本上是個人的和私人的，這種經驗具有一種捉摸不透的性質，因此，科學的基礎只能是唯我論，當然，「公眾科學」變成了「私人科學」的一個特殊種類。操作主義最重要的內容乃是對概念進行操作分析。布里奇曼認為，一切科學概念都是以經驗為基礎，而經驗是人的活動、行為和遭遇，它代表著一系列的操作活動或過程，所以概念是相應的操作的同義詞。他把操作劃分為兩類，一類指的是實驗活動，例如實驗室操作、儀器操作、工具操作等等；另一類指的是精神的操作，例如語言的操作等，自然科學、社會科學、精神心理分析等都可以進入到操作分析的範圍之內。概念只有憑

藉記述使用和檢驗該概念的操作方可確定，凡是與操作無關的，都是沒有意義的。

　　杜威贊同布里奇曼操作主義的觀點，將認知過程看作是實驗探索的操作過程。在接受操作主義理論的過程中，他尤其認同操作主義把操作分析與日常探究相聯繫的觀念。布里奇曼認為，操作分析不能遠離日常生活，作為一種技術程序，它不僅適用於科學陳述，同時也適用於常識陳述。當人們想準確理解一個語詞的意義，或發現某一問題的含義時，他就要分析該語詞或回答該問題的所作所為。布里奇曼的這一思路受到了杜威的歡迎，秉承操作主義的基本傾向，杜威借助於操作主義這種科學方法模式來考察日常經驗和探究，但是他的關注重心不是科學這個層面，而是人的日常生活和探究。在他看來，科學是日常探究的延續，例如，人們穿著白大褂，在實驗室從事複雜操作，這個過程實際上也是一種基本的日常活動的延續。杜威分析道，在科學研究的初始階段中，理智創造性活動的作用尤為明顯，這種理智創造活動已經超越了直接的觀察形式，科學概念的意義就產生於此。然而，這種科學創造性來源於日常經驗，當然又反過來指向這些日常經驗。科學創造出其對象系統，而這些對象系統的豐富意義也是從日常經驗中所獲得的，反過來，它們又把自己的意義輸入到日常經驗之中，對此，杜威說，科學研究所創造出的那些抽象精巧的產物都是從具體經驗中獲取其豐富意義的。他反覆強調科學探究源於日常經驗，其目的是說明反思後的認識和直接感覺經驗之間有著密切的關係。杜威進而指出，科學探究起源於藝術家和工匠的行為，「如果遠溯科學史，我們就會發現有一個時期，在這個時期內人們應付困難情境的動作是一些結構型的有機反應的聚集，以及一些習得的習慣。目前，實驗室中最精密技術的探究就是這些簡單的原始操作的推廣和改進。」[4]、「科學是藝術所具有的工具，而且也是達到藝術的工具，因為它就是藝術中的理性因素。」[5]、「存在中的藝術，是個積極主動的創作過程，它可以說成是一種美感的知覺以及『操作的』知覺相加，而這種『操作的』知覺是那種有效的審美對象。」[6]

　　綜上所述，正因為實驗性的認知理論與科學實踐有許多共同的特徵，因而杜威應用經驗科學的構造模式來建構其實驗性認知理論。但是，杜威的這

一理論並沒有完全依附於科學研究，因為他關注的重點是科學家所探究的日常經驗，而不是他們的科學發現或者感興趣的內容，杜威研究的是整體的科學史，而不是科學中某個具體的學說理論，他探討的是科學理論的形成過程，而非探討某種形式的演繹模式。

杜威實驗性認知理論的兩個根本特徵意味著「知識的旁觀者理論」向新知識論的轉變，在這其中，包含著一系列重要的概念變化。

首先，認知被表述為一種具有控制性的行為，它與藝術家的創作有著密切的聯繫。「認知或者科學，就像藝術的作品一樣，就像藝術中的一切作品一樣，它賦予事物許多特徵和可能性，而這些特徵並不先在於它們。」[7]、「思維尤其是一種藝術，知識和命題是思維的產物，是藝術作品，就像雕像和交響樂一樣。思維的每一連續階段都是一個結論，在該結論中，產生這個結論的事物的意義就精簡的，一旦它被描述的時候，就像一道輻射在其他事物上的光芒——或成為遮蔽它們的迷霧。一個結論的先在條件，就像一所房屋的那些先在條件一樣，是起著原因的作用和實際存在的。它們並不是邏輯的或思辨的，也不是一件有關於觀念方面的事情。當一個結論跟隨這些先在條件時，從嚴格的、形式的意義說，它不是遵循著『前提』。前提乃是把一個結論分析成為它在邏輯上的理由根據，在結論之前是沒有前提的，結論和前提是經過了一個程序才達到的，而這個程序可以比為在製造一個木箱時使用木板和鐵釘一樣，或者可以比為在畫一幅畫時使用油墨和畫布一樣。」[8] 杜威的這些話說明，認知就像藝術家創作一樣，它是一種創造性的行為，是一種技巧，一種引導和控制情境的能力。在認知中，知識作為一種工具指引著行為的開展，使得情境的發展通向所預期的結果，這樣，認知已不再是傳統知識論中所理解的感受實在的那種精神狀態了。

其次，知識的對像是改變了的情境，這些情境是認知者生活於其中的環境，它是一系列相互聯繫的、運動著的元素和力量的結合，這些力量和要素構成了認知者在一定的時間和地點生活於其中的條件，這樣，知識的對象就已不再是固定不變的外部實在。探究的目的主要是使不同的存在者相互作用，從而對現實世界進行重新引導和安排。成功探究的結果已不是傳統意義上的

知識，而是被證實了的假設、被確保的論斷，以及能為成功探究未來服務的能力，這種能力是不斷生成的，它就是杜威所講的「智力」，杜威這樣來形容「智力」的：「如果我們按照實驗的模型來構成我們的知識論，我們會發現認識是一種操作日常經驗事物的方式，因此我們便能夠用這些日常經驗事物之間的交互作用，而不用這些事物直接呈現的性質來形成我們對於這些事物的觀念，而且我們對於這些事物的控制，我們按照我們的意願來改變它們和指導其變化的能力，便無限地擴大了。」[9]

註釋

[1] 希拉里．普特蘭：《理性、真理與歷史》，童世俊、李光程譯，上海譯文出版社，2005 年，第 3 頁。

[2] 賀麟：《現代西方哲學講演集》，上海人民出版社，1984 年，第 63—64 頁。

[3] John Dewey.How we think，Published in Canada by General Publishing Company，1997，p.77.

[4] John Dewey.The Quest for certainty：A study for the Relation of Knowledge and Action. New York：Minton，Balch&Company，1929，p.123.

[5] John Dewey.Experience and Nature，Chicago：London Open Court Publishing company，1926，p.367.

[6] John Dewey.Experience and Nature，Chicago：London Open Court Publishing company，1926，p.375.

[7] John Dewey.Experience and Nature，Chicago：London Open Court Publishing company，1926，p.381.

[8] John Dewey.Experience and Nature，Chicago：London Open Court Publishing company，1926，p.378—379.

[9] John Dewey.The Quest for certainty：A study for the Relation of Knowledge and Action. New York：Minton，Balch&Company，1929，p.106—107.

第 5 章 改造認知資料和認知工具

關於認知過程中所依賴的資料，傳統經驗主義認為，它是由相對簡單的、直接所與的感覺資料構成。杜威不滿意傳統經驗主義對認知資料的理解，他對傳統經驗論這種所與理論作了四個方面的修改：

第一、認知資料不能僅僅侷限於所與的、相對固定的範圍之內，而是取決於存在於每個具體問題之中，並且被適當地選作資料的那種經驗，它隨著問題的差異而有所不同；

第二、直接經驗不能構成認識，否則，就會引起不必要的和難以解決的知識論疑惑；

第三、作為認識的資料不僅僅是感覺經驗，同時還包括情感和意志的因素；

第四、知覺以及理性探究的產物也應該納入到認知的資料之列。

關於認知過程所使用的工具，杜威指出它不僅包括物質的工具，例如顯微鏡和天平等等，同時還包括理智的工具，例如意義、概念、語詞、命題和判斷。認知不是領悟的，而是一種工具，表達認知的東西不是由實在的現象所構成，而是由用來把不符合人意的境況轉變成符合人意的境況工具所構成。

意義是認知活動中用來改變其初始資料，以達到自己目的的工具，在此，杜威主要從實用主義和自然主義相結合的維度來探討意義問題，即從經驗與自然的連續性以及意義的語境背景來理解意義，他這種意義理論體現了實用主義和分析哲學的結合與滲透，屬於語用學的領域，也就是在工具主義的視域內探討意義的來源、功能、價值等問題。概念是圍繞有益的語詞而建立起來的意義的模式。語詞是命名與被命名關係中不可分割的方面，當它們屬於概念的種類時，它們所指的對象主要是操作的對象。命題是複雜的探究工具，它是在直接經驗和概念的基礎上形成的。在意義、概念、語詞和命題的基礎上所形成的判斷是功用的，所有的判斷都是活動。

杜威意義理論對新實用主義產生了一定的影響。他重視從直接經驗和語境的維度來研究意義的思路，獲得了米德和新實用主義者如奎因與普特南等人的認同。奎因的行為主義意義理論從某種意義上說是對杜威意義理論的繼承和發展，他主張將行為主義意義理論和功用理論結合在一起。普特南對杜威主張觀念的意義是對象的一種性質，意義在經驗內發生作用，真信念與其對象不可分開，語句不能獨立於經驗之外等思想表示了贊同。

▌5.1 對認知資料的改造

5.1.1 對所與理論的批判和改造

既然知識的源泉來自於經驗，那麼，經驗中的哪些部分可以構成認知資料呢？傳統經驗主義傾向於把它們限制到所與的、相對固定的範圍之內。首先，在分析杜威改造傳統經驗主義有關認知資料的內容之前，我們先對經驗論中「所與理論」作一番簡要的分析。

所與理論在知識論發展史上有著相對悠長的歷史。它最早可追溯到笛卡兒那裡，在笛卡爾之後的二百年的知識論發展史中，所與理論曾經發揮過很大的作用，甚至可以說在這一歷史時期的絕大部分時間以內，它成為證實其它經驗信念的基本原則。持所與理論的哲學家們認為，作為基本的經驗信念不必依賴於其它的信念，也不必依靠外在事實就能獲得證實。「當下的經驗」、「直接的體認」、「直觀」等等認知狀態就可以為其它經驗信念提供經驗性的證實，而所與本身並不需要任何的證實，它是自足的。舉例來說，信念 S 是基本信念，那麼根據所與理論，這一基本信念的證實是透過當下直接把握或得到的經驗事實，這一經驗事實就是 S。換言之，對經驗事實 S 的直接把握或當下把握就可以直接地證實信念 S，而信念 S 就成了基本信念，它是確證無疑的。假定信念 S 是關於顏色的：綠色，證實這一信念的過程是：我看到綠色的草坪，不管我是否願意，我睜開眼就能看見綠色的草坪，對我而言，綠色的草坪是被給與的（given），因為綠色的草坪直接呈現在我面前，給與了我，所以綠色的信念便直接地得到了證實，那麼，關於綠色的信念 S 就成了基本信念。根據所與理論，我這樣的基本信念就可以用來證實一切與

此相關的其它信念。當然，由於我對某一經驗事實的直接經驗，我的相關經驗是真的，這就證實了我對某一信念的把握。以上說明，經驗事實對於主體來說，是被給與的。

從上述我們對所與理論的分析，不難發現，對於認知主體來說，感覺經驗中的物體是被給與的，被給與的意思也可以這麼理解：不管主體願意與否，只要感覺器官是正常的，只要有了感覺活動，那麼，就會透過感覺器官獲得認知客體，從這一角度來看，似乎認知主體在一系列認知過程中處於消極被動的地位，這就是杜威所說的「知識的旁觀者理論」，認知主體在認知過程中是「局外人」和「旁觀者」的身份，認知資料主要也是給與的。由於認知主體在認知過程中處於消極被動的地位，它沒有任何創造性，因而認知資料就只能侷限於相對固定的領域。

杜威不滿意傳統經驗論的這一理論，他對它進行了改造。在杜威看來，認知資料是相對的，它與認知主體密切相關。構成認知資料的經驗取決於每一問題的具體境況，這些境況是特殊的、豐富多樣的，它有著鮮明的個體性，在這些境況中，認知主體可以盡情發揮自己的主觀能動性、創造性，根據自己的需要有目的地去選擇認知資料，資料是拿來的，不是給與的，「在實驗性的認知中，某些經驗題材總是事先存在，它們源於自然原因，但是它們的發生並沒有被控制，它們是不確定的和有問題的。原先的經驗對象產生於有機體與環境之間的固有交互作用，而這些經驗對象本身既不是感覺的，也不是概念的，更不是這兩方面的混合。這些經驗對象就是我們通常未經驗證的經驗中的定性資料。在探究的過程中人們有意地劃分了感覺的素材和具有解釋性的觀念之間的區別，其目的是為了能夠順利地達到一個有確切驗證的結論，以便為人們所接受，⋯⋯所以選作素材之用的資料和選作調節原理之用的資料相互制約，在這一方面的進步便相應地帶來了另一方面的改進。這兩方面互相協作，把原來的經驗資料重新加以整理，構成了一個新的對象，使之具有被理解或被認知的特性。」[1]

認知資料的確定不僅與主體密切相關，而且還隨著問題的不同而不同。在某一探究中作為資料的東西在另一探究中卻是問題，反之亦然。例如，測

量一物體引力的時候，我們需要掌握該物體的質量和重量，此時，該物體的質量和重量就是認知資料，而物體的引力成了問題。但是，當我們已知道物體的引力時，希望解決該物體的質量和重量，那麼引力又成了認知資料，而質量和重量就是我們需要參照其它資料去解決的問題。由此，杜威下結論說，認知資料具有相對性，它不是固定不變的，它依據主體和問題的不同而有所不同。

5.1.2 對直接經驗的重新詮釋

直接經驗是獲得認知資料的必要方式，但不是最終方式。直接經驗有助於問題的解決，但是，僅僅靠直接經驗並不能解決問題。傳統經驗論重視直接經驗在認知過程中所發揮的作用，以至於把直接經驗看作是獲得認知資料的根本途徑。在他們看來，感覺資料是構成知識的基礎，也就是說，我們直接感知的事物的確比我們推知的事物要基本得多，可靠得多。從感覺資料出發，我們可以間接地達到外部世界。如果沒有感覺資料，我們就不可能到達外部世界，換言之，我們所獲得的外部世界的知識是以感覺資料為基礎的。杜威不同意傳統經驗論的這一說法，它對這一理論進行了改造。他認為，直接經驗不能構成知識，因為直接經驗在本體論上是低一級的，充其量是實體因果鏈條的一個產物，無論任何時候，直接經驗都不可能是知識論最後的東西。因為直接經驗不是已知的，它完全是產生出來的或者為人們所擁有的。當然，杜威並不反對，直接經驗在某些情況下是有用的，例如：「聰明的東方人根本不理解天體運行的規律，即沒有一個關於在事物自身內存在的連續性的概念』但他們能夠相當精確地預測出行星、太陽和月亮的週期位置，並能預告日食、月食的時間，他們是透過反覆觀察種種相同情況下發生的事情，才取得那些認識的。」[2] 杜威所舉的例子表明，直接經驗對於認識來說有助於解決問題，它是必要的環節。

雖然直接經驗是獲得認識的必要條件，但是，直接經驗不能構成認識。因為直接經驗有著它自身的缺陷，對此，杜威仔細考察了直接經驗的缺陷，他把直接經驗的缺陷歸納為三個純粹的經驗思維的種種缺點是明顯的，其中有三點值得注意：

(1) 它能夠導致錯誤的信念；

(2) 它不能適用於新異的情境；

(3) 它具有形成思想懶惰和教條主義的傾向。

錯誤的信念，首先，儘管許多經驗的結論大體上說是正確的；儘管它對實際生活確有很大的幫助；儘管那些善於預測天氣的漁民和牧人的預言在限定的範圍內，比那些完全依靠科學觀察和測量的科學工作者的預報更為準確；儘管實際上經驗觀察和記錄為科學知識的形成提供了素材和原料，然而經驗的方法又是造成大量錯誤信念的根源。……第二、即使這類由經驗得到的最可靠的信念，當遇到新異的情境時也將失去作用。因為這些信念是同過去的經驗相符合的，如果新的經驗在相當程度上離開了過去的情境和以往的先例，它們就沒有用處了。經驗的推論是循著習慣造成的常規慣例進行的，一旦常規慣例消失，就再也找不到任何推論應遵循的軌跡，……第三、我們還沒有瞭解經驗的方法最有害的特點。心智的遲鈍、懶惰、不合理的保守性大概是經驗方法的伴隨物。……信念的解釋經過反覆地灌輸並相傳下去，成為教條，實際上窒息了後來的探索和反省思維。[3]

針對上述這些直接經驗的缺點，杜威總結道，直接經驗所帶來的問題同它所要解決的問題一樣多，儘管它們不可能發生錯誤，但是，以它們為基礎的判斷往往會發生錯誤。而且，它們缺乏探究的背景，如果把這些直接經驗看作是認知資料，如果把知識論建立在這些非批判性的感覺觀念上，而不是把這些感覺觀念建立在科學知識的基礎上，那麼，將是不明智的。因為這樣做的結果不僅會使反映成為多餘，而且還會引起不必要的和難以解決的知識論的問題。

5.1.3 賦予認知資料以情感和意志的因素

儘管認知的基本資料絕大部分是感覺經驗，但是還須對這些感覺經驗進行價值探究，這是至關重要的。在此，杜威將價值探究引入到認知資料之中，強調從價值的角度來考察認知資料，這是杜威實用社會知識論的一大特色之

處。對此，賓克萊這樣評價道：「杜威的主要論點是：對於人類本性的科學研究應與根據哲學觀點對價值的關心結合起來。」[4]

由於將價值探究的思路引入到對認知資料的考察中，所以其結果必然使得情感和意志的因素參與到認知資料。實際上，情感、意志因素與評價有關，評價是一種價值認識，作為認知資料勢必存在著價值探究。雖然人們不能用情感和意志因素來確定價值認識，但是喜歡、厭惡、希望等等因素卻以評價有著密切的關聯。在這裡，杜威探討了價值（valuing）與評價（valuation）的問題，他說：「評價已經改變了原先被珍視的（被想望、被喜愛、被享受的）事物呢？或者說一個評價命題只是表達有一事物事實上在被珍視著（被喜愛、被享受、被欽佩著）這一事實而已。是否有這樣的情況；對一些原先被高度欽佩的（被想望、喜歡的）東西，我們有時會懷疑我們是否應該這樣來看待它們和對待它們？」[5]

杜威認為，評價不僅表達某事某物被人們重視這一事實，同時評價還涉及到「審慎思考」、「反省探究」，評價的過程就是人們的思維過程、判斷過程，這一切都伴隨著價值的認識，因為評價過程中已經滲透著喜歡、厭惡、慾望等因素，「在進行價值判斷中，就人們所感興趣的事物之條件和結果而言，人們所愛好或曾經愛好過的命題都具有工具性的價值，這些命題自身是沒有什麼內容的；它們並不要求人們後來採取什麼態度和動作；它們並不自稱具有任何指導性的權威。如果一個人喜愛某一個事物，他就喜愛它，這一點毫無爭議。雖然很難表述我們所喜歡的是什麼，這點通常是可以推測的。在另一方面，對於我們所要期望的或所享受的東西所下的判斷都要求未來採取行動；它不僅具有事實上的性質，而且也具有法理上的性質。」[6] 杜威所說的話意味著，情感與意志的因素構成了認知資料的內容，它們透過評價的過程而展開。當我們對某物進行認知活動的時候，情感意志的因素參與進來，此時我們就對該事物開始進行價值判斷了，所以，認知資料透過情感意志的因素進行著價值探究。

5.1.4 解釋性資料和理性資料的參與

認知資料不僅包括純粹直接經驗的知覺資料，還包括解釋性經驗和理性因素的經驗，換言之，知覺以及理性探究的產物也可歸於認知資料之列。杜威認為，純粹的感覺資料或者純粹的感覺要素都不可能成為人的意識對象，因為人能夠把握、控制的東西總是與人的目的性活動和意向性活動相聯，這些活動決定了認知資料具有目的性和意向性的性質。基於此，杜威認為不存在什麼原始的、純粹直接的』未經解釋的認知資料。哪些屬於這類認知資料呢？杜威說我們所觀察到的思維之特有的產物是由事實和條件所構成，這些事實和條件存在的方式是分散的，不完整的，它們充滿了矛盾，借助於引進聯繫的環節，或者是中介，這些組織才得以構成。這些事實是資料（date），它們是反省的原始資料。」[7]、「感覺性質是一種要被認知的東西；由於它們引起了研究的問題，所以它們能夠引起認知活動。科學知識是有關於這些感覺性質的東西，能夠解決它們所提出的問題。透過反省，透過思維，探究得以進行，……實驗探究或思維意味著『有指導性的活動』，從事一些活動以改變我們觀察對象和直接享有對象的條件，將它們重新加以安排。」[8]

杜威的話表明，感覺性質的資料以及原始資料（事實和條件）只是引起反省活動的產物，它們不是純粹的認知資料，只有反省後的資料才屬於解釋性的資料，這種解釋性的資料就是認知經驗。杜威進一步說明，常識探究和科學也經常使用這種資料，建立在常識水平上的多數探究（除那種純粹直接經驗的知覺資料外）也涉及到實質性的解釋資料。相應地，那種建立在前人探究基礎上的科學探究，由於它要使用前人探究後形成的資料，儘管這些資料在新的探究中將被人們置疑並接受新的考察和檢驗，但是為了實現所追求的目標，它們也隸屬於認知資料。這樣，與傳統知識論相比，杜威將解釋性和理性因素的經驗納入到了認知資料之列，擴大了認知資料的範圍，並透過常識探究和科學探究的構建模式，從而保證了這類認知資料的合理性。

註釋

[1] John Dewey.How we think，Published in Canada by General Publishing Company，1997，p.146.

[2] John Dewey.How we think，Published in Canada by General Publishing Company，1997，p.147—148.

[3] L.J. 賓克萊：《理想和衝突——西方社會變化著的價值觀念》，商務印書館，1983 年，第 29 頁。

[4] 杜威：《人的問題》，上海人民出版社，1985 年，第 230 頁。

[5] John Dewey.The Quest for certainty：A study for the Relation of Knowledge and Action. New York：Minton，Balch&Company，1929，p.262—263.

[6] John Dewey.How we think，Published in Canada by General Publishing Company，1997，p.79.

[7] John Dewey.The Quest for certainty：A study for the Relation of Knowledge and Action. New York：Minton，Balch&Company，1929，p.122—123.

[8] John Dewey.Experience and Nature，Chicago：London Open Court Publishing company，1926，p.352.

5.2 對認知工具的改造

認識不是領悟的，而是工具的，其目的是把不符合人意的境況轉變成符合人意的境況。作為工具的認識不僅僅包括物質的工具，例如顯微鏡、天平等等，同時還包括理智的工具，如意義、概念、語詞、命題和判斷。

5.2.1 意義

長期以來，對意義（meaning）問題的研究與討論一直是西方哲學的一個主題，各派哲學家們探究哲學問題往往是從追問其主張的哲學命題之意義而展開的，對哲學命題意義的思考一直伴隨著西方哲學的發展。然而「意義」真正作為一個重要的哲學概念引起哲學家們的普遍重視和研究是在 19 世紀後半葉，從那開始，各種各樣的哲學流派紛紛提出了自己的意義理論，不論是維根斯坦，還是達米特等，眾多哲學家參與到「意義」問題的研究中，形成了仁者見仁、智者見智的意義理論。在這些意義理論中，實用主義哲學對意義問題的思考頗具特色。「意義」問題在實用主義哲學中扮演著一個重要的角色，無論是皮爾士哲學，還是杜威工具主義，都對意義問題作出了自己的思考。從總體上看，杜威對意義的分析並不是對某些具體語言中的語詞、句法進行說明，而是對意義背後的現實社會實踐活動、形成意義的語境以及

意義的功能進行分析，以此來詮釋意義的來源，意義的功能，意義的價值等問題。

在意義問題的探討上，杜威是個立場鮮明的經驗論者，他是在反超驗論知識的時候思考意義理論的。在他那裡，並沒有專門的著作來研究意義問題，對意義的分析隱藏在其不同的著作中，例如，《實驗的邏輯》、《經驗與自然》，《我們怎樣思維》、《確定性的尋求》等作品中，1904 年，杜威從芝加哥大學調到哥倫比亞大學以後，就開始思考意義問題了。他從認知的對像這個視角入手來研究意義，應用自然主義的方法，借助於行為主義來詮釋意義問題。在他那裡，意義是認知的一種工具，在人與外在世界的關係中發揮著工具性的作用。作為工具主義的代表人物，杜威關注的是意義背後的經驗特徵與實踐特徵，換言之，意義在直接經驗之內發生作用，意義理論本身是以實踐構造出來的。進一步說，意義與廣義的情境相聯，它是指從某種行為模式中產生出來的認識結構，它總是與人的某種目的性活動相關聯。杜威將意義歸屬於認知對象的性質，其理論屬於一種行為主義的意義理論。由於意義是由旨在改變不符合人意境況的操作與相互聯繫的經驗所組成，而不是由脫離了某種屬性的東西以及那種靜止的、不可知的本質或本質存在物構成，因而意義不是抽象的、純意識的，意義是一種行為的方式，意義發生的過程是行為的過程。作為一種認知的工具，意義的功能是把不符合人意的境況轉變成符合人意的境況。根據杜威寫的三本書，即《經驗與自然》、《我們怎樣思維》與《確定性的尋求》，可以將杜威的意義理論理解為以下幾層含義：

第一、意義由相互聯繫的經驗所構成，它體現為一種整體，體現為一種關係性的存在方式，它在豐富多樣的經驗鏈條之中發揮作用。我們知道，杜威是個堅定的經驗主義者，其意義理論就建立在他的經驗論基礎之上。「『這個』（this），不管這個是什麼，總是意味著一個意義體系，集中在一個緊張、不確定而需要調節的焦點上。它總結了歷史，同時也揭開了新的一頁；它是記載和展望結為一體，它是一個結果，同時又是一個機會。它是過去所曾經發生的事情之產物，又是過渡到將要發生的事情之媒介。它是自然事件按照它們自己的方向和傾向寫下來的一個註釋，而且也是它們所將導致的方向的預測。」[1] 杜威反對對意義進行超越經驗的解釋，意義既不是精神的產物，

更不能遠離經驗。「意義的先驗理論這些陳述意義：（1）屬於一種精神的狀況。（2）意義指向著某種事物。（3）不屬於人類的經驗。杜威贊成一個有意義的事物指的是某種不在場的事物，但是他反對（1）和（3）。」[2] 意義由過去、現在、未來的經驗所構成，這些經驗相互聯繫在一起，形成一個關係性的交流，這一系列的圖式中，意義體現了認知者與認知對象之間意向性的關係或交互作用。一旦認知者開始認識周圍的外部世界，那麼這種關係就立即呈現出來，於是，意義結構就開始發揮自己的作用了。在這樣的一種關係性存在中，意義指向了統一性和整合性，也就是說，意義將認知者與被認知者統一、整合起來，使它們形成了一個整體。此時，意義發揮著聯繫認知者與被認知者的功能價值，它不是孤立的、分散的。杜威指出，我們不能把意義和呈現於我們意識中的世界背景截然分開，我們也並不是從一個個孤立的意義元素入手，用它們來構造出對象世界。相反，任何有意義的內容只可能出現在一個有意義的統一的世界背景之中，單純的意義討論是人為的，例如，當我們從意義構架中抽取出具體的知覺意義來研究的時候，它更多的是一種人為的成分。

第二、作為人類經驗，意義產生於廣義的情境（the wider context）之中，透過人的現實實踐活動而形成，實踐乃是理解意義的途徑。意義產生於人們對付有問題的、不確定情境的過程中，它由人們的活動所構成，這種人類活動具有一種目的性的意義。人類的活動意味著人在認知中是一個能動者，這個能動者具有兩層含義：其一，人們能夠積極主動地運用知識來改變社會或環境；其二、人能夠透過意義構架來認識世界，意義構架是人對環境做出反應時，創造性地建立起來的。在此，杜威意義理論的核心是，作為能動者的人與環境之間能夠發生有目的的相互作用，正是人之目的地活動造就了人具有不可歸約之意義的意識，而這些活動本身又被介入到意義結構之中，意義結構體現了人類有目的的活動，所以任何意識對象的特徵及其內容都具有人的目的性活動，「意義是客觀的，因為它們是自然交相作用的方式；雖然這樣的一種交互作用主要表現在有機體之間，但是也包括有生物以外的事物和能在內。」[3]、「獲得意義的明確性和一貫性，主要地源於實際行動。兒童把一件東西滾動了，便意識到這件東西是圓的；把它彈一下，它反彈回來，

兒童便知道了彈力；把它舉起來，兒童知道重量是它的顯著的因素。一種印象，其特點能夠與各種不同反應引起的種種特性區別開來，不是由於感覺，而是靠反應的活動來調正。」[4] 杜威所說的這兩段話，第一段話意味著杜威從生物學維度來研究意義，將意義視為有機體之間的相互作用，即意義是主客體相結合的產物，它是一種自然的現象；第二段話意味著意義是一種實踐行為，它透過一種目的性活動實現的。

杜威從習慣的形成來研究意義。在他看來，人的習慣具有組織功能和規範功能的行為傾向，習慣中已包含了極其活躍的創造力，這種創造力源於面向生活的直接經驗，反過來，它又賦予這種直接經驗以意義。因此，意義結構中包含著認識者與被認識者之間的意向性的相互作用的統一。從某種意義上說，這種意向性就是意義，意義結構指向人類之目的性活動，正是這種目的性活動才能解絕不確定的、有問題的情境所帶來的問題，「意義的確不是一種精神的存在，它主要是行為所具有的一種性質，其次才是一個對象所具有的性質。但是具有意義這樣一種性質的行為乃是一種特殊的行為，它之所以具有協同合作的性質，乃是因為別人的動作的反應包括著對一個進入別人行為中的事物所作的同時的反應，而這個反應又影響到雙方面。至於其中所包含的確切的生理機制，很難描述。但關於這個事實，則毫無疑義。它使得動作和事物成了可以理解的東西，具有參與這種活動的能力便是智慧。智慧和意義就是人類的交互作用有時採取的這種特殊形式所產生的自然產物。」[5] 杜威的話表明，意義主要表現為一種實踐的行為，有意義的事物與社會的目的性活動以及行動的情境是不可分離的。

第三、作為認知對象的一種性質，意義在探究（inquiry）中生成，它作為一種工具或手段與人的智力（intelligence）緊密相聯，智力在意義構架中發揮著舉足輕重的作用，基於智力的作用，意義涉及面很廣，它包容一切。意義的功能乃是為瞭解決有問題的、不確定的情境，而作為思維探究的一個方面，智力則能夠提升和促進意義的這種功能。「智力是將有意義的事物作為手段的能力，目的是為了將來的行動。思維的探究是智力的一個特徵，為瞭解決有問題的情境，智力提高了經驗中的意義。」[6] 從功能上說，意義是可執行的行動和可變化的計劃，它與預先連結在這些變化的經驗結合在一起。

預先存在於意義中的經驗要麼是感覺經驗，要麼是那種複雜的認識或者是情感和意志的反應，這一切取決於探究的本質，或者取決於有關的意義是認識的還是價值的。「如果我們把這些意義跟社會的交相作用及其產生的各種後果聯繫起來考慮的話，這類意義的起源和本質是能夠從經驗方面來加以描述的。如果我們對於交相作用的行動者的不同的動作能夠在當前確定一個互相參照的方法，這些意義就成為操縱後果的手段。」[7]、「但是當一件事情具有了意義時，它的許多潛在的後果就成為其主要的和基本的特點了。當這些潛在的後果是重要的而且被重複的時候，它們就構成了一個事物的本質和意蘊，構成了該事物的定義，身份以及特徵的形式。認知這個事物就是去把握它的定義。因此，我們就能夠去知覺事物，而不僅僅是感觸到和佔有到它們。知覺就是承認尚未達到的可能性，它是把現在歸因於後果，把幻覺歸因於結果，並且從而按照事情間的『聯繫』來行動。作為一種態度來說，知覺或意識就是預測的期望和留念。既然潛在的後果成為該事物的標誌和它的本質，那麼這樣標誌出來的事情也就成為一個靜觀的對象了。未來的後果，既然也是意義，就已是屬於這個事物的一部分。」[8]

上述兩段話說明，杜威從實用主義的維度，即從可能性的經驗後果來理解意義，意義具有實用主義的性質。意義不僅體現為一種關係性的存在，它還涉及到感性方面的內容，它包含感覺的內容。但是，意義不可能還原為感覺內容，因為意義中哪怕是最具感性性質的意義，它只是提供闡釋性的原則和形式，借助於這些闡釋性的原則和形式，認知者才有可能解釋和組織感覺因素，因而感覺內容才有可能進入到認知者的意識之中，從這個意義上說，意義是一種手段，它作為一種工具在認知中發揮作用。換言之，意義具有為認知者提供關於某一對象的解釋性作用的功能，這種解釋性的功能來自於人所特有的意向性活動的創造性功能，而事物只有借助於這樣的功能才能在經驗中呈現出來，這其中的圖式是這樣的：認知者透過意義結構去探究對象世界，對象作為經驗現象呈現在經驗之中，然後，認知者對這些現象產生直接經驗，也就是說，認知者借助於意義結構把這些直接經驗抽取出來，這時，認知者就已經改變了注意力，其關注點集中到這些抽取出來的直接經驗上，對這一層次的經驗產生意識。這個圖式意味著，認知的前提須存在一個經過

意義構架而進入經驗的被知覺的世界或對象世界，並非所有的外部世界都能進入到對象世界中，這就要靠智力的選擇作用了，在此，意義與智力不可分離，應用智力，透過意義結構產生出的對象世界才是我們認知的對象。在杜威那裡，意義是一種工具，它表現為「一些提示」或者「有效的計劃」，這些「提示」和「計劃」與感覺經驗有關，並作為進一步的提示和計劃行動的嚮導而為人們所接受。

意義在探究中生成，探究指的是應用一些規則或者定律去選擇事物的意義或者將一些新意義賦予到事物身上，該探究就是人類有目的的活動。正是這種人類有目的的活動才導致意義結構的出現，而對象世界透過這樣的結構出現在經驗中，正是這樣的一種圖式，認知者才有可能產生經驗現象的意識，而經驗中的對象也才可能具有相對穩定的性質和特徵。

第四、意義由經驗所構成，它最初體現為直接經驗，但由於這些直接經驗不穩定，所以意義要及時依附在語言記號上，這些語言記號有助於使意義更容易為人們所利用，變得更加可靠。杜威這樣描述道：「既然作為一個工具，或者被用來作為求得後果的手段就是具有和賦予意義，那麼語言就是工具中的工具，它是撫育一切意義的母親。對於其它作為工具和媒介的東西，通常把它們看作是用品、代用品和設備，只有在社會群體中才能產生和發展，而社會群體是有了語言才有可能形成。在儀式中和在制度上的事物變成了工具。原始用具及其附屬的象徵符號具有一種頑固的習俗性和傳統性，這就證明了這個事實。直接狀況本身是轉瞬即逝、近乎幻滅的狀況，而在事物能有意識地為人們所利用之前，就須要透過在有機體控制範圍以內的某種容易恢復和重複的動作，如姿勢和言語聲音等，把這種直接的流變狀況固定下來，只有語言，或某種形式的人為的記號，才可以用來把這種關係情況保持下來，而且使它在其它特殊存在的具體關聯中更有豐富的後果。」[9]、「意義，在言語中作為意蘊被固定下來以後，就可以在想像中被管理著、操縱著、實驗著，正像我們公然操縱事物，進行新的劃分和新的組合，這樣才能把事物引入到新的關聯和環境中去，同樣，我們在言語中把許多邏輯的共相聯結起來，構成和產生新的意義。」[10] 語言是意義的表達，意義透過語言結構而清楚地展現出來。前面我們已經指出，認知者借助於意義結構把直接經驗抽取出來，

這樣的方式形成的結果便是意識。然而，直接經驗「轉瞬即逝」、「近乎幻滅」的狀態，為了改變這種情形，以便意義獲得「實用」的目的，所以意義需要借助於語言，這樣意義才能更容易為人們所接受，由此，杜威從語言的功能上闡釋了意義。

杜威的語言觀是一種自然主義的語言觀，這種語言觀的特徵意味著，語言表達意義這一現象的出現和發展，乃是自然中富有成效的實踐的連續過程。語言表達意義，而意義植根於情境中，透過人的行為活動而體現出來，這是意義產生的根源。如果我們認識不到這種行為主義意義思想的根源，那麼，就會忽略語言和社會之間的固有關聯，將語言理解為一件所經驗到的事。

第四、杜威應用真理（truth）來解釋意義，「真」含於意義理論之中，當「真」是一種效用的時候，意義才能呈現出來，真理理論是其意義理論的重要內容之一。杜威追隨詹姆士，將真理看作是被保證的可斷定性，真理由真理的集合（the collection of truths）所構成，而不是由單個不變的、靜止的、永恆的真所構成。在這裡，「真理的集合」中的真理指的是一種引導（lead）的力量，它發揮著一種引導的功能，透過這種引導力量，我們才能再次進入到經驗中。這也就是說，這種引導是有意義的，有用處的，它表現為境況中的效用，當觀念引導我們實現我們目的的時候，它就是真值的，當然，真的東西就是可靠的。「真正指導我們的是真的一經證明能作這樣的指導的功能正是所謂真理的正確意旨。副詞『真』truly 較諸形容詞『真』true 或名詞『真』truth 都更為重要。副詞表示行為的狀態和模樣。觀念或概念是根據一定途徑行動得以清理某一特殊情境的一種要求主張或計劃。當那要求、主張或計劃得到施行的時候，它真正地或錯誤地指導我們，即它指引我們向著我們的目標去抑制或離開它。它的主動的、能動的功用是最重要的東西，它的正誤真偽都包括在它的活動的性質裡面。」[11] 真是一種行為的狀態，是副詞，它是一種引導性的因素，這種引導指向實在，並透過境況中的效用體現出來。當然，作為一種效用，並不是所有具有效用的東西都是真的，相反，只有那種滿足真理要求探究的東西才是真的，這個時候，意義的約定性才能發揮出來。

　　總體而言，杜威意義理論體現了實用主義和分析哲學的結合與滲透。杜威雖然不是分析哲學家，但是他從事哲學研究的時間正是分析哲學逐漸發展壯大的時間，因此，分析哲學對其哲學產生了一定的影響。杜威意義理論屬於語用學的領域，即在實用主義的維度下探討意義的來源、意義的功能、意義的價值等問題，並透過研究這些問題，為他的工具主義理論提供論證和說明，其意義理論的特色主要表現在以下幾個方面：其一、杜威從認知的對像這個切入點入手來研究意義問題，立足於其經驗主義，將意義置於直接經驗中去思考，藉此以實用主義來理解意義，以「效用」和「後果」概念構建起其實用主義意義理論，一旦將意義理解為一種工具和效用，那麼意義理論屬於其工具主義的一個重要組成部分。進一步說，其意義理論關注意意義背後的語境特徵，強調了意義的實踐性、實用性，這樣的意義理論是一種行為主義意義理論；其二、杜威應用自然主義的方法，在實在論的維度內來研究意義，應該說，其意義理論是一種實在論領域內的意義理論。但是我們可以發現，杜威的實在論又不是立場很鮮明的實在論，他的實在論是「自然的實在論」（naive realism），這是一種弱的實在論（weak realism）[12]，其原因在於杜威詮釋意義的時候，更為強調意義構架中人之主觀因素的重要作用，比如人的認知因素和實踐能力，杜威這種「弱的實在論」介於實在論和反實在論之間，是對它們的一種調和，「杜威的自然實在論反對絕對本體論的內在特徵或者外在特徵。取而代之的是在環境和有機體之間的情境的功能特徵在這裡所有的一切事物都是完全自然的。」[13]、「杜威主張，知識對於提高事物的意義來說責任重大，他還主張一切經驗必須都具有某種最小的意義，然後，思維的知識才能與一切經驗密切相聯，如此一來，一切事物在沒有思維的情況下都不能說成是存在的。杜威的回答具有兩層含義，第一，在事物中，我們的許多普通非認知經驗不被探究過，因而它們不具有其意義的任何思維創新。」[14]

　　由此可知，由於杜威堅持這種「弱實在論」觀念或者反實在論觀念，因而自然會將人的認知因素和實踐因素引入到意義研究中，強調了意義中認知主體的主觀因素，既然認知主體的主觀因素在意義構架中發揮著重要作用，

那麼意義的結果必然與效用、工具相連，其意義理論必然走向實用主義或者工具主義了。

5.2.2 概念和語詞

概念通常是圍繞著有益的語詞而建立起來的意義模式。從理論上說，概念被視為是已領悟的觀念或永恆的對象，實際上，概念仍屬於認知的基本工具。杜威對概念的詮釋包含著以下兩方面的內容：

首先，概念是可以定義的工具，它們被用來作為手段，從而對現存資料進行某種改造。杜威說：「概念是確定的意義。」[15]、「概念作為一種觀念，它是一種意義，它能為同一性與特殊性提供一種權威的規則。」[16]、「一切普通概念（觀念、理論和思想）都是假設性的，……當我們將假設的觀念用來暗示和指導具體過程時，我們發現了這種假設所具有的價值，……科學的概念並不是對先在的以及獨立實在的揭示。它們是一個假設體系；這個假設體系是人們在具有確切驗證的條件之下形成的。人們借助於這個假設的體系可以在理智上和在實際上更加自由地、更加可靠地和更加有意義地和自然界溝通起來。」[17] 概念作為手段和認知的工具，其目的是去改造那些「不確定的和疑惑的事物」，使它們趨向於相對穩定和清晰。概念的特點就是相對穩定性，它是一種相對確定的意義。換言之，概念是相對確定的。基於概念具有這種相對穩定性，人們才把它作為一種標準來使用，於是才能去改造世界上那些不確定性的事物或疑惑的事物，進而概念自身的意義和作用才能呈現出來，進一步說，借助於概念，才能增加和提高認知的可靠性和精確性。以上這一切表明，概念發揮著工具性的作用。杜威指出，概念的這種工具性特徵適用性範圍很廣泛，例如，概念可以在社會和道德領域發揮它的作用，例如，碼、英哩、盎斯、磅、吉耳、加侖等等都是概念，它們是為了促進和便於有關使用和享受的社會交往而採用的一種手段。不僅如此，那種用來規範或評價道德行為和關係的概念以及原則也是這種手段。

其次，概念和觀念都是操作的代表，它們具有行為的特徵。在此，杜威是從操作主義的立場來理解概念的，操作主義是杜威構建其概念學說的一種方法。杜威的這一思路與布里奇曼的概念學說是一脈相傳的，兩者都把概念

等同於相應的操作，「要發現一個對象的長度，我們就必須進行一定的物理操作。因而當測量長度的操作已經確定了的時候，長度的概念便也確定了；這就是說，長度的概念僅僅關涉這一組決定長度的操作。總之，所謂概念我們是指一組操作而言；概念和相應的一組操作具有同一意義。」[18]、「這些科學概念便雙重地依賴於實驗藝術的操作；（是依賴於將定性對像當作事件處理的操作；二是依賴於把這些互相制約的事情聯繫起來的操作。」[19] 杜威從操作主義的維度來理解概念，其結果必然導致概念的實用價值的產生，即概念的價值取決於操作滿足於人們需要的效果。對此，杜威宣稱：「思想的權威在於透過指導的作用將我們引導到操作的實踐中去。思想的任務不是去符合或者再現對像已有的特徵，而是去判斷這些對象透過有指導的操作以後可能達到的後果。從最簡單的事例到最精密的事例都遵循著這個原則。」[20] 應用操作主義的方法來研究概念是杜威實用主義概念學說的一大特徵。

同樣的，語詞的情形也與概念的狀況一致，即語詞也與操作有關聯。語詞涉及到事物及其概念，它們是命名一被命名關係中相互聯繫的方面，當語詞屬於概念的種類時，它們指稱的對象主要是圍繞它們而展開的操作。

5.2.3 命題和判斷

（一）命題

命題是複雜的探究工具，它在直接經驗和概念的基礎上形成。命題和判斷不一樣，雖然人們常常把命題和判斷相互混淆，但是命題卻是假定的，在這一點上，命題與判斷有所不同，杜威的命題理論主要涉及到以下幾方面的內容：

第一、命題的內容。命題闡釋可能性的內容，它指向發展和努力的未來方向，命題向著未來開放，從而闡述假說的內容。命題乃是實際條件的符號化，它不是抽象的產物，它根源於現實世界，代表著一種可能的操作，這樣一來，命題已不是精神實體，它具有可操作性，「名詞和命題乃是關於控制這些過程的可能性操作的符號化，而人們是這樣設計這些名詞和命題的，能以最高限度的確切性、伸縮性和豐富性從一個名詞和命題導致另一名詞和命

題。換言之，這些名詞和命題是參照著蘊含關係的功能來構成的。演繹法或辯證法就是發展這一類蘊含關係的操作；這些操作可以是新奇的或意外的，正如一種用具在新的條件之下往往會產生意外的結果一樣。」[21] 杜威從生存論維度研究命題，將命題視為現實世界的符號化，並賦予命題以行為主義的特徵，這是杜威命題理論的一大特色，他的這一思路與邏輯實證主義的命題學說迥然有異。

在邏輯實證主義那裡，命題很大部分是有關語言方面的。他們認為，哲學的任務應限制在對科學語言的分析上，而不涉及與研究對象直接有關的問題。例如，像「只有感覺數據是真實的」、「世界是由知覺構成的」等這樣的命題就是「形而上學」的命題，它們應被拒絕。卡爾納普這樣說道：維也納學派的看法有時被誤解為對物理世界的實在性的否認。但是我們並不做這樣的否認，的確我們拒絕關於物理世界的實在性的論點，但是我們並不是把它作為假的，而是作為沒有意義的來拒絕它，而唯心主義的相反論點也受到恰恰相同的拒絕，我們既不斷定而不否認這些論點，我們拒絕了這整個的問題。杜威的命題理論正好與邏輯實證主義相反，他認為命題不是單純形式化的，它們總是深深地植根於實質性世界之中，命題來源於現實世界，命題描述事實，它們是關於事實的命題，並非全部是有關語言的。由於命題以直接經驗為基礎，所以命題可以透過經驗加以證實和檢驗。

命題與某一既定的境況相對應，命題源於直接經驗，不存在那種抽象普遍的命題，命題是相對的，它隨著境況的變化而變化，由此，可根據相應的境況變化對命題作適當的修改，因而命題必須符合它們的題材。在此，命題的作用在於把不穩定的、疑惑的境況轉為相對確定的、問題解除的境況，命題的存在是功能性的，它是一種工具，命題作為工具具有雙重的意義，其一是判斷的工具，其二是有關存在的決斷的工具。

第二、邏輯的理論。邏輯是關於探究的理論，其目標與探究的目標一致，即都是對經驗的精心的重建。杜威認為，邏輯是思維程序的清晰化和系統化的描述，它能更有效地完成經驗的重建。「邏輯對於人類具有深刻的重要性，正因為它是由經驗得來，而由經驗施諸實用的！這樣看來，邏輯理論的問題

不外是在立意改組經驗的研究發展和使用明智的方法之可能的問題。」[22] 作為認知的工具，邏輯能夠有助於經驗的重建。在每一具體的境況中，邏輯以實際的問題境況為基礎，其原則的建立不僅有形式的考慮，還要有實質性的考慮。在邏輯的每一內容中都存在著經驗的境況，這種經驗境況的特徵具有實踐性，這種特點適用於同一律、矛盾律和排中律以及演繹和歸納推理的法則。

杜威指出，通常情況下，不能孤立地探討邏輯中的某個部分，必須將它們置於關係性和整合性的視角下來加以探討。但是，有時為了某種探究的需要，也可以單獨抽取出某些語詞，這時允許暫時脫離實際探究的背景，詳細地詮釋這些語詞的意義，這種情況就是數學和形式邏輯等科學所做的工作，這些科學以邏輯為基礎構建起來，它們構成了推理的演繹方面的核心。邏輯意義的這種形式分析是有價值的，因為它能增加概念可用性的範圍和精確度，通常情況下，抽象程度越高，可用性程度就越大。杜威認為，數學和邏輯中更為形式化的部分涉及到了能實現的實驗形式，數學關係是在操作上下定義，演繹邏輯和數學的基礎不是直覺而是實踐的假定，這些科學的目的乃是為了獲得實質性問題的解答。

第三、形式邏輯中的普遍命題與關於存在的推理中的普通命題之間的關係。杜威認為，兩者在性質上是完全不同的。形式邏輯中的普遍命題是定義式的、直言的和操作的，其陳述形式是：如果某物屬於某類，倘若某個行為將獲得實施，那麼，就可以期待某種結果，它們是假設的，相對獨立於實際條件之外。然而命題自身並未告訴任何事實內容。有關存在的推理中的普遍是一般的、或然的，它依賴於非理性的事實，這些命題可以告訴我們期望出現的某些特徵。在分析兩種命題的差別以後，杜威進而指出，兩種命題之間也存在著相互聯繫的關係，選用假設命題要依靠先前已建立的普通命題，否則就沒有意義，普通命題的建立依賴於假設命題，否則對操作的檢驗就沒有充分的指導，當然人們就不會知道結果在何時被實際所證實了。

（二）判斷

判斷是斷定的，它是一種活動，這種活動大部分是外在的肉體的活動，某些活動需要借助於物質工具，這種情形在科學實驗中顯而易見，在常識的探究中尤為明顯。和其它認知工具一樣，判斷源於有問題的、疑惑的境況，判斷的目的是闡明和協調好這個境況。判斷表現為一個連續的過程，這個過程是解決一個不確定的、不穩定的境況，使它轉變成相對確定的、統一的境況。作為一個連續的過程，判斷透過改變最初所與之題材的操作而完成。「如果我們沒有對某種事物的疑惑，那麼，對於情境一下子就能瞭如指掌，一眼就能看明，即是說，此時人們只有單純的知覺和認識，而沒有判斷。如果對事物完全持懷疑態度，如果它全然是隱晦不明的，那麼，它也是神祕不可思議的，也不會發生什麼是判斷，……每一個判斷都是這樣的一些情境中產生出來的。」[23]

判斷是功用的，功用意味著判斷體現為一種價值判斷。杜威說：「如果我們能夠把判斷一些事情當作是預示另一些事情的徵兆，我們便能夠在任何情況下準備著我們所預期的事情的到來。」[24]、「價值判斷就是關於經驗對象的條件與經驗對象的結果的判斷；就是對於我們的渴望、情感和享受的形成應起著調節作用的判斷。凡決定我們的渴望、情感和享受的形成的東西就決定著我們的個人行為和社會行為的主要進程。」[25] 杜威把判斷視為是具有功用性質的，這一特徵和傳統經驗論差距很大。在傳統經驗論那裡，判斷屬於某種純粹精神的心理過程，杜威不同意傳統經驗論對判斷的理解。其原因在於，按照傳統經驗論的這種解釋，不僅不能描述判斷的具體特徵，而且還掩蓋了判斷的功用性的功能。在他看來，既然判斷是一種改變境況的行為的活動，那麼，應從行為的後果來理解判斷，這樣杜威就從工具主義的角度賦予了判斷功用性的特徵。

註釋

[1] John R.Shook.Dewey』s Empirical Theory of Knowledge and Reality，Vanderbilt University Press，2000，p.224.

[2] John Dewey.Experience and Nature，Chicago：London Open Court Publishing company，1926，p.190.

[3] John Dewey.How we think，Published in Canada by General Publishing Company，1997，p.122.

[4] John Dewey.Experience and Nature，Chicago：London Open Court Publishing company，1926，pp.179—180.

[5] John R.Shook.Dewey』s Empirical Theory of Knowledge and Reality，Vanderbilt University Press，2000，p.267.

[6] John Dewey.Experience and Nature，Chicago：London Open Court Publishing company，1926，p.200.

[7] John Dewey.Experience and Nature，Chicago：London Open Court Publishing company，1926，p.182.

[8] John Dewey.Experience and Nature，Chicago：London Open Court Publishing company，1926，p186—187.

[9] John Dewey.Experience and Nature，Chicago：London Open Court Publishing company，1926，p.194.

[10] John Dewey.Reconstruction in Philosophy 2005，第86頁。

[11] John R.Shook.Dewey』s Empirical Theory of Knowledge and Reality，Vanderbilt University Press，2000，p.245.

[12] John R.Shook.Dewey』s Empirical Theory of Knowledge and Reality，Vanderbilt University Press，2000，p.244.

[13] John R.Shook.Dewey』s Empirical Theory of Knowledge and Reality，Vanderbilt University Press，2000，p.245.

[14] John Dewey.How we think，Published in Canada by General Publishing Company，1997，p.125.

[15] John Dewey.How we think，Published in Canada by General Publishing Company，1997，p.127.

[16] John Dewey.The Quest for certainty：A study for the Relation of Knowledge and Action.New York：Minton，Balch&Company，1929，p.165.

[17] John Dewey.The Quest for certainty：A study for the Relation of Knowledge and Action.New York：Minton，Balch&Company，1929，p.111.

[18] John Dewey.The Quest for certainty：A study for the Relation of Knowledge and Action.New York：Minton，Balch&Company，1929，p.126.

[19] John Dewey.The Quest for certainty：A study for the Relation of Knowledge and Action.New York：Minton，Balch&Company，1929，p.137.

[20] John Dewey.The Quest for certainty：A study for the Relation of Knowledge and Action.New York：Minton，Balch&Company，1929，p.164—165.

[21] John Dewey.Reconstruction in Philosophy 2005，第 76 頁。

[22] John Dewey.How we think，Published in Canada by General Publishing Company，1997，p.102.

[23] John Dewey.The Quest for certainty：A study for the Relation of Knowledge and Action.New York：Minton，Balch&Company，1929，p.213.

[24] John Dewey.The Quest for certainty：A study for the Relation of Knowledge and Action.New York：Minton，Balch&Company，1929，p.265.

[25] 塗紀亮：《從古典實用主義到新實用主義——實用主義基本觀念的演變》，人民出版社，2006年，第 347 頁。

▌5.3 杜威意義理論對奎因等人的影響

在上述所言的內容中，杜威意義理論引起了很多學者的爭議與認同。爭議的內容主要來自於杜威重視意義與直接經驗的關係這個問題。本書在前面的內容中分析，杜威主要是從意義產生的來源、過程、功能等特徵來詮釋意義，其意義理論建構在他對實在問題研究的基礎上，「實在」的觀念是我們理解杜威意義理論的一個關鍵，然而他的實在觀念又與傳統的實在觀念大不一樣，杜威反對普遍存在著的「實在」，強調情境中的「實在」，情境泛指一切，相應地這種「實在」的範圍也很大，它不僅與直接經驗緊密相連，同時還與感覺等主觀因素相關，杜威的這種「實在」被人們稱為「naive realism」。正是在這個問題上，杜威對意義問題的思考引起了當代許多哲學家們的重視，同時也遭來了一些實在論哲學家和反實在論哲學家們的置疑，例如 Charles Bakewell 和 Boyd Bode 等人，他們對杜威重視意義與直接經驗的關係這個思想提出了挑戰，杜威從經驗與自然的連續性以及意義的語境背景來理解意義，意義是「引導」其它經驗的一種力量，事物的意義在於我們能夠去直接經驗它，在於對事物本身的探究，而 CharlesBakewell 和 BoydBode 則認為，對象被認知乃是知識的結果，對象直接被經驗不是一個

已知的對象，直接經驗不涉及到任何聯繫和意義。與此同時，超驗實在論者也對杜威意義理論中的直接經驗發出了置疑。在他們看來，直接經驗就是主觀和感覺，直接經驗不涉及到任何意義。他們追問杜威，既然直接經驗是一種引導性的力量，那麼直接經驗是怎麼引導別的經驗的呢，在超驗實在論者那裡，透過定義，直接經驗的性質能夠阻礙對象的產生，除了主觀特徵以及感覺特徵以外，直接經驗不包括任何屬性。

與此相反，杜威重視從直接經驗和語境的維度來研究意義的思路，也獲得了米德和新實用主義者（例如奎因、普特南等人）的認同，米德很贊同杜威將意義與社會交往聯繫起來的思想，他對杜威從實用主義或者工具主義的維度來研究意義及其功能表示了認同。奎因的行為主義意義理論從某種意義上說也是對杜威意義理論的繼承和發展。我們知道，杜威從認知的對象入手來思考意義問題，在他那裡，對意義問題的探討包含了自然主義以及行為主義因素。作為認知的一種工具，意義在直接經驗之內發生作用，意義本身是以實踐構造出來的。進一步說，意義與廣義的情境相聯，它是指從某種行為模式中產生出來的認識結構，它總是與人的某種目的性活動相關聯。顯然，杜威將意義歸屬於認知對象的性質，其理論是一種行為主義的意義理論。奎因很認同杜威的這一思想，他和杜威所做的工作相似，主張將行為主義意義理論和功用理論結合在一起，這也就是說，意義是一種行為的方式，意義發生的過程是行為的過程，實踐乃是理解意義的途徑，「奎因明確提出要把維根斯坦的功用論與杜威的行為論結合起來，認為兩者的基本精神是一致的。」[1] 另外，針對杜威主張觀念的意義是對象的一種性質，它指向著交互經驗的對象，意義在經驗內發生作用，真信念與其對象不可分開，語句不能獨立於經驗之 外，普特南表示了贊同，他「嘲諷般地將正確信念的驚人準確率歸結為是『抽象的光線』，該光線從心到現實發出光芒。」[2] 普特南對杜威從經驗主義的維度上來論述意義問題也持認同的態度。在此基礎上，他繼續推進杜威的路線，尤其是在真理這個問題上，與杜威一樣，他反對傳統形而上學二分法，立足於經驗主義而非先驗論層面，將杜威的「知識是一種有保證的可斷定性」發展成了「真理是理想化的合理的可接受性」，上述所言乃是杜威意義理論對新實用主義主要代表的影響所在。

註釋

[1] John R.Shook，Dewey』s Empirical Theory of Knowledge and Reality，Vanderbilt University Press，2000，p.227.

[2] 《杜威全集 . 中期著作（1899-1924）》第六卷（1910—1911）：王路等譯，華東師範大學出版社，2012 年，第 30 頁。

第 6 章 工具主義真理觀

真理與判斷不可分離，它在本質上說等同於被保證的可斷定性，真理的目的在於改變不確定的、疑惑的境況，使之變成相對確定的、符合人意的境況。作為一種工具，真理必須具備兩個條件：

第一、滿足現在或過去探究的條件；

第二、能有效地滿足將來探究的需要。

真理是一種假設，是取得成效的一種工具，它是境況中的效用，當觀念達到真理的旨義時，該觀念就是真值的，它也就成了真理，因而是可靠的。真理是人為的，一般說來，真理由那些保持中立立場的科學家所斷言，真理是有用的乃是因為它對科學有貢獻。真理被人們所接受是由於它能給實驗和觀察提供有效的充分依據。因此，決定真理的方式是嚴格的，它需要接受社會的監督。真理作為工具具有可證實性，這種可證實性不是對前提的符合，而是依靠操作、行動的效果來驗證，並且這些操作能夠滿足構成問題的事件所設立的條件。

杜威真理觀建構在詹姆士真理觀的基礎上，與詹姆士真理觀相比，杜威更為強調真理的公眾性質和客觀條件。由於杜威賦予真理實驗的內涵、科學的依據，因而其真理觀調和了詹姆士主觀主義傾向，推動了實用主義真理觀的發展。

杜威的工具主義真理觀在新實用主義者羅蒂、普特南以及奎因等人獲得了一定的繼承與發展。他們對杜威工具主義真理觀建立的運思前提一對傳統二元論的否定與批判表示了贊同。由此出發，從經驗的層面來認識真理，反對超驗或者先驗的真理觀，以及真理符合理論，而後或多或少地將杜威的工具主義運用於自己的真理觀上，無論是羅蒂的「種族中心論」、普特南的「理想化的合理的可接受性」，還是奎因的證據理論，都和杜威所提出的「被保證的可斷定性」有著一定的淵源，其中都內涵著工具主義的成分。正是在上述意義上，他們的真理觀乃是對杜威工具主義真理觀的繼承與發展。

6.1 真理是一種工具

真理與判斷不可分離，從本質上說，它是被保證的可斷定性。前面一章中我們指出，判斷是一種工具，它可以被斷定，可以被證實，因而同其它探究工具一樣，判斷是功用的，其目的在於解絕不確定的、疑惑的境況，使之變成相對相對確定的、符合人意的境況。如果判斷已知是真的，就意味著判斷保證了可斷定性。在一定條件下，從已知的意義上說，真理就是這種被保證的可斷定性。真理與判斷一樣，也是功能性的，其目的仍然是將不確定的、不符合人意的境況轉變為相對確定的、符合人意的境況！任何真值判斷作為真理，都必須具備兩個條件：其一是滿足現在或過去探究的條件；其二是能有效地滿足將來探究的需要。杜威的工具主義真理觀主要包含以下幾方面的內容：

第一、真理是一種假設。作為被保證的（有根據的）可斷定性，真理是一種取得成效的工具，它以假設的形式出現，「出於對這一點的確信，這種批判把這個觀念替換為這樣的假設，即認為這個命題（就其在性質上是真正理智的而言，而不僅僅是獨斷的偏見或進一步引導的備忘錄）都是關於某種事態的假設：認為命題就其本性是對真理的質疑，而不是肯定；認為命題對自身真理性的斷言是有條件的，是進行探究活動的檢驗方式，這些活動將檢驗其主張的價值。」[1] 由於真理作為一種假設出現，因而它不是最後的、自足的東西，杜威這樣形容真理的：「已有的真理具有實踐上或道德上的確定性，但是在邏輯上它們具有一種假設的性質。它們是真正的假如：假如某些其他事物後來呈現出來，而且當後來的這些事物發生時，它們又進一步提示出更多的可能性，『懷疑—探究—發現』這個操作過程是重複發生著的。」[2] 杜威把真理視為一種假設，同傳統知識論大相逕庭。在傳統知識論那裡，認識如同照鏡子一樣，思想是對外在事物的臨摹或印象，它是觀念自身的特徵，如此一來，真理就是觀念的一種性質，它指的是觀念與實在的符合，虛假則是觀念與實在的不符合。換言之，如果一個命題對實在作了如實的描寫，它便是真的，否則便是假的。杜威認為，一旦這種「真」觀唸經過習ˊ質、信仰的勢力確立後，人們便把它看作是終結、權威、自足的東西，對它頂禮膜

拜、全盤相信。杜威否定了這種真理觀，他認為，真理只是一個過程，它不是凝固的、靜止的，而是提示處理問題、解決問題的方法、計劃和預期的效果，它是一種應對環境的工具。作為被保證的可斷定性，真理是試探性的，乃是一種假設，它的功能在於使不確定的、疑惑的境況轉變成相對確定的、符合人意的境況，「有關真理學說的這個事實之意義可以以後再談，在這裡需要關注所有的概念、學說、系統，不管它們怎樣精緻、怎樣堅實，必須視為假設，這已足夠了。它們應該被看作是檢驗行動的根據，而非行動的結局，明白這個事實，就可以從世界去除死闊的教條，就可以通曉關於思想的概念、學說和系統，永遠是透過應用而發展的。……它們是工具，和一切工具同樣，它們的價值不在於它們本身，而在於它們所能造就的結果中顯現出來的功效。」[3]

作為被保證的可斷定性，真理是由真理的集合所構成的，而不是由單個不變的、靜止的、永恆的真理所構成。在這裡，「真理集合」中的真理指的是一種引導的力量，它發揮著一種引導的功能，透過這種引導力量，我們才能再次進入到經驗中。這也就是說，這種引導是有用處的，它表現為境況中的效用，當觀念引導我們實現我們目的的時候，它就是真值的，當然，真的東西就是可靠的。杜威這樣描述道：「真正指導我們的是真的一經證明能作這樣的指導的功能正是所謂真理的正確意旨。副詞『真』truly 較諸形容詞『真』true 或名詞『真』truth 都更為重要。副詞表示行為的狀態和模樣。觀念或概念是根據一定途徑行動得以清理某一特殊情境的一種要求、主張或計劃。當那要求、主張或計劃得到施行的時候，它真正地或錯誤地指導我們，即它指引我們向著我們的目標去抑制或離開它。它的主動的、能動的功用是最重要的東西，它的正誤真偽都包括在它的活動的性質裡面。」[4] 杜威在這裡明確告訴我們，真理是一種行為的狀態，是副詞，它是一種引導性的因素，這種引導指向實在，並透過境況中的效用體現出來。於是，真理是實實在在的，已不是我們頭腦中的精神的真理了，從這不難發現，杜威所持的真理觀是一種行為主義的真理。

由於真理體現為一種引導的力量，所以從一開始，真理就不在境況之中，真理是人為的，是被造出來的。那麼，真理與實在是什麼關係呢？杜威認為，

真理與實在的關係與照片和對象的關係不同，而相似於「發明和發明意欲與之符合的條件之間的關係。」[5] 杜威認為，真理雖然也來自於經驗，但只有當觀念改變了不確定的、疑惑的境況時，觀念才是真理。對此，杜威舉了一個例子來說明這個道理，他說，當他聽到街道上有轟隆的噪聲，這一判斷還是模糊的，但此時還不是真理，繼而他走近窗戶，看到了外界的境況，那麼剛才他產生的「有關街道上有車輛駛過」的模糊想法，造成的疑惑境況得到了改變，這時「噪聲是駛過街道上的車輛發生的」這一判斷才是真理。杜威所舉的這個例子表明，真理是人為的，它透過人的行為體現出來，它一開始並不出現在境況之中，而是境況中的效用，引導著境況的進行和發展。

第二、真理是一種效用。杜威認為，人們的觀念、思想、理論等等都是為了達到預期目的而設計的工具，其目的是轉變不確定的、疑惑的境況。如果達到預期的目的，那麼這些概念、理論、思想就是真理，反之就是謬誤。換言之，證實觀念真理性的根據在於操作的效果，行動的後果，「如果觀念、意義、概念、見解和體系，對於一定環境的積極的改造，或對於某種特殊的困苦和紛擾的排除確立一種工具般的東西，它們的效能和價值就全在於該工作的成功與否。如果它們成功了，它們就是可靠、健全、有效、好的、真的。如果它們不能排除紛亂，免脫謬誤，而它們作用所及反倒增加混亂、疑惑和禍患，那麼它們便是虛妄。堅信、確證、憑據，在於作用和效果。」[6] 由於真理是人為的，所以在真理中，能動的、主動的功能尤為重要，這種功能包含在活動的性質中，它靠指導人們行動的功能和產生的結果而成為真理。「它的主動的、能動的功用是最重要的，它的正誤真偽都包含在其活動的性質裡面。能起作用的假設是『真』的，所謂『真理』是一個抽象名詞，適用於因其作用和效果而得以確證的、現實的、預見的和所渴望的諸事件的彙集。」[7]

真理是效用，並不是說在任何意義上所有具有效用的東西都是真的，相反，只有那種滿足真理要求探究的東西才是真的，「信仰和陳述的真理性是一件具有好的性質的事情；但是它不是因為是好的，所以就成為一個目的，只有當它具有好的性質並為我們所追求，而作為一個結論實現的時候，它才成為一個目的。就這點而言，一切的目的都是可以預見的。」[8] 杜威的話意味著，只有當這些認識條件充分滿足人們要求的時候，真理所具有的效用才

能更加可靠。當然，真理是人為的，也並不是說，人們所樂意接受的任何東西都是真的。

第三、真理由那些保持中立的科學家所斷言，真理被人們所發現，是因為它對科學方法有所貢獻，真理被人們所接受，是由於觀察和實驗為它提供了充分的依據，從科學的維度方面來保證真理是「有根據的可斷定性」，體現了杜威工具主義真理觀中的客觀意義。「真理乃是許多真理的一個集合，而這些組成部分的真理包括在探究和檢驗事實方面所可能得到的最好的方法在內。這些方法，如果用一個單一的名稱把它們集合起來，就是科學。於是哲學對於真理就並不佔有優越的地位了，它是一個接受者，而不是一個捐贈者。」[9] 杜威所說的話意味著他將真理與科學相提並論，從科學的視角來考察真理，科學方法是獲得和確立真理的根本方法。前面章節中，我們提到，科學方法並沒有導致知識的逐步堆砌，相反，它告訴我們，知識的形成過程是一種不斷自我糾正的過程，正是因為科學方法的這個特點，所以它才成為確定真理的唯一方法。在真理與科學的關係上，杜威的研究思路和皮爾士是一脈相傳的。皮爾士相當重視科學在哲學研究中的作用，他主張，科學方法不僅是從事理性研究的唯一方法，而且還是確立科學信念的唯一方法，因為只有透過科學的方法，信念才能得到經驗內容的檢驗和糾正』而其它方法』例如權威的施與、約定俗成以及自稱能把握自命真理的先天理性等等，都是不可能驗證的教條。杜威認同皮爾士的這一觀念，他繼續推進皮爾士的這個思路，把科學方法視為獲得真理的唯一方法。不僅如此，杜威還認為，真理是在操作行為中產生出來的，即產生真理的過程是一種行為的過程，它是可錯的、可糾正的，這就意味著決定真理的方式是一種嚴格的、行為的方式，它需要接受社會的監督。舉例來說，當人們在操作過程中觀察反應的實驗時，他們所發現的事物可以決定是否是真理還是謬誤，認識到錯誤，從而獲得真理，由此來幫助其他人理解和發現他們從未發現和認識到的東西。

第四、杜威從工具主義出發重新詮釋了符合論的真理觀，尤其是符合這個概念，這意味著其真理觀與傳統形而上學的真理符合理論有著很大的差別。杜威所說的符合併不是像相片臨摹對像那樣，因為臨摹沒有任何用處和意義，同時，對象也不可接近。杜威所講的這種符合是一種意義機制下的產

物，它是工具和目的、觀念和效果的符合，「我自己的見解是從操作的意義上去理解『符合』的。這個意義除了獨特的知識論上事例以外對一切事例都是適用的。在知識論上的事例中人們假定有一種在一個『主體』和一個『對象』（或譯客體－譯者）之間的關係。我們從操作的意義上把符合當作解答（answering）的意思，好比一把鑰匙打開了一把鎖所設置的條件」、「好比一個解答答覆了一個問題所提出的各種要求。」[10] 杜威從「操作的意義」上來理解符合，符合不是照鏡子式的臨摹，而是用操作、行動的效果來回答觀念是否符合事實，X 對此，學者 H.S. 塞耶等人這麼說：「杜威稱自己的理論為真理的『符合』論，但是，與實在論者將符合看作事實的靜態表象或複本的麻煩觀點相對的是，他從功能上來解釋符合；問題景況的先行條件以及觀念與命題的建制，透過與未來後果及意圖的互相符合而得到澄清與改變。」[11] 換言之，要檢驗觀念是不是符合事物則需要求助於實際的行動，求助於實驗的操作。基於操作具有糾正的性質，真理就已不是本體化意義上的真理了，它是功能性的，真理在行動中可以修正，如此一來，就不存在那種絕對、權威、神聖不可侵犯的真理。「『真的就是證實了的』這個認定的普遍化，使人們需要放棄政治的道德的信條，並將它們所持的偏見付諸效驗的檢證。這樣一個變化能夠在社會中激起權威的地位和決斷的方法作重大的。」[12]

杜威對符合作新的解釋，他的這種符合不是對前提的符合，符合更主要體現為一種關係，即作為探究手段的命題與關於存在的結果之間的一種關係，在這個關係性的存在裡，結果是一種依靠存在方面所進行的操作，結果滿足構成問題的事件所設立的條件。「實用主義者認為，正在談論的關係是存在和思想之間的一種符合；但是，他認為，符合不是一種由重複加以界定的最終的和不可分析的神祕之物，而是普遍的、熟悉意義上的對應問題。可疑的和衝突的傾向的先決條件要求思維作為處理它的一種方法。這種條件產生它自己的合適的後果，有它自己的幸福和不幸的結果。它召喚思想、評估、意圖和計劃，僅僅因為它們又是產生效果的反應態度和嘗試的調整態度（不僅僅是『意識狀態』）。在這兩種結果之間出現的那種連結和那種相互調整構成造就真理的符合。」[13]

　　除了以上所講的這些基本內容以外，杜威真理觀還涉及到另外一種更為基本意義上的真理概念，即抽象意義上的真理概念，它是從邏輯的角度來探討的。換言之，他提到的這種真理概念是在取消現實條件的基礎上談論的。杜威表示，這種真理也是存在的，這也就是說，除了現實條件下的真理外，我們同樣也可以思考和定義那種抽象意義的真理概念。關於這種意義上的真理，杜威贊同皮爾士對這種真理所下的定義，他說：「據我所知，從邏輯的立場看，關於真理的最好定義，是皮爾士所下的定義：『最終必然要為所有研究者所贊同的意見，是我們用真理所表達的東西。真理是抽象陳述與觀念界限的那種協調，永無止境的研究總是要把科學的信唸給予它，這種抽象陳述具有某種協調，取決於它在多大程度上公開承認自己的不精確性和片面性，這種坦率承認也是真理的一個本質的部分』。」[14] 顯然，杜威所探討的這種抽象意義上的真理也是從實用主義的角度考慮的。

註釋

[1] John Dewey.Experience and Nature，Chicago：London Open Court Publishing company，1926，p.154—155.

[2] John Dewey.Reconstruction in Philosophy 2005 年，第 80 頁。

[3] John Dewey.Reconstruction in Philosophy 2005 年，第 86 頁。

[4] 托馬斯 .E. 希爾：《現代知識論》，劉大椿等譯，中國人民大學出版社，1989 年，第 419 頁。

[5] John Dewey.Reconstruction in Philosophy ，2005 年，第 86 頁。

[6] John Dewey.Reconstruction in Philosophy ，2005 年，第 86 頁。

[7] John Dewey.Experience and Nature，Chicago：London Open Court Publishing company，1926，p.112.

[8] John Dewey.Experience and Nature，Chicago：London Open Court Publishing company，1926，p.410.

[9] 杜威：《人的問題》，上海人民出版社，1965 年，第 289 頁。

[10] 《杜威全集 . 中期著作（1899-1924）》第六卷（1910—1911）：王路等譯，華東師範大學出版社，2012 年，第 10 頁。

[11] John Dewey.Reconstruction in Philosophy ，2005 年，第 88 頁。

[12] 理查德 . 羅蒂：《真理與進步》，楊玉成譯，華夏出版社，2004 年，第 5—6 頁。

[13] 托馬斯 .E. 希爾：《現代知識論》，劉大椿等譯，中國人民大學出版社，1989 年，第 420—421 頁。

[14] 詹姆士：《實用主義》，陳羽綸等譯，商務出版社，1997 年，第 32—33 頁。

6.2 杜威對詹姆士真理觀的繼承與改造

6.2.1 詹姆士真理觀的基本內容

　　杜威真理觀的形成和詹姆士真理觀密切相連，其真理觀是在糾偏詹姆士真理觀的基礎上所建構起來的。總體來說，美國古典實用主義哲學家們，即皮爾士、詹姆士、杜威在真理問題上的基本觀點是趨於一致的。對於這點，詹姆士自己也注意到了，他不禁說道：「席勒和杜威兩位先生現在在這科學的邏輯思潮上名列前茅，他們都用實用主義來說明真理在各種場合下的意義。這兩位大師到處說，我們觀念和信仰裡的『真理』和科學裡的真理是相同的。他們說真理的意義不過是這樣的：只要觀念（它本身只是我們經驗的一部分）有助於使它們與我們經驗的其他部分處於圓滿的關係中，有助於我們透過概念的捷徑，而不用特殊觀念的無限相繼續，去概括它、適用它，這樣，觀念就成為真實的了。譬如說，如果有一個概念我們能駕馭，如果一個概念能夠很順利地從我們的一部分經驗轉移到另一部分經驗，將事物完滿地聯繫起來，很穩定地工作起來而且能夠簡化勞動、節省勞動，那麼，這個概念就是真的，真到這樣多，真到這種地步，從工具的意義來講，它是真的。這就是在芝加哥講授得很成功的真理是『工具』的觀點，也就是在牛津大學十分機智地傳播的，我們觀念中的真理就意味著『起作用的』能力這個觀點。」[1]由此可知，在真理基本立場上，詹姆士和杜威是一脈相傳的，杜威真理觀是在詹姆士真理觀的影響下建立起來的。

　　雖然杜威真理觀和詹姆士真理觀密切相連，但是，在某些具體的問題上，兩者也存在著顯著的差別，很多哲學家通常把這些差別稱為是杜威對詹姆士真理觀的修正。在這裡，我們需要回顧一下詹姆士真理觀的基本內容。

　　詹姆士真理觀是在批判洛克的摹本說基礎上建立起來的。在詹姆士眼裡，洛克的摹本說並非適用於絕大多數真的觀念，而只是適用於「可感覺事物的真實觀念」。舉例來說，過去的歷史觀念、邏輯觀念和數學中真的觀念等等就不適合，其原因在於這些觀念都不允許我們直接或者面對面地去證實。詹

姆士認為，臨摹實在是與實在符合的一個很重要的方法，但絕不是主要的方法，他進一步認為，真理不是固定不變的、靜止的，真理是相對於觀念而產生的，它是一個動態的變化過程，很顯然，詹姆士真理觀是一種相對主義的真理符合論。真理是觀念與實在的符合，對於這點，詹姆士毫無疑義。但是，在有關「什麼是觀念」以及「哪些是實在」等問題上，詹姆士真理觀與其它真理符合論則大相逕庭了，那麼，觀念是什麼呢？實在又是什麼呢？詹姆士對觀念與實在作了一番新的解釋。

詹姆士把觀念分成了兩類，一類是可感知的事物的觀念，另一類是純粹意識的觀念及其關係。相應地，詹姆士也把實在分為三種，

第一種是具體的事實；

第二種是抽象的事物以及這些抽象事物之間的關係，這種關係可以利用直覺感知到；

第三種是已經掌握了的真理。

在對觀念和實在作區分以後，詹姆士提出，雖然可感知事物的觀念與具體的事實之間存在著模擬的關係，但是，抽象的觀念與抽象的事物及其相互關係之間絕不可能存在模擬的關係。他分析道，觀念與三種實在的符合關係是：「廣義說，所謂與實在『相符合』，只能意味著我們被一直引導到實在，或到實在的周圍，或到與實在發生實際的接觸，因而處理實在或處理與它相關的事物比與實在不符合時更好一些，不論在理智上或在實際上都要更好一些！符合常常只指反面的問題；就是從實在方面沒有什麼與它矛盾的東西來幹預我們的觀念在別處指導我們的方法。的確，臨摹實在是與實在符合的一個很重要的方法，但絕不是主要的方法。主要的事是被引導的過程。任何觀念，只要有助於我們在理智上或在實際上處理實在或附屬於實在的事物；只要不使我們的前進受挫折，只要使我們的生活在實際上配合併適應實在的整個環境，這種觀念也就足夠符合而滿足我們的要求了。」[2]、「符合基本上變為引導的問題一而且這引導是有用的，因為它引導我們到那些包含有重要事物的地方。」[3]

詹姆士把符合看成是一種引導的過程，這種引導不是抽象意義上的引導，而是有著實際的用途，這種引導能夠現實地指引我們到那些對我們有用的地方。很顯然，在詹姆士的這一理論中，表現出了典型的實用主義特徵，因為符合的性質是實際的，它強調了實在的重要性，即一個觀念是真的，它就是有用的，一個觀念是有用的，它就是真的。詹姆士很明確地說：「當實用主義在提出這個問題時，它就已經找到了答案；真觀念是我們所能類化，能使之生效，能確定，能核實的；而假的觀念就不能。這就是掌握真觀念時對我們所產生的實際差別。因此，這就是『真理』的意義，因為我們所知道的『真理』的意義就是這樣。」[4] 詹姆士的話說明他側重於從認識的實際效果來檢驗認識的真理性。當然，把真理視為有用，意味著從價值的維度來解釋真理，真理等同於有用（效用），「『它是有用的，因為它是真的；』或者說：『它是真的，因為它是有用的，』這兩句話的意思是一樣的；也就是說這裡有一個觀念實現了，而且能夠被證實了。『真』是任何開始證實過程的觀念的名稱。『有用』是它在經驗裡完成了的作用的名稱。」[5] 詹姆士的這段話表現出其真理觀中典型的實用主義特色，即透過價值的思路來理解和解釋真理，讓真理和有用劃上了等號。真是從知識論意義的性質上表述的，而有用則是從價值意義上而言的。知識論意義上的真具有客觀的性質，而所謂的有用卻不是這樣，它不具有客觀的性質，應該說，有用具有較多的主觀色彩，當然，主觀性的東西更體現為一種相對性的東西。例如，一件事物對你來說，是有用的，但對我來說卻是無用。例如某一場戰爭的發動，對於一方來說，是有用的，但是對另一方來說，卻是災難，是不利的。由上可知，詹姆士把真理等同於有用，是從價值的意義來解釋真理的，這種思路導致了一個結果：把真理視為是主觀的，它更具有一種個人主義色彩的東西，正因為這樣，詹姆士實用主義真理觀一問世，便遭到了很多人的爭議與抨擊。

6.2.2 杜威對詹姆士真理觀的改造

面對詹姆士真理觀的這一傾向，杜威力圖糾正其主觀性傾向，用經驗改組和代替私慾的滿足，賦予詹姆士真理客觀性的特徵，即突出了真理中的公眾目的意蘊和科學的成分』從而對詹姆士真理觀做了某種程度的改造和修正。

杜威細緻地分析道：「真理概念的價值完全依賴於先前所講的關於思維的說明的正誤，那麼，考察這個概念為何會遭人厭惡，比就它自身去解釋它更加有用。它為何遭人憎惡，該原因一部份在於它的新奇以及對它的描述中的缺點。例如當真理被看作一種滿足時，常被誤會為只是情緒的滿足，私人的安適，純個人需要的匯聚。但這裡所謂滿足卻是觀念和行動的目的，以及方法所由產生的問題的要求和條件的滿足。這個滿足包含公眾的和客觀的條件。它不為奇想或個人的嗜好所左右。當真理被視為效用的時候，它常被認為是純個人目的的一種效用，或特殊的個人所關注的一種利益。把真理當作滿足私人野心和權勢的工具之概念非常可厭，……其實，所謂真理即效用，就是把思想或學說認為可行的拿來貢獻於經驗改造的那種效用。道路的用處不是以便利於山賊劫掠的程度來衡量。它的用處在於它是否實際盡了道路的功能，是否做了公眾運輸和交通的便利而有效的手段。觀念或假設的效用成為觀念或假設所含真理的尺度也是如此此。」[6]

詹姆士從意識流理論出發，把效用等同於真理，以價值釋真理，強調了真理的主觀色彩，把真理視為個人情緒的滿足或獲取私人利益的工具，在他那裡，真理更主要表現為與個人相關的東西。杜威繼續推進詹姆士以價值釋真理的思路，但對詹姆士真理觀中的個人主觀傾向作了兩方面的改造：

其一、滿足的內容不僅僅只涉及到私人目的的、個人情緒性的和個人需要的供應，它還應該包括公眾目的，用杜威的話來說就是所謂的「公眾的和客觀的條件」；

其二、效用不僅僅是純粹私人性質的，同時還包括改造和重組經驗等用處。與詹姆士有用釋真理的理論相比，杜威更為強調真理的工具性，即以工具來解釋真理。

杜威看到了詹姆士真理觀的缺陷，擔心其陷入到唯我論的困境中，所以對其作了某種程度的修改。在此，他以科學為武器改造了詹姆士真理觀，賦予了真理以實驗的內涵和科學的根據，基於科學和真理相互聯繫的關係，杜威賦予了真理客觀性的內容，這也就是說，他以客觀性修正了詹姆士主觀色彩較重的特徵。一方面，杜威對詹姆士真理觀的補充和完善之處主要在於他

把真理視為一種工具，從工具的角度糾偏了詹姆士真理觀的缺陷。杜威認為，工具具有雙重性，一是指物質性的工具，例如，顯微鏡、天平等等，這類物質性工具的特徵是：「這些工具像他們所作用的對像一樣是自然的，並且變成了新鮮事物的泉源，就像宇宙界其他任何事物一樣，是客觀的。」[7] 二是指理智的工具，例如，意義、概念、語詞、命題和判斷等等，這類理智的工具也來源於現實客觀的事物。真理髮揮著工具性的功能，而這些工具具有客觀性、物質性的內容，如此一來，真理中應該包含有客觀的內容，並非全部的主觀性；另一方面，杜威從情境主義的角度來修正詹姆士的真理觀。他指出，認知是一種反省的探究活動，認知的出發點是不確定的、疑惑的情境，然後透過假設和實驗，將不確定的、疑惑的情境變成一個相對穩定的、問題解除的情境，在這一系列的過程中，真理造成一種工具性的作用，它是用來應付有問題情境的工具，其功能是解決問題，換言之，真理是實驗或行動的依據和工具。由此，杜威從真理的工具主義性質對詹姆士真理觀作了一定的修正和完善。

詹姆士把真理理解為效用，杜威沿著詹姆士的思路，將真理理解為一種工具，既然真理是一種工具，那麼這種工具主義的精神可應用到其他理論之中，成為一種方法論。我們可以在杜威的意義理論中看到這種工具主義真理觀的具體表現，例如，杜威從其工具主義立場出發，將真理與意義結構聯繫起來。在杜威那裡，意義結構與實在相互作用，並為人的活動提供多種可能性。人與實在之間的關係可透過意義結構發生作用，意義結構體現了人的目的性活動，我們正是利用意義結構把實在世界轉變成了有序的對象世界。在這一系列的過程中，真理作為引導性的工具，體現著意義結構的功能引導著人類目的性活動的實現。因此，作為滿足人的效用的工具，真理是在意義結構的狀態下發生作用的。一個真信念的成功並不是因為它準確地反映了實在，而是因為它恰當地切入了實在引導著意義的實現，它是意義結構的一種功能。我們所認識的真理性是相對於對象世界而言的，這個對象世界由意義結構所創造，而意義結構由於深受社會文化環境的影響，因而對象世界不是建立在封閉的歷史主義上，而是建立在多元的時間性上，它是不斷地生成和變化的，所以真理也日復一日地發生作用，它處於經常的變化狀態之中，它時時引導

著、對付著有問題的、不確定的情境，一旦時過境遷，意義結構發生變化，那麼，真理就得修正和補充了，「意蘊就變成了完全是『理智的』或科學的，而沒有完美的含意了。它是純粹工具性的，而不涉及有關事物作為其手段的那些對象。於是它就成為反省的出發點，而這個反省的出發點結果於以前所未曾經驗到的人類的遭受和享受。從任何特殊的後果產生出來的抽象概念（這就是說一般地去對待具有工具性的東西），為求得新的用處和後果開闢了途徑。」[8]、「意義的起源和本質從經驗方面來說，關涉於社會的交相作用及其所產生的各種後果。如果我們在交相作用之行動者的不同動作之間確定一個互相參照的方法，這些意義就成為調節後果的手段。」[9]

杜威將真理、意義結構以及效果等問題聯繫起來思考後，自然會導致一個結果：真理已不是絕對的、確定的、自足的，真理是易謬的、可錯的、可糾正的。任何知識不論是科學還是哲學，甚至是思辨形而上學的體系等等都是易謬的。正是基於這一點，杜威對傳統形而上學真理觀發起了尖銳的批判，「衡量知識價值依照已介紹過的亞里斯多德的見解，是以知識所占純粹靜觀的程度為標準。最高的程度是在終極的『理想的實有』，在純粹的『心靈』的認識中達到的。這是『理想的』，諸『形式的形式』，因為它無所缺、無所需、也無變化、無分異。它無願望。因為它的一切願望都已實現。它既然是完滿的『實有』，它就是完滿的『智』，完滿的『福』—合理性和理想性的頂點。」[10] 由於這種傳統形而上學真理觀追求所謂永恆的、固定的、絕對的、至善至美的真理，所以應拒斥它。杜威指出，意義結構和真理相互聯繫，真理是一種工具，它是相對的，發揮著功能性的作用，因而不存在完滿的、絕對不變的真理了。

綜上所述，杜威繼承了詹姆士「真理即有用」的思想，這種觀念側重於把真理和價值聯繫起來思考。杜威進一步秉承詹姆士思想，推進了實用主義真理觀的發展。但是，針對詹姆士真理觀偏重於主觀主義的傾向，杜威從工具主義的立場出發，以客觀性來解釋真理，突出了真理的公眾目的和科學的成分，賦予實用主義真理觀以客觀和科學的色彩。實際上，杜威所作的這種努力是一種調和詹姆士主觀主義傾向的嘗試，他把真理理解為被保證的可斷定性，發揮著功能性的作用，儘管杜威使用公眾目的取代詹姆士所說的私人

目的和個人情緒，並用經驗改組和代替私慾的滿足，以此來彌補詹姆士真理觀的缺陷。然而，杜威真理觀實質上仍然屬於一種主觀主義和相對主義的真理觀，他仍舊擺脫不了詹姆士真理觀的影響。

註釋

[1] 詹姆士：《實用主義》，陳羽綸等譯，商務出版社，1997 年，第 32—33 頁。

[2] 詹姆士：《實用主義》，陳羽綸等譯，商務出版社，1997 年，第 110 頁。

[3] 詹姆士：《實用主義》，陳羽綸等譯，商務出版社，1997 年，第 103 頁。

[4] 詹姆士：《實用主義》，陳羽綸等譯，商務出版社，1997 年，第 104—105 頁。

[5] JohnDewey.ReconstructioninPhilosophy，2005 年，第 86—87 頁。

[6] 王守昌：《現代美國哲學》，上海人民出版社，1985 年，第 238 頁。

[7] John Dewey.Experience and Nature，Chicago：London Open Court Publishing company，1926，p.192.

[8] John Dewey.Experience and Nature，Chicago：London Open Court Publishing company，1926，p.200.

[9] John Dewey.Reconstruction in Philosophy ，2005 年，第 61 頁。

[10] 羅蒂：《後形而上學希望——新實用主義社會、政治和法律哲學》，張國清譯，上海譯文出版社，2003 年，第 5 頁。

6.3 新實用主義主要代表對杜威工具主義真理觀的繼承與發展

杜威以工具主義釋真理的思想在西方哲學界產生了重要的影響，當然對他這一觀點的評價也褒貶不一，眾說紛紜。新實用主義者羅蒂、奎因、普特南、戴維森等人對他的真理觀表示了某種程度的贊同，在他們的理論上中，可以看到杜威真理觀的很多影子。

6.3.1 羅蒂的真理觀與杜威工具主義真理觀的關係

透過前面一節的論述，我們知道，杜威真理觀主要是從工具主義的維度來探討真理的，工具主義在真理中發揮著重要的作用，它不僅是真理產生的條件，同時也是真理的確證標準。正是從這個意義上說，真理是一種工具，

所謂的概念、思想、理論等等都是人為了達到預期的效用目的而設計創造出來的一種工具，真理的價值主要是靠效用目的來保證，如果達到目的，對人的成功有用，那麼它就是真理，反之則不是真理。

羅蒂很贊同杜威的這一真理觀，他在很大程度上受到了杜威工具主義真理觀的影響，因而繼續高舉杜威工具主義真理觀的大旗，其真理觀屬於實用主義真理觀。在羅蒂看來，真理是一組能滿足人們需要方面而發揮最佳作用的信念的名稱。「確切地說，『真』這個詞僅僅是用來表示給與我們解決問題方式的信念的一個讚美詞。這些信念對我們來說似乎是解決問題的有效工具。『真理』不是探索者必須尊重其權威的某個事物的名稱。相反，它只是表示將在滿足人類需要方面發揮最佳作用的一組信念的名稱。」[1] 在羅蒂的這段話中，工具主義色彩是很突出的，真理建立在工具主義之上，「真」只不過是信念的名稱或者語言而已，它依賴於人的需要而存在。這也就是說，真理和人的實踐行為是緊密結合在一起的，是回應、解決疑難問題的效用工具，脫離實踐談論真理是不行的，「相反，實用主義者告訴我們，我們可以用來就真理說某些有用的話的，不是理論的詞彙，而是實踐的詞彙，不是沉思的詞彙，而是行動的詞彙。」[2] 真理是人為的，人們之所以將這些「真理」創造設計出來，其目的主要是為人的效用服務，它的存在依附於人之工具性效用目的，即滿足人們的需要，效用這一工具性價值乃是真理產生和確證的重要因素。因此，無論是從工具性效用上以及確證標準上來分析真理，還是從行為主義或者實踐的維度來闡述真理，羅蒂的真理觀和杜威真理觀有著很多共同的地方。

為了證明真理的工具性，羅蒂將真理與正當性辯護聯繫起來，他很明確地指出：「如下說法似乎是不可思議的：在正當性和真理之間不存在聯繫。這是因為我們傾向於說真理是探索的目的。不過我認為，我們實用主義者必須迎著困難而上，並指出這個斷言要麼是空洞的，要麼是虛假的。探索和正當性辯護具有大量共同的目的，但是它們並不具有一個貫穿於中心的稱作真理的目的。探索和正當性辯護是我們語言使用者不得不從事的活動；我們不需要一個所謂的『真理』來幫助我們如此做，正如我們的眾多消化器官必需的目的是使其運行良好的健康但非『真理』一樣。」[3] 羅蒂的這段話主要是

為了反駁有些哲學家批評實用主義者的真理觀而說的，因為有些哲學家認為實用主義者將真理與正當性混淆在一起。在這些哲學家那裡，真理是絕對的、永恆的、神聖的，它是沒有時間性的，而所謂的正當性是過渡的、暫時的，它是相當於旁聽者的。為了捍衛工具主義真理觀，羅蒂對這種批評進行了尖銳的反駁，他為正當性做了辯護，「我對斷言『實用主義混淆了真理和正當性辯護』給出的答覆是，把這種指責應用到提出它的那些人身上去。他們就是這樣一些混淆了是非的人，因為他們把真理看作我們正在一步一步地向其接近的某物，是我們擁有的正當性辯護越多我們便離它越近的某物。」[4] 羅蒂強調，正當性辯護和真理不是沒有聯繫的，相反，二者之間有著緊密的關聯，其原因在於真理和實踐相互聯繫，真理是探索的目的，探索與正當性辯護有著共同的目的。在這裡，我們也可以這麼認為，正當性出於人的需要，從某種意義上說它可以和工具性是互換，這是從實踐的工具性上來解釋真理的。

由上可知，羅蒂對真理與正當性關係的理解，意味著他是從工具主義的維度上來闡述真理的，從此維度上說，其真理觀與杜威工具主義真理觀有了很多相似性，這也就是說羅蒂在很大程度上接受和採納了杜威真理觀中的工具主義這個核心思想。換言之，作為杜威實用社會知識論的極大繼承者，羅蒂真理觀與杜威工具主義真理觀是一脈相承的。對此，在真理觀上，羅蒂直接宣稱自己和杜威的密切關係，他這麼說道；「實用主義者以兩個主要途徑來回應這個批評。像皮爾斯、詹姆斯和普特南這樣的一些實用主義者回應說，透過把它等同於『在理想狀態下的正當性』——皮爾斯稱這個狀態為『探索的目的』，我們能夠保留『真』的絕對意義。像杜威這樣的另一些實用主義者（我認為還有戴維森）建議，對真理沒有什麼可說的，哲學家應該明確地白覺地使自己侷限於正當性，侷限於杜威所謂的『有正當理由的可斷定性』。我偏愛後一種策略。」[5] 由此可知，羅蒂對杜威的工具主義真理觀持認同的態度，即將真理也視為一種有正當理由的可斷定性。

基於此，羅蒂和杜威做了相同的工作，即在堅持工具主義真理觀的同時，旗幟鮮明地反對和批判傳統知識論中的絕對真理觀思想，因為傳統的絕對真理觀追求絕對不變的、確定性的觀念，所以應該否定和拒斥，羅蒂的這一論

點與其反對本質主義、基礎主義、表象主義的工作是一樣的，透過批判傳統知識論的絕對真理觀，羅蒂構建起了自己的實用主義真理觀。當然，在這個問題上，羅蒂也宣稱受到了杜威工具主義真理觀的影響。「斷言『實用主義無法考慮真理的絕對性』混淆了兩個要求：其一是，我們解釋世界與我們斷言擁有真信念之間的關係；第二個要求是一個專門的認識論要求：要麼要求當喜愛的確定性，要麼尋求一條保證通往確定性的途徑，縱使在無限遙遠的未來也是如此。」[6]羅蒂在維護實用主義真理觀的時候，對傳統知識論裡的絕對真理觀進行了反駁，在他看來，這種絕對真理觀是一種追求確定性的真理觀，由於確定性在其中起著重要的作用，所以要對其進行否定，顯然，這點也與杜威批判傳統知識論所做的工作是一樣的。我們知道，杜威把真理視為一種假設，這與傳統知識論有了明顯的差距。在傳統知識論那裡，認識就像照鏡子，理論、思想、概念等乃是對外在事物的臨摹或印象，它是觀念自身的特徵。如此一來，真理成為觀念的一種性質，它是觀念與實在的符合，虛假則是觀念與實在的不符合。如果一個命題對實在作了如實的描寫，它便是真的，否則便是假的。一旦這種「真」觀唸經過習慣、信仰的勢力確立後，人們便把它看作是終結、權威、自足的東西，它成為確定不變的，人們對它頂禮膜拜、全盤相信。杜威拒斥這種傳統的真理觀，同樣地，和杜威思路保持一致，羅蒂也反對這種絕對真理觀。

在此，羅蒂透過戴維森對杜威思想的認同來表達自己的看法，「第一個要求傳統上透過『我們的信念借助於世界而為真，並且它們與事物存在的方式相符合』的說法得到了滿足。戴維森對這兩個斷言都表示否認。他和杜威認為，我們應該放棄『知識是去再現實在的一個嘗試』的觀念，確切地說，我們應該把探索視為使用實在的一條途徑。所以我們的真理斷言和世界其他部分之間的關係是因果關係而非再現關係。它使我們持有信念，並且我們連續地持有信念，這些信念將被證明成為我們需要的東西的可靠指導。」[7]透過分析戴維森真理觀和杜威真理觀的關係，羅蒂將真理視為是一種假設，即真理以假設的形式表現出來的，因而真理不是終極的、確定不變的東西，當然這也是在工具主義影響之下形成的。羅蒂的這一論調和他反基礎主義、本質主義、表象主義的思路是統一的，對此，他明確將其這個理念視為受到杜

威的影響所致，他這樣說道：「杜威頭腦中的壓力和引力是由舊瓶裝新酒的企圖所產生的壓力和張力。我還經常引證杜威的正式聲明：『除了假設，哲學什麼也提供不了，……而那些假說僅僅在它們使人們的頭腦對他們的生活更敏感這個意義上說的，才是有價值的』。」[8]、「要是黑格爾做了杜威後來做過的工作就更好了，把思想進步和道德進步簡單地描述為自由的增長，描述為導致民主而不是絕對真理。杜威是這樣一位哲學家，他最清晰、最明確地拋棄了為古希臘哲學家和德國古典哲學家所共同具有的目標（精確地再現實在的內在性質），而支持日益增長的自由社會以及在其中日益多樣的個體的社會目標。這也是我之所以把他看作 20 世紀哲學中最有用的也是最重要的人物的原因。」[9]

既然真理以假設的形式出現，是「有正當理由的可斷定性」，那麼它就不是確定的、最後的、自足的，而是變化的、有時間的，所謂的理論、思想、概念等都是可以在實踐中加以探索、檢驗與修正的，它與人的現實生活世界相聯繫。由此出發，羅蒂和杜威一致，將真理視為是可錯的、可糾正的。「到此為止，透過討論杜威與愛默生、惠特曼、康德、黑格爾和馬克思的關係，我一直試著對杜威在相關領域思想圖景中所占據的位置給出一個總的看法。現在，我想做得更專門一點，我要對最著名的實用主義學說——實用主義真理理論——作些解釋。我試圖證明，這種學說是如何融入於一個更一般的計劃的；那個計劃用過去和未來的區分取代了永久性結構和過渡性內容之間的古希臘的和康德的二元論。」[10]

羅蒂不僅對傳統的絕對真理觀追求確定性之傾向持反對和批判的態度，同時他還反對真理符合論的觀點。我們知道，在反對真理符合論這股現代哲學思潮中，羅蒂是堅決的，「對於實用主義者來說，真的句子之為真不是由於與實在相符合，因此我們就無須費心去問，一個給定的句子是與哪一部分實在符合（如果是與實在相符合的話），我們就無須費心去問，是什麼把它『造成』真的（正如一旦一個人決定應做什麼，他就無須費心去問，在實在中是否有什麼東西使這個行為可以履行的正確的行為）。……他完全放棄了與實在相符合的真理觀念，並指出，現代科學不是因為其與實在符合而是我們能夠應付世界，它只是使我們能夠應付世界而已。」[11] 在羅蒂看來，沒有

任何與實在相符合的真理，西方哲學史上幾百年來的努力都沒能對（或者是思想與事物或者是詞與事物的）相符合的觀唸作出有意義的說明，「真的句子之所以能起作用是因為與事物的存在方式符合」，不比「之所以正確是由於實現了道德律」更能說明問題。

羅蒂對真理符合論的反對與杜威等人反傳統二元論思想有著一定的聯繫。在他看來，杜威等人對傳統二元論思想的批判有助於拋棄真理符合理論，正是由於杜威等人對傳統形而上學二元對立思想的反駁，對本質與偶然、本體與屬性、表象與實在之間對立關係的批判，才使得變化的、不確定觀念取代了靜止的、確定性的觀念，因而才拋棄了真理符合論思想，「像威廉．詹姆士和弗裡德里希．尼采，唐納德．戴維森和雅克．德希達，和赫拉雷．普特南和布魯諾．拉圖爾，約翰．杜威和米歇爾．傅柯這樣來自歐美兩邊的哲學家都是反二元論者。……他們正嘗試用一幅不斷變化著關係的流動圖畫取代在這些古希臘對立支持下建立起來的那幅世界圖畫。這個泛關係論的一個後果是，它讓我們拋棄了在主體和客體之間、在來自心靈的人類知識因素和來自世界的人類知識因素之間的區分，並因此幫助我們拋棄了真理的符合理論。」[12] 從某種意義上說，羅蒂反對傳統知識論中真理符合理論與受到杜威等人的影響是有關聯的。

在反對絕對真理以及真理符合論思想之後，羅蒂提出了自己的實用主義真理觀，他有時把自己的真理觀稱作是「種族中心論」。按照這種真理觀，真理或者正當性一詞與其形成與使用的語境一給定的社會是相聯繫的，與我們的需求、我們的觀念是相聯繫的，離開我們所處的這個社會或是文化，真理或者正當性一詞就沒有什麼內容，也就沒什麼可說的了。換言之，社會實踐、文化等等視野都和真理或者正當性一詞相關，它們不能分開。進一步說，我們現在的信念是決定使用「真」這個詞的出發點，即何為「真」這個問題，與我們的需求是有關聯的，這是從實用性的來說的。「真」這個詞的使用也是工具性的。「我想把這種學說與我在別處稱為『種族中心論』的東西結合起來。種族中心論認為，我們自己現在的信念是我們用來決定怎樣使用『真』這個詞的信念，即使我們不能根據這些信念來定義『真』。……只有與我們的觀點的一致才可以被說成是真。我們這樣達到的一個觀點就把『真』一詞

（透過使之與普特南所謂的『上帝的觀點』分離）平凡化了，但不是把它（透過根據某種特別的概念模式對它進行定義）相對化了。」[13] 羅蒂的這段話表明，真理不是所謂神話的、絕對的，真理是「平凡的」，它只是對於諸因果關係的經驗解釋，而這些因果關係存在於環境的諸要素之間，或存在於持真的語句之間。因此，其種族中心論是很典型的實用主義真理觀。

作為一種實用主義真理觀，羅蒂在建構種族中；論思想的時候，曾多次提到杜威，因為他是站在反實在論的立場上來闡述真理的，針對這一點，羅蒂自認為是在維護和響應杜威的觀念，他這麼說道：「我們是否還應當堅持把科學看作是自然性的而堅持不回到培根 - 杜威對這個問題的觀點上來？我要表明，三種現在用來維護相反觀點的觀念是相當可疑的，從而實際上維護著培根－杜威的觀點。」[14]

不僅如此，羅蒂還將其實用主義真理觀視為其構建的希望哲學這個宏偉目標中的重要一環，在這個問題上，他聲稱受到了杜威很大的影響，因為杜威論及真理觀的時候，反對傳統形而上學二元論思想，著眼點在未來，而不是現實，他是基於未來預期的實踐來考慮所謂的「合理性與正當性」問題，而不是過去與現在。對杜威的這一思想，羅蒂表示了很大的認同，「我一直是試著對杜威在相關領域思想圖景中所占據的位置給出一個總的看法。現在，我想要做得更專門一點，我要對最著名的實用主義學說——實用主義真理理論——做些解釋。我試圖證明，這種學說是如何融入於一個更一般的計劃的：那個計劃用過去和未來的區分取代了永久性結構和過渡性內容之間的古希臘的和康德的二元論。我將試著證明，詹姆士和杜威談到真理時涉及的這些事物如何成為以前一個使命取代後一個使命的途徑，前一個使命是，以更令人滿意的未來代替不令人滿意的現在，因此用希望代替必然。」[15] 正是由於杜威以未來的維度討論真理，所以獲得了羅蒂的青睞。同樣地，羅蒂將杜威的這一思路發揚光大，應用到了其種族中；論中，「實用主義者認識到，思考知識和真理的這種方式使確定性變得未必可靠。但是他們認為，對確定性的追求一甚至作為長遠目標一是逃避世界的企圖。所以，他們把他們處理真理方式的常見的敵對反應解釋為一種不滿的表現，它是被剝奪了早些時候的哲學家曾經錯誤地許諾了的東西的不滿。杜威主張，對確定性的追求可以被對

於想像力的要求所取代一哲學應該中止嘗試提供保證，代之以鼓勵愛默生所謂的自力更生，。在這個意義上，鼓勵自力更生，就是鼓勵從依靠過去和依靠『歐洲古典哲學』的企圖，轉到從永恆的過去那兒去尋求支持。它就是企圖把愛默生的自我創造置於一個公共領域裡。」[16]

綜上所述，無論是工具主義、反真理符合理論，還是種族中;論思想，羅蒂在很大程度上接受了杜威的很多思想，這就使得羅蒂實用主義真理觀中包含了杜威真理觀的很多痕跡。所以，杜威工具主義真理觀對羅蒂實用主義真理觀產生了重要的影響，羅蒂繼承與發展了杜威工具主義真理觀的很多理念，融入到了其構建起來的希望哲學。

6.3.2 普特南的真理觀與杜威工具主義真理觀的關係

在真理觀上，另一位新實用主義者普特南和杜威也有著一定的淵源關係。在上個世紀 80 年代後期的學術研究中，他很重視對哲學史的研究，將其學術轉向到了實用主義，尤其是對詹姆士、杜威、維根斯坦等人的研究。總體而言，普特南的真理觀與杜威真理觀之間的關係主要表現在以下幾個方面：

第一、普特南後期所提出的真理概念指的是一種「某種（理想化的）合理的可接受性」，即合理的可接受性的一種理想化，這一理念是從經驗的層面上說的，區別於傳統真理觀中的先驗真理，與杜威的「知識是一種有保證的可斷定性」有著一定的共同之處，是杜威工具主義真理觀的一種發展和繼承。

在《理性、真理與歷史》這本書裡，普特南分析了自己的真理觀，「在內在論看來，『真理』是某種（理想化的）合理的可接受性——是我們的諸信念之間、我們的信念跟我們的經驗之間的某種理想的融貫（因為那些經驗本身在我們信念系統中得到了表徵）——而不是我們的信念同不依賴於心靈或不依賴於話語的『事態』之間的符合。並不存在我們能知道或能有效地想像的上帝的眼光;存在著的只是現實的人的各種看法，這些現實的人思考著他們的理論或描述為之服務的各種利益和目的。」[17] 從這段話裡不難看出，普特南真理觀中的實用主義色彩是很濃的，「理想化的合理的可接受性」存

在於人的經驗生活中，它不是先驗的，不是終極之物，而體現為人的信念與經驗之間的融貫關係，這種關係是一種整體論的統一關係，而非二元對立的思想，它近似於奎因的整體論觀點。從發生學意義上說，普特南所提出的這種合理性概念或者是合理可修正性概念來自於現實的經驗世界，與人的需求或者效用目的相關。基於這點，這種合理性概念的意義已不是本體論意義上的真理了，而是一種認識論意義上的真理。正是在這個維度上，所謂的先驗的、超驗的、永恆不變的真理觀是不存在的，「但是如果說奎因在反對先驗性方面是言過其實的話，他的正確之處則在於：我們的合理性概念和合理可修正性概念，並不是銘刻在我們的超驗本性之中的（就像康德認為的那樣），其有力根據恰恰在於，關於一種超驗的本性，一種我們在本體上具有的本性，一種跟我們從歷史的角度或生物學的角度可以進行的自我設想無關的那種本性的全部想法，是毫無意義的。」[18] 一旦將現實經驗世界的內容或者是效用目的性意義輸入到「合理的可接受性」裡，那麼存在的只是現實經驗世界的人的真理或者理論，以及為人之利益和目的服務的真理或者理論。進一步而言，普特南所論及的真理就存在於經驗世界的價值裡，事實和價值相互貫通，不存在事實與價值的二分對立關係了。

普特南將真理視為一種「理想化的合理的可接受性」，包含著很多杜威的影子和烙印。在普特南後期關於真理的分析中，確實有很多與杜威真理觀相似的地方。換言之，和杜威工具主義真理觀相近的是，效用 / 目的之工具主義圖景同構於「理想化的合理的可接受性」之中。對此，普特南更加明確地指出：「在某種意義上我可以說，世界確實包含一些『自我確認之物』——但並不是在外在論者所主張的意義上。在我看來，如果『對象』本身即是被髮現的，又是被創造的，即是經驗中的客觀因素、不依賴於我們意志的因素，又是我們在概念上的發明，那麼，對像當然內在地歸於某些標籤之下；因為這些標籤是我們用來構造一幅世界（其中包括對的首先是那些對象）圖景的工具。」[19] 在這段話裡，他明確地提到了工具的重要性。由此可見，其真理觀裡蘊含了一定的工具主義色彩，具有實用主義的性質。從這個意義上說，其使用「合理的可接受性」此方式來談論真理與杜威將知識視為「有保證的可斷言性」是一致的。對此，陳亞軍評價道：「內在實在論大致接受了實用

主義談論真理的方式,即把真理和合理的可接受性問題連在一起,真大約等於有根據的可斷言性。」[20]

第二、普特南在其後期學術研究中提出「理想化的合理的可接受性」概念的時候,對傳統形而上學二元論思想以及真理的先驗性進行了深刻地批判,正是在這個問題上,他很認同杜威批判二元論的思想,這就使得其「理想化的合理的可接受性」概念確立的前提——對二分法的批判與杜威工具主義真理觀建構的前提一對傳統二元論的拒斥和批判有了很多一致的地方,因而導致其真理觀與杜威真理觀有了一定的相似之處。

在現代西方哲學反傳統形而上學的思潮中,普特南也匯入到了其中,表達了自己的看法。在《理性、真理與歷史》一書的序言中,普特南論及此書的主旨主要在於打破二分法,「本書旨在打破為數眾多的二分法對哲學家和非哲學家思想的束縛。在這些二分法中,最主要的要數有關真理與理性的主觀論和客觀論的二分法。我所關注的現象乃是:一旦承認『主觀』和『客觀』的二分法(不是僅僅承認為一對範疇,而是承認為對觀點類型和思考風格的一種刻畫)。思想家們便開始將二分法的詞彙視為一種意識形態標籤。」[21]拒絕二分法的用意意味著對真理符合論以及對先驗真理的否定,因為真理符合理論是一種外在的實在論,這與其所倡導的內在實在論是不相容的,與其所強調的真理融貫理論是不相容的。換言之,只有從前提上對二分法進行拒絕和否定後,才能消除那種將真理視為某個獨立於心靈和話語的真正的存在物的被動摹本的觀念,才能將真理的性質回歸到經驗的層面上,回歸到「前反思」或者「前認識」的視域中來討論,因而才能形成「理想化的合理的可接受性」。當然,這一思想是屬於內在論的,依照普特南的解釋,內在論指的是:

(1)只有從一個理論或描述之內問「世界是由什麼對象組成」這個問題才是有意義的;

(2)「對世界的『真實』的理論或描述不止一個」;

(3)「『真理』是(某種理想化的)合理的可接受性」。循此思路,拒絕傳統形而上學二分法表徵著必須放棄真理符合理論,必須放棄所謂的先驗

的理論，在他看來，這是合理的，此時的普特南逐步走向了「維根斯坦化」了。一旦「合理的」介入到了真理中，那麼效用及目的這種思路就成為可接受性的考慮了。「籠統地說，我們必須承認，對簡單性、總體效用和可接受性的考慮，會使我們放棄一些從前被當做先驗的東西，而這是合理的。哲學已變得反先驗論了，但是一旦我們承認了我們當做先驗真理的東西具有依賴於情境的、相對的性質，我們也就放棄了反對身心同一性的那個唯一有力的『證據』。」[22] 只有對傳統形而上學二元論思想進行反駁，世界的存在才能回到反思前狀態，思想、理論、概念等才有經驗的意義，真理的實用主義意義才有「容身之地」。一旦將真理的意義回歸到經驗的維度，那麼，情境主義、相對主義等等就進入到了合理的可接受性的視野中。從這段話裡，我們也可以看到，他所論及到的情境的、相對的性質實際上包含著杜威的影子，因為杜威是從境況的維度上來討論真理的，情境主義、相對主義乃是杜威實用社會知識論思想中的基本特徵。當然在這個問題上，普特南對杜威思想也是有爭議的，他對杜威的相對主義思想保留了自己的看法。

由於普特南將「理想化的合理的可接受性」概念建立在其反傳統形而上學二元論之上，正是在這個問題上，杜威對傳統二元論思想的批判獲得了他的關注，他對杜威引入工具主義來批判旁觀者理論表示了認同，在《實在論的多副面孔》這本書中，他說道：「露絲．安娜．普特南，追隨約翰．杜威，訴諸於『需要』這個概念。這是因為有實實在在的人的需要，而不只是渴望，它在區分好的和壞的價值方面很有意義，從而在區分好的和壞的刀子上很有意義。這些先在的人的需要是什麼，它們如何與純渴望相區別？這裡，像古德曼一樣，杜威告訴我們，人的需要也不是先在的，人類在不斷地重新設計自身，我們創造需要。許多人將會再一次感到眩暈，或更糟糕的，有陷入無底洞的感覺。我們的概念一價值概念，道德映像概念，標準概念，需要概念一是如此相互交織在一起，以致它們都不能為倫理學提供『基礎』。我想，那是完全正確的。」[23] 從這段話裡，我們能夠清楚地看到，普特南對杜威思想表示了極大的認同，正如文中所言的需要這個概念是很有意義的，各種各樣的概念源於人的需要，是人根據自我的需要創造設計出來的，真理是人為的，它不是我們頭腦中的精神的真理，不存在先驗的東西，這是合理的，也

是可接受的。顯然,其思路與杜威建構工具主義真理觀的思路大體一致。所以,普特南從合理的可接受性方面來闡述真理,不僅與皮爾士的真理觀有著很多共性之處,而且與杜威工具主義真理觀在一定程度上也是相通的。

第三、在真理的確證標準問題上,普特南將真理確證標準視為是一種合理的可接受性標準,此標準乃是獲得辯護的,它不僅具有時間性,同時又是相對於一定的條件,例如說話者所處的情境等等,它滲透著價值,受到文化、歷史條件的限制,這些內容也是對杜威工具主義真理觀的一種繼承與發展。

一方面,普特南將合理的可接受性作為真理的確證標準,即「理想化的辯護」,這種辯護意味著在某種條件下語句是被斷定的,那它就是「真」的,也就意味著在某種條件下這個語句是獲得辯護的,「斷定」或者「真的」與辯護之間的關係是統一起來的,二者不可分離。換言之,理論、思想、概念等是可斷定的,它們就是獲得辯護的,那麼它們就是真的。「真」性質的保證源於可辯護性,在普特南那裡為理想的可辯護性。從某種意義上說,普特南的這一思想大約於杜威工具主義真理觀中的「有保證的可斷定性」。在普特南著作中,他有時借用杜威的「有保證的可斷定性」來表達自己的看法,「我將以提出一些有關有保證的信仰和斷定的原則來開始。因為判定僅僅應用於是某種確定陳述的一個概念,我將使用約翰.杜威的一個技術性詞項『有保證的可斷定性』(或者為了簡便起見『保證的』來代替『判定』這個詞項。⋯⋯

(1) 在日常的環境下,人們做出的陳述通常其是否有保證,這是一個事實。

(2) 一個陳述是否有保證是獨立於一個人所屬的文化精英們,他們中的大多數會說它是有保證的或無保證的。

(3) 我們的有保證的斷定性的規則和標準是歷史的產物,它們是在時間中演進的。

(4) 我們的規則和標準永遠是反映我們的興趣和價值的。我們智力的繁榮圖景是整個人類一般的繁榮的一部分,並且僅僅作為它的一部分才有意義。

　　（5）對任何事情—包括有保證的可斷定性，我們的規則和標準都是能夠改革的，有較好的和較壞的規則和標準。

　　在皮爾士的早期著作中，我相信它們已由實用主義者所確立了，儘管這個特殊的公式形式是新的。然而，我對它們的維護並不依賴於特別的實用主義者先驅們的論證。」[24] 從這段話裡，我們可以看到普特南對杜威真理觀的關注和研究，其真理觀裡具有杜威工具主義真理觀的很多成分。此時，他和杜威所做的工作一樣，將思想、理論、概念等問題的探討置於「前反思」或者「前認識」的狀態下，回到經驗的視域中。由此出發，其「合理的可接受性」作為真理的確證標準存在於經驗的世界中，不能離開人類的實踐活動，它蘊含著效用之工具性價值，受制於人類實踐活動的背景，如歷史文化的制約，它是可修正的、變化的，隨著實踐的變化而發生變化。

　　另一方面，普特南將真理的確證標準視為是合理的可接受性，那麼合理性問題就成為其真理觀中的一個核心問題，「理想化的」以及「可接受性」都是圍繞合理性而言的，那麼「合理的可接受性」是什麼呢？合理的為什麼是好的？按照普特南的解釋，這種合理的可接受性標準是人創造設計出來的，這裡沒有先驗的位置，「這條思路之所以顯得令人不安，是因為它使得我們的合理可接受性標準、正當性標準，歸根結底，真理的標準，依賴於顯然產生於我們的生物遺產和文化遺產（例如，我們是否曾同『智慧機器人』打過交道）的相似性標準。」[25] 這段話表明，合理的可接受性標準來自於我們的現實世界。自它產生後，揭示了我們的最佳思辨理智這個概念的一部分內容。換言之，我們可使用它來建立「經驗世界」的理論圖景，而後可根據這幅圖景來修正我們的合理的可接受性標準。這也就是說，合理的可接受性標準與人的價值世界是相通的，它蘊含著手段／目的的意蘊。「當問題是對於倫理學中的『無底洞』現象怎麼辦時，考慮到缺乏倫理學基礎，我提出這一點的理由是：在剛剛描述的情況下，一種與關於『手段和目標』的合理性有關，而不與倫理學有關的情況下，我的認識論立場與此完全相同。」[26] 它與人的需要等等價值內容是相關的，價值世界根據人的需要而不斷地變化。循此思路，不存在所謂固定不變的合理的可接受性標準，它是可變化的、可修正的，

這乃是合理的可接受性的性質。由於它和價值不分，因而實在「世界」與價值聯繫在一起，實在「世界」依賴於我們的價值。

普特南從事實與價值非二分的維度上來論述合理的可接受性這一問題，體現出其真理觀的確證標準與杜威真理觀有著一定的相似之處。「但是，從最終的邏輯分析來看，哪怕是再純粹的理論興趣，也是對一直展現著工具本性的事實的興趣，一切名副其實的知識向來都可以被表明為手段／目的關聯的知識。」[27] 由此可見，普特南的真理觀具有工具主義特徵，它內涵著事實與價值之間的統一，在此和杜威真理觀是一致的。我們知道，杜威真理觀建立在工具主義之上，工具主義的核）則是緊緊圍繞人的需要這種效用價值而形成的。在此理念之下，「真」與「假」的問題與人的價值需要是不分開的，能夠滿足人的未來預期的知識，能夠解決疑難的、有問題的境況，就是「真」的知識。進一步而言，理論、思想、概念等等都與人的工具價值相關，它們是人為的，是一種假設，因而不是固定不變的，在此，事實和價值合為一體，真理與價值合為一體。正是基於這點，普特南的真理確證標準一合理的可接受性和杜威的真理觀有很多共同的地方，因而是對杜威工具主義真理觀的一種繼承與發展。

6.3.3 奎因等人對真理的評價與杜威工具主義真理觀的關係

在新實用主義者那裡，除羅蒂、普特南的真理觀對杜威工具主義真理觀有繼承與發展之外，奎因對真理問題的評價也與杜威有著密切的關聯，其原因在於奎因在真理問題上受到了皮爾士、詹姆士以及杜威的影響，在此，他很贊同杜威關於真理問題上的很多看法，因而在很大程度上吸收和採納了杜威工具主義真理觀的基本理念。奎因對真理問題的認識與杜威工具主義真理觀之間的關係主要表現在以下幾個方面：

第一、奎因對真理問題的評價認識和杜威建構工具主義真理觀的思路大體一樣，即他們首先都對傳統形而上學二元論持否定和批判的態度，藉此反對所謂真理是對客觀存在的正確反映這種觀點，即真是觀念與客觀實在的符合，由此出發，堅持一種整體主義的真理觀。

在其經驗論的兩個教條一文中，奎因說道現代經驗論大部分是受兩個教條制約的。其一是相信在分析的或以意義為根據而不依賴於事實的真理與綜合的或以事實為根據的真理之間有根本的差別。另一個教條式還原論；相信每一個有意義的陳述都等值於某種以指稱直接經驗的名詞為基礎的邏輯構造。我將要討論的是：這兩個教條都是沒有根據的。」[28] 在這段話裡，蘊含著奎因反對真理符合理論的觀念。他的理念建立在一種整體主義之上，如果整體論是正確的，那麼肯定要放棄所謂的真理符合理論，因為這種真理符合理論預設了理論與世界或者語言與世界之間的二分法，並且，我們也不能夠逐個地將很多句子同能夠證實他們的刺激經驗相關聯。以此為基礎，他將思想、理論、概念乃至科學等都看作是經驗的，屬人為的產物，也就是在經驗的層面來認識證據理論，在《約定真理》一文中，奎因說：「一門科學，其發展的程度愈低，它的術語就愈傾向於建立在一種未加批判的假定之上。這個假定是指 .. 人們可以相互理解這些術語。伴隨著精確性的提高，這個基礎的假定，就逐漸地透過定義而得到替換。我們在這些定義之間所補充進來的相互關係，贏得了分析原理的地位。」[29]、「在《數學原理》中，數學可以還原為邏輯這一論點，在某種令我們絕大多數人滿意的程度上得到了體現。在這個事情上，沒有必要接受一種終極的立場。如果我們眼下承認，一切數學都是以這樣的方式透過定義從邏輯中構造出來的，那麼在某種相對的意義上，數學就是透過約定而成為真的 . 數學真理就變成了邏輯真理的約定的抄本。」[30] 從這兩段話裡，我們不難發現，奎因是從經驗的維度上論及真理的，一旦從經驗而非超驗的層面評價真理，那麼真理是約定的，也就是人為的，不存在真理符合理論中那種二分法，不存在終極的東西，這些思想與杜威對傳統二元論思想的批判是一致的，由此出發，為與效用相關的證據理論打下了基礎和前提。

第二、奎因和杜威一樣，從工具主義的維度來評價真理的原則，他在真理問題上所強調的「有根據的信念」與杜威提出的「有保證的可斷定性」一樣，都立足於在經驗主義，內涵著手段／目的之工具性價值意蘊。在此基礎上，所謂的理論、思想以及觀念等等乃是人們創造設計出來以認識和改造自

然的工具,其基本原則以效用、簡單、方便等為標準,工具主義原則包含於真理的原則之中。

我們知道,奎因對真理的理解與塔斯基的真理觀有著密切的關聯。在塔斯基那裡,真理理論是一種內在的理論,這是從經驗的維度上來說的,它不是超驗的,這種真理觀不僅適用於邏輯真理和數學真理,同樣也適用於經驗科學的真理。奎因堅持了塔斯基的這種觀點,並將這種觀點運用於自己對真理的理解上。按照這種觀點,真是內在的,意味著真理相對於該語言並使用該語言的表達式的人,換言之,真依賴於語境問題,「任何值得解釋的語詞都有一些語境,這些語境整個地說是足夠清楚和確切的,因而是有用的;解釋的目的就是保存這些特優語境的用法,同時使其他語境的用法明確起來。」[31] 在此理念之下,所有的理論、思想及其理論化工作等等都具有一種嘗試性的特徵,這種嘗試性與人的需要等等效用相關。如果這種語言的使用與手段及目的相連,那麼理論、思想等等自然就蘊含了工具主義原則,換言之,工具主義也就成為證據的一種基礎性原則,它在真理的標準中發揮著重要的作用,這點正如奎因所言的:「被看成是真和假的東西,最好不是命題而是語句殊例,或者就是語句,如果它們是恆值句的話。想望一種非語言的真假載體,起因於不瞭解:為真這謂詞正好具有調和提及語言形式與對客觀世界感興趣之目的。這種當興趣本在事物時對提及語句的需要,不過是一種技術性的需要,發生在我們設法循著一個不能用變元來網羅的方向進行概括的時候。」[32] 從他的這段話裡,不難發現,證據理論中有很多杜威的影子。

總體而言,關於真理觀問題,在新實用主義主要代表那裡,如前文所提及的羅蒂、普特南以及奎因等人,他們都對杜威工具主義真理觀建立的運思前提一對傳統二元論的否定與批判表示了贊同。由此出發,他們與杜威所做的工作相似,從經驗的層面來認識真理,反對超驗或者先驗的真理觀,以及真理符合理論,而後或多或少地將杜威的工具主義運用於自己的真理觀上,無論是羅蒂的「種族中心論」、普特南的「理想化的合理的可接受性」,還是奎因的證據理論,都包含著工具主義的成分,都和杜威所提出的「有保證的可斷定性」有著一定的淵源。因此,從以上意義上說,他們的真理觀乃是對杜威工具主義真理觀的繼承與發展。

與此相反，在西方現代哲學史上，還有另一些哲學家對杜威工具主義真理觀表示了非議，羅素是這些哲學家中富有代表性的其中一位。羅素分析道：「杜威博士和我之間的主要分歧是，他從信念的效果來判斷信念，而我則從信念涉及到過去的事件時從信念的原因來判斷。一個信念如果同它的原因有某種關係（關係往往很複雜），我就認為這樣一個信念是『真的』，或者儘可能迫於是『真的』。杜威博士認為，一個信念若具有某種效果，它就有『有保證的可斷言性』——他拿這個詞代替『真實性』。」[33]

羅素的話不無道理，他指出了杜威真理觀的某些問題，實際上，當訴諸於一個觀念的實際效果來檢驗該觀念的真假時，這樣的解決方法隨即又會引起另一個更為嚴重的理論問題，這就是知道一個觀念是否達到某種目的要比知道它是真的更為困難些，正因為這個難題，羅素更為強調真理的事實含義和符合的意義。

對杜威真理觀評價的是是非非體現了哲學發展史上真理問題思考的豐富性和多樣性，無論杜威工具主義真理觀存在著何種難題，存在著多少的侷限性，但是，與其它真理觀相比，杜威真理觀具有符合常識、面向事實，貼近生活實踐的特徵，它代表著美國那個時代的特色。當然，隨著人類歷史的不斷演化和發展，他的這種真理觀也將消融到歷史長河中，但是，其真理觀讓我們領略到了知識論發展史上重要而精彩的一頁。

註釋

[1] 理查德 . 羅蒂：《後哲學文化》，黃勇譯，上海譯文出版社，1992 年，第 246 頁。

[2] 羅蒂：《後形而上學希望——新實用主義社會、政治和法律哲學》，張國清譯，上海譯文出版社，2003 年，第 24 頁。

[3] 羅蒂：《後形而上學希望——新實用主義社會、政治和法律哲學》，張國清譯，上海譯文出版社，2003 年，第 25 頁。

[4] 羅蒂：《後形而上學希望——新實用主義社會、政治和法律哲學》，張國清譯，上海譯文出版社，2003 年，第 14 一 15 頁。

[5] 羅蒂：《後形而上學希望——新實用主義社會、政治和法律哲學》，張國清譯，上海譯文出版社，2003 年，第 17 頁。

[6] 羅蒂:《後形而上學希望——新實用主義社會、政治和法律哲學》,張國清譯,上海譯文出版社,2003 年,第 17 頁。

[7] 理查德．羅蒂:《真理與進步》,楊玉成譯,華夏出版社,2004 年,第 5 頁。

[8] 羅蒂:《後形而上學希望——新實用主義社會、政治和法律哲學》,張國清譯,上海譯文出版社,2003 年,第 29 頁。

[9] 羅蒂:《後形而上學希望——新實用主義社會、政治和法律哲學》,張國清譯,上海譯文出版社,2003 年,第 13 頁。

[10] 理查德．羅蒂:《後哲學文化》,黃勇譯,上海譯文出版社,1992 年,第 5 頁。

[11] 羅蒂:《後形而上學希望——新實用主義社會、政治和法律哲學》,張國清譯,上海譯文出版社,2003 年,第 26—27 頁。

[12] 理查德．羅蒂:《後哲學文化》,黃勇譯,上海譯文出版社,1992 年,第 55—56 頁。

[13] 理查德．羅蒂:《後哲學文化》,黃勇譯,上海譯文出版社,1992 年,第 54 頁。

[14] 羅蒂:《後形而上學希望——新實用主義社會、政治和法律哲學》,張國清譯,上海譯文出版社,2003 年,第 13 頁。

[15] 羅蒂:《後形而上學希望——新實用主義社會、政治和法律哲學》,張國清譯,上海譯文出版社,2003 年,第 17—18 頁。

[16] [美] 希拉里．普特南:《理性、真理與歷史》,童世駿、李光程譯,上海譯文出版社,2005 年,第 56 頁。

[17] [美] 希拉里．普特南:《理性、真理與歷史》,童世駿、李光程譯,上海譯文出版社,2005 年,第 93 頁。

[18] [美] 希拉里．普特南《理性、真理與歷史》,童世駿、李光程譯,上海譯文出版社,2005 年,第 60 頁。

[19] 陳亞軍:《從分析哲學走向實用主義——普特南哲學研究》,東方出版社,2001 年,第 175 頁。

[20] [美] 希拉里．普特南:《理性、真理與歷史》,童世駿、李光程譯,上海譯文出版社,2005 年,第 1 頁。

[21] [美] 希拉里．普特南:《理性、真理與歷史》,童世駿、李光程譯,上海譯文出版社,2005 年,第 94 頁。

[22] [美] 希拉里．普特南《實在論的多副面孔》,馮豔譯,中國人民大學出版社,2005 年,第 69—70 頁。

[23] 《普特南文集》,李真譯,社會科學文獻出版社,2009 年,第 335—336 頁。

[24] [美] 希拉里．普特南:《理性、真理與歷史》,童世駿等譯,上海譯文出版社,2005 年,第 114 頁。

[25] [美] 希拉里．普特南:《實在論的多副面孔》,馮豔譯,中國人民大學出版社,2005 年,第 74 頁。

[26] [美] 希拉里 . 普特南：《理性、真理與歷史》，童世駿等譯，上海譯文出版社，2005 年，第 203 頁。

[27] 奎因：《奎因著作集》（第 4 卷，塗紀亮、陳波主編），《從邏輯的觀點看》，陳啟偉等譯，中國人民大學出版社，2007 年，第 29 頁。

[28] 奎因：《奎因著作集》（第 5 卷，塗紀亮、陳波主編），《悖論的方式及其他論文》，葉闖等譯，中國人民大學出版社，2007 年，第 76 頁。

[29] 奎因：《奎因著作集》（第 5 卷，塗紀亮、陳波主編），《悖論的方式及其他論文》，葉闖等譯，中國人民大學出版社，2007 年，第 86 頁。

[30] 奎因：《奎因著作集》（第 4 卷，塗紀亮、陳波主編），《從邏輯的觀點看》，陳啟偉等譯，中國人民大學出版社，2007 年，第 33 頁。

[31] 奎因：《奎因著作集》（第 3 卷，塗紀亮、陳波主編），《邏輯哲學》，宋文檢譯，中國人民大學出版社，2007 年，第 392 頁。

[32] 羅素：《西方哲學史》（下），商務出版社，1976 年，第 385—386 頁。

[33] John Dewey.Reconstruction in Philosophy ，2005 年，第 99 頁。

第 7 章 杜威實用社會知識論在道德和政治生活中的應用

　　杜威實用社會知識論的關鍵之處在於不把知識視為某種自足目的的觀念，從實驗主義的意義來說，認識通常是一種在經驗中解決問題的實踐行為，認識的價值是工具性的，這樣杜威探究的理論便有了自身的目的，即將哲學的關注點從「傳統之謎」引向了「人的問題」。基於認識被看作是採用適當的方法來解決問題的行動，因而杜威探究的理論可應用到道德和政治生活實踐中。

　　傳統哲學家們通常把倫理學和政治生活劃分為兩個截然不同的領域，倫理學所探討的是個體的行為問題，而政治哲學則涉及到國家權力的問題，杜威不同意這樣的一種區分，因為他認為，道德和政治是同一個問題，將兩個問題分別探討是不適當的。杜威首先考察了傳統倫理學，在他看來，傳統倫理學存在著兩個缺陷，無論是康德主義還是功利主義，都是二元論的道德理論，這是第一個缺陷；第二個缺陷是這兩個理論都是從固有的與終極的至善概念開始研究倫理學，杜威拒斥了這種理論。他認為，科學方法同樣可以應用到道德哲學中，這意味著自然主義的認識方法可在道德哲學中應用。以此為出發點，有問題的情境成為杜威道德理論的基礎，道德思考同知識產生的源泉一樣，它源於道德上出現問題的情境，然後對道德上有問題的情境進行探究，道德探究的過程就是解決道德中有問題情境相互衝突的過程。道德探究的目的不是追尋某種外在的善或者固有的法則，而是對我們的習慣進行完善、培養和提升，道德探究成功的標誌不是那種固定的道德律，而是一種假設，一種工具。這樣，杜威所倡導的實驗性倫理學對我們所繼承的風俗習慣作了工具性的思考和理解，即它們都是假設、工具以及前人探究的產物，道德探究始於有問題的情境，結束於新情境和被修改的習慣和風俗。由此可知，實驗性的道德理論是杜威實用社會知識論在道德哲學中的發展和深化。

　　社會不能固守傳統習慣，不能將現有的價值視為最終的、固定不變的，而應把它看作是進步的、變革的和成長的，杜威認為這樣的一種道德理論只

有在民主社會中才能成為現實。由此杜威又研究了民主問題，民主是一種共同體形式，它指的是一種生活方式，而不是一系列的政治程序。民主生活方式的含義在於將實驗性探究與合作性、批判性商談的方法應用於交往之中，民主的目的是透過對社會機構的民主改造來促進每個個體的成長，這是一項長期的任務。

▋7.1 杜威對傳統倫理學的考察

杜威實用社會知識論的關鍵之處在於他沒有把知識視為某種自足目的的東西，從實驗主義的意義來看，認識通常表現為在經驗中解決問題的實踐行為，認識的價值是工具性的，這就使得杜威探究理論有了自身的目標，由於認識被看作是採用合適的方法來解決問題的行動，因而探究的理論可以應用到道德和政治生活之中。以往在哲學史上，哲學家們通常把倫理學和政治哲學劃分為兩個截然不同的領域，倫理學所關心的是個體的行為問題，而政治哲學則探討國家權力等問題。杜威不贊同上述觀點，在他看來，道德和政治實際上是同一個問題，將一個問題劃分為兩個方面來探討是不適當的。由此，杜威首先對傳統倫理學作了一番深入的考察。

杜威反對傳統哲學將世界作二元劃分的思維方式，一級是完美自足的存在領域，這個領域的特徵是確定的、靜止的，人們透過理性可以把握它；與它相反的另一級則是經驗世界，它是不完美的，有缺陷的，這種二元論反映在知識論領域中便體現為主客體之間的二元分立。相應地，這種二元論思維方式也反映到了倫理學中，在道德領域內衍生出了兩種互為對立的道德理論，傳統倫理學二元論特徵在康德道德哲學和功利主義哲學中尤為明顯。

康德認為，人類的意志是道德評價的最終對象，他在《道德形而上學基礎》一書中描述道，在這個世界上，即便是在這個世界之外，除了善良意志之外，如果存在那種不經限制而稱得上善的事物是不可理解的。康德進一步指出，善良意志「自身」也是善的，意志自身的善不存在於那種能夠引導行為實現正確目的的能力中。換言之，善良意志的善並不是來自於行為所產生的後果，而是來自於其自願性的德行，這種自願性的德行則由正確的動機來

決定。也就是說，一個行為是否具有道德意義，不能從結果或者行為本身來判斷，而只能以動機作為評判的標準。在康德那裡，如果意志服從於先驗道德律令的話，它的動機就是正確的，反之，則是錯誤的。在此，康德把意志及其動機視為一種精神現象，它們是不可觀察的，對它們的評價與由它們所產生的、可觀察的行為無關，進一步而言，道德評價與人們所看得見的行為無關，而與人們看不見的行為的內在準則有關。

杜威對這樣的一種道德理論表示了置疑。一方面，這種理論將道德評價的對象置於觀察之外；另一方面，這種理論還意味著，人們無法知道自身意志與自身內在準則的特點，如果意志的善訴諸於適當的動機，如果這種動機具有不可觀察性，那麼，人們就無法知道自己是否具有善良意志，當然也無從知曉是否要按照道德律令來行動，顯然，這種道德理論不能為行為提供適當的導向。

與康德的理論正好相反，功利主義者們則將道德評價的對象置於外在的經驗世界之中，他們根據行為產生效果的能力對行為做出評價。穆勒說，當行為能夠增進幸福時，它就是恰當的。當它產生了與幸福相反的效果時，它就是錯誤的。功利主義者們反覆強調，人們所採取的行為應使幸福最大化，那麼，幸福到底是什麼呢？功利主義者的回答是，幸福存在於快樂之中，而不是痛苦之中，痛苦總是對人不利的，快樂卻總是對人有利的。由此，功利主義者提出了「追求最大多數人的最大幸福」的原則，這個原則要求人們使所有的快樂最大化，而使所有的痛苦最小化。

在功利主義者那裡，價值存在於願望的滿足程度之中，由此出發，他們關注經驗性的世界，而非超驗性的領域。就這點而言，功利主義者發展了康德的理論。杜威對功利主義的這個特徵予以了肯定，「功利主義是關於目的和善的學說從古至今的變遷中最占優勢的。它具有確定的價值。它力圖去除曖昧的一般性，而流為特殊的、具體的。它認為法則隸屬於外面的法則。它說制度是為人而設，而人非為制度而設。它積極促進了一切改革。它使道德的善成為自然的、仁慈的，並與人生的自然善相結合。而反對非當下的、非現世的道德。總之，它最大的功績是把社會福利作為最高標準移植到人類的

想像裡。」[1] 然而，功利主義在進步的同時，自身也存在著某些問題。誠然，在功利主義者那裡，每一個人都希望自己獲得幸福、快樂，而不是痛苦，當然會把願望的滿足視為道德的目標。但是，這個觀念也蘊含著一個問題，那就是能給我們帶來快樂的行為也許會脫離道德評價的約束，既然可根據行為的滿足程度來對行為實施道德評價，那麼，在這種理論中就缺少一種評價特殊願望的機制。實際上，功利主義者並沒有意識到，人們事實上希望做的事與有益於人們的事之間存在著區別。「當這個經驗論將價值論跟慾望與滿足的具體經驗聯繫起來時，我並不反對這個理論。據我所知，只有主張有這種聯繫的見解才能使我們避免理性主義遠離生活，同時教會之超驗價值論那耀眼狀況之唯一的途徑。在該問題上的反對意見是：這個理論把價值降為事先享受的對象，而不顧及這些對象之所以產生的方法；有些享受因為沒有受到智慧操作的調節而成為偶然，經驗論則把這種偶然的享受當作就是價值本身。」[2] 上述兩種道德理論都是杜威不能接受的，因為它們具有兩個侷限性：

第一、它們都是典型的二元論式的道德理論。杜威這樣評價康德的二元論：「康德的體系充滿了內在的困難，其中有不少成為爭論的對象。……我們可以公正地說，他的體系之主要特徵主要就是在認識上確定的對象和那些具有完備的實棧道德上有保證的對象之間劃分了領域。他的兩部主要著作是《純粹理性批判》和《實踐理性批判》，而這兩部著作的名稱就是這種解釋的標記。第一部書要根據理性的先驗理由來保證自然知識的基礎；第二部書有同樣的職能，要奠定道德和宗教概念的基礎。科學僅侷限於時空的現象以內，而高級本體的實在世界便可為觀念的和精神的價值所專有。每一領域以內都各自有其裁判全權和獨立主權。」[3] 杜威指出，像康德這樣的傳統道德理論潛在地在「內在的」心理性的動機世界與「外在的」自然的行為世界之間架上了一道不可踰越的鴻溝，這道鴻溝就是那種人為預設的二元論。這種二元論的道德理論的基本特徵是：它運用所謂的「內在」理論（以康德道德理論為主）在不能觀察到的、非經驗的世界內部建立起了道德評判的標準，同時，又用所謂的「外在」理論（以功利主義理論為主）將道德價值與現有願望的滿足聯繫起來。當然，它們並不在乎這種願望所包含的內容，其結果只能是：道德理論總是在兩種理論之間猶豫不決，搖擺不定，「一種理論為

了要保持價值判斷的客觀性，便把這些價值判斷和經驗與自然分開；而另一種理論為了保留價值判斷的穩定性以及人生的意義，又把這種價值判斷歸結成單純是我們的自己感情的陳述。」[4] 杜威進而認為，這種二元論的道德理論由於建立在陳舊的心理學基礎之上，因而成為一種誤導性的理論，應對它進行改造，改造後的道德理論不能在行為的內在因素和外在表現之間作二元劃分。相反，杜威所倡導的新道德理論（實驗性的道德理論）始於生命體，建立在動機和行為的連續性、有機體與生存環境的統一基礎之上，在這種理論裡，已經看不到任何二元劃分的痕跡了。

第二、傳統道德哲學的任務乃是追求某種「至善」、「最高的善」，這種所謂終極的、固定意義之道德善的目的是尋求確定性，試圖固守某種傳統習俗，「然而代替習慣的理性仍須負責提供那種習慣所賦予的目標和法則，它們是固定不變的。從那以後，倫理學說就很奇妙地受了催眠，竟以為它的任務是要發現一個究竟目的，或至善，或一個至高無上的法則。這是紛紜不一的諸學說的共同之處。有些人認為這個目的是對於上級權力或權威的忠誠或馴服，他們對這個高等的主體的見解各不相同，有的認為是神的意旨，有的認為是義務的合理的意識。但他們有一點是共同的，就是承認法則是唯一和最後的源頭，所以他們是各異其道的。」[5] 康德道德理論和功利主義皆始於所謂的道德善，兩種理論的不同之處只是在於道德善的內容之差異。在康德那裡，這種善服從於理性的意志。而穆勒則主張，善就是願望的滿足。不論兩者善的內容區別有多大，然而善的性質卻是一樣的，即這種善是固有的、自足的，具有絕對的意義，用杜威的語言表示就是，所謂「至善」的根本目的就是尋求確定性，固守傳統習慣。

杜威反對傳統倫理學追求這種「至善」的傾向。他追問道：「唯一最後和至上（不論它是善或是有權威的法則）的那個信念，是否就是歷史上已消滅的那個封建制的理智的產物，和在自然科學上已消失的，以宇宙為有邊際，有等級，而在它裡面靜是勝於動的那信念的一個理智的產物。」[6] 在否定這種倫理學之後，杜威提出，新的倫理學必須從生命體的實際經驗出發，從有機體與生存環境的相互作用開女臺。顯然，杜威的這一思路與其知識論思路是一致的，也就是說，倫理學也不能忽視生物學所取得的成就，生物學中所

帶來的運動、變化、特殊、多樣性等觀念同樣可以應用到道德哲學的研究之中，「這個理智的改造要應用到道德的社會的範圍去，是否就要我們更進一步去接受變化、運動、差異的善和目的的多樣性，去接受那些原理、標準、法則就是分析個別的或單獨的情境的認知工具。」[7]一旦放棄了這種追求「至善」的道德目的，那麼，新的倫理學將重新建構「善」的理論，依據生物學的圖式，善的目標是在生命體與其周圍環境的相互作用中實現，如此一來，新的倫理學必然是實驗性的，它需要把科學方法運用於人類價值問題的研究之中，即將自然主義方法運用於價值問題的探討之中。

註釋

[1] John Dewey.The Quest for certainty：A study for the Relation of Knowledge and Action. New York：Minton，Balch&Company，1929，p.258.

[2] John Dewey.The Quest for certainty：A study for the Relation of Knowledge and Action. New York：Minton，Balch&Company，1929，p.58—59.

[3] John Dewey.The Quest for certainty：A study for the Relation of Knowledge and Action. New York：Minton，Balch&Company，1929，p.263.

[4] John Dewey.Reconstruction in Philosophy，2005 年，第 89 頁。

[5] John Dewey.Reconstruction in Philosophy，2005 年，p.90.

[6] John Dewey.Reconstruction in Philosophy，2005 年，第 90 頁。

[7] John Dewey.Reconstruction in Philosophy，2005 年，第 90—91 頁。

▋7.2 實驗性的道德理論

在對傳統倫理學進行批判改造的基礎上，杜威提出了他的新倫理學，這種新倫理學的特點是將科學方法引入到倫理學的研究之中，因而其倫理學被稱之為實驗性的道德理論，實驗性一詞接近科學中的實驗這個詞。實驗性的道德理論源於有問題的情境，換言之，道德思考源於在道德上出現問題的情境，由此我們可以說，杜威的這一思路同其知識論是相同的，情境主義是認識產生的背景，而現在情境主義同樣也是實驗性道德理論產生的背景，從這個意義上說，實驗性的道德理論是杜威實用社會知識論在道德哲學中的應用和深化。

　　在前面的章節中，我們曾提到，認識產生於有問題的、不確定的情境，該情境指的是人類所生存的自然和社會的環境。我們不僅生活在一個由物質對象和自然力所構成的自然世界中，同時也生活在社會、歷史、文化的世界之中，其中，風俗習慣等等社會因素對人類產生著重要的影響。當人們所生存的情境發生了問題，並失去了平衡的時候，那麼，人類的認識就開始產生了。相應地，當道德要素和價值失範的情境出現的時候，道德思考就接踵而來了。

　　一旦這類情境開始出現後，不同的善和願望之間就產生了相互衝突，繼而情境中的各要素和那些無法滿足的價值之間也相互衝突，此時，人們能夠明顯地感受到相互衝突的價值所帶來的壓力，壓力伴隨著困惑。這時，我們首先需要進行判斷和選擇，然後再採取行動，「道德的情境是在公然行動以前須要判斷和選擇的一個境地。這個情境的實際意義一就是要說出滿足它們的那個行動——不是自然明白的，而是必須去尋找的。有互相衝突的慾望，也有不能兩全的善行。所需要的是去找出行動的正確路線以及合理的善。所以探究是必須的：情況詳細構成的觀察，各種不同因素的分析，幽暗部分的澄清，折衷頑強而鮮明的特質，追蹤各種行動方式所暗示的結果，認為所得決論在所預期和所推想的結果（即此決論所以被採用的原因）與實際後果相合以前是假設的和嘗試的。」[1]

　　採取行動的目的是為了實現某種特殊的善，當然，實現某種善的同時也意味著壓抑其他的善，此時，我們就需要找到正確的行動路線和正確的善，杜威把這一切稱之為道德探究。道德探究就是解決道德上有問題的情境衝突的過程，其基本順序是：觀察情境的構成狀況，對那些分散的各要素進行分析，理清模糊不清楚的地方，預測那些可以持久和鮮明的特徵，考察和推演不同行為方式的結果，……顯然，道德探究的過程類似於認知探究的過程，對此，杜威舉例說：「道德的善和目的僅僅在有什麼事需要做的時候才存在。有什麼事要做該事實證明在目前的情境下有缺陷和不幸。這個不幸即目前所遇特殊的不幸，它和別的任何東西都絕不相等。所以這個場合的善必鬚根據缺陷和困難的調節去發現、規劃和實現。不能以技巧從外面注進那情境裡面去。但比較各種不同的場合，收集人類所遭到的不幸並概括相同的諸善而分

為門類，乃是智慧的本分。……分類『暗示著』在特殊事件研究中所當留意之可能的特性，以及在排除不幸原因所嘗試的行動的方法。它們是洞察的工具，它們的價值在於促進個別情境的個別反應。」[2]

道德探究的結果與知識論上探究理論之結果一樣，它是變化的、發展著的、生成的，而不是固定不變的。換言之，成功道德探究的結果不是固定不變的道德律，而是一種假設，一種工具，這種工具能夠保證人們在未來探究中得以使用。「把實驗法從物理學移用於人類方面所產生的第三個重要的變化是有關於標準、原則、規範的重要性的問題。隨著這種轉移，我們就會把標準、原則、規範以及關於善的一切信條、信念等等當作是假設。它們不再是固定不變的東西；我們會把它們當作是理智的工具，有待施行後的後果來加以驗證和肯定（甚至於改變）。」[3]

道德探究是否成功必須遵循著兩個原則：

其一、取決於解決具體問題的能力；

其二、依據那種能夠避免進一步出現困難的潛能

換言之，在解決疑難問題的過程中，如果道德探究解決了當前的問題，使不確定的、疑惑的道德情境轉變成相對穩定的、問題解除的情境，那麼，道德探究就是成功的。相應地，如果道德探究引起了更壞問題的出現，那麼它就是失敗的。

值得注意的是，杜威認為，道德探究的成功還要取決於它是否為人們未來的行動提供更好的條件，這點尤為重要，他把評判道德的這一標準稱為「生長」（growth），生長指向未來，為未來服務，而不駐足於現在，「善和目的並不在於已被定為固定不變之目的的『健康』，而是在於健康所須的進步──連續的進程。目的已不再是將要到達的終點或界限。它是改變現存境況的活動歷程。生活的目標並不是將完美定為最後的日的，而在於成全、培養、進修的永遠的歷程。誠實、勤勉、節制、公道和健康、富有、學問一樣，如果作為固定的目的看，雖似是可以佔有的，實則並非可以佔有的東西。它們是經驗的性質所起變化的方向。只有生長自身才是道德的『目的』。」[4]

道德探究的目的已不是那種內在固有的法則或者是外在的「善」，道德探究的目的在於「生長」，「生長」是一個積極的、進步的、有建設性意義的概念，「生長」的優點在於它能對我們的風俗習慣進行完善、培養和提升。

基於「生長」的出現，人們不再服從於那種與經驗無關的價值標準，而是重新思考傳統習俗來理解道德，「無論評判個人或集團都不可用他們是否得到一固定的結果為標準，只可根據他們的活動所指著的方向來評判。所謂壞人，無論他原來是怎樣好，就是已經開始墮落而漸漸變成不好的一個人。所謂好人，無論他原來在道德上是怎樣好，就是趨向改善的一個人。這樣一個概念，令人嚴於律己而寬以待人。它拋棄了根據對於一定目的的接近程度而下判斷的那種傲慢。」[5] 杜威的這段話很明確地說明，他持一種變化的、發展的視角來研究道德現象，這種實驗性的道德理論不是以符合前提為條件來進行道德評價，相反，是從後果來評判道德，因而道德評價的資料是預期性的，指向未來，具有開放性，而不是回溯性，「原來人們根據是否符合於先在對象的情況來形成價值的觀念和判斷，而現在要在後果的認識指導之下來建構可享受的對象；這個變化是從回顧過去變為展望未來的一個轉變。……過去的經驗讓我們獲得判斷的認知工具，正是在這點上，它是重要的。它們是一種工具而不是最後的事物。對我們所愛好和所享受的東西加以反省，是必要的。但是只有當這種享受能夠回過頭來對它們加以控制的時候；只有在我們回憶它們的過程中，儘可能以我們愛好這類事物的原因和我們愛好它之後所產生的後果來構成最好的判斷時，我們才能從反省中得知這些事物的價值。」[6]

基於實驗性道德理論的這些特徵，杜威要求審視我們所繼承的各類風俗習慣，不能將過去遺留下來的這些風俗習慣作靜止的、固定不變的思考，而要將它們視為一種工具，用杜威的語言表示就是，這些所謂的風俗習慣乃是一種嘗試性的假設和工具，因為它們是前人探究後的產物，它們已不是真理，不能對它們頂禮膜拜，「我們並不是要拋棄過去經驗到的享受以及對它們的回憶，而我們只是要拋棄這樣一種想法，認為過去所經驗到的享受是進一步應該享受什麼的裁判者。現在人們的確找到了過去的這個裁判者，不過，對於在過去到底什麼是有權威的東西這一點，則有各種不同的理解，從名義上

講來，最有影響的一種見解無疑地就是那種認為我們曾經一度有過神靈啟示，或認為我們曾經一度過上一種完美生活的想法。依靠先例、依靠過去、特別依靠在法律的制度，依靠由於未經檢驗的習慣所傳遞給我們的道德規範，依靠未經批判過的傳統等等都是其他形式的權威依賴，這絲毫也不暗示說，我們能夠脫離習俗和既有的制度，脫節之後無疑地就會產生混亂的後果。但是這樣的脫節並沒有什麼危險。」[7]

既然道德探究源於有問題的、疑難的情境，那麼，探究的內容就指向了那些前人留下來的風俗習慣。當新的有問題的情境出現時，過去留下來的風俗習慣已不能解決和應對新情境中的問題，此時，存在著許多我們不知如何解決的衝突，當然，過去風俗習慣解決問題和衝突的方式也不再有效，我們應該審視以往產生的各種風俗和習慣，將它們置於新經驗的檢驗之中。杜威並沒有全盤否定傳統的風俗習慣，而是主張要將這些傳統的風俗習慣作工具性的理解。換言之，這些風俗習慣曾在過去發揮著積極作用，但對於新情境來說，未必有用，它們已不再是永恆的真理和權威，而是一種理論的假設，傳統風俗習慣的價值在於它具有一種引導進步實踐的能力，「隨著這種轉移，我們就會把標準、原則、規範以及關於善的一切信條、信念等等當作是假設。它們不再是固定不變的東西；我們會把它們當作是理智的工具，有待施行後的後果來加以驗證和肯定。」[8] 在杜威那裡，道德探究始於有問題的、疑難的情境，它結束於新情境以及被修改的風俗和習慣。

既然實驗性的道德理論對以往的風俗習慣作了工具性的理解，為了進行道德探究，社會就不能固守某種傳統風俗習慣，更不能將現有的一切價值視為是必須遵從的、固定的、最終的命令。如果將這些傳統的風俗習慣看作是最終的、權威的真理，那麼社會會陷入到不利的、有害的狀況中。「如果一個人停下來，考慮一件事，人們竟會以忠於『法則』，原則、標準、理想為一種固有的美德，來說明正義，這不是有些奇怪嗎？這些『法則』、原則、標準、理想似乎是借助於人們對它們的執著的依附性來補救其中所隱藏著的某種軟弱之感。一個道德的法則……它是在特殊條件下表現出來時，應採取何種行動的一個公式。它的正確性和恰當性是靠實行它以後的後果來驗證。它是否有權威，最後要看我們所須應對的情境是不是不可避免，而不是依賴

於它自己的內在本性（正如一個工具為人們所重視的程度是以它所提供的需要的程度為轉移的）。」[9] 在對傳統風俗習慣作這番考察後，杜威指出，社會永遠是發展的、進步的和創新的，道德探究只有在民主的社會中才能變成現實，由此，杜威又開始考察了民主的含義。

註釋

[1] John Dewey.Reconstruction in Philosophy，2005 年，p.93—94.

[2] John Dewey.The Quest for certainty：A study for the Relation of Knowledge and Action. New York：Minton，Balch&Company，1929，p.277.

[3] John Dewey.Reconstruction in Philosophy，2005 年，第 98 頁。

[4] John Dewey.Reconstruction in Philosophy，2005 年，第 97 頁。

[5] John Dewey.The Quest for certainty：A study for the Relation of Knowledge and Action. New York：Minton，Balch&Company，1929，p.271—272.

[6] John Dewey.The Quest for certainty：A study for the Relation of Knowledge and Action. New York：Minton，Balch&Company，1929，p.272.

[7] John Dewey.The Quest for certainty：A study for the Relation of Knowledge and Action. New York：Minton，Balch&Company，1929，p.277.

[8] John Dewey.The Quest for certainty：A study for the Relation of Knowledge and Action. New York：Minton，Balch&Company，1929，p.278.

[9] 杜威：《新舊個人主義——杜威文選》，孫有中等譯，上海社會科學院出版社，1997年，第3頁。

▌7.3 作為生活方式的民主

民主在本質上是一個社會的概念，它是一種相互關聯的生活方式。杜威對民主的這一定義與以往人們對民主的理解大相逕庭。以往人們把民主理解為一個「政治概念」或者政治程序，透過這種形式，普通民眾參與選舉。除此之外，民主還意味著它是政府組織形式的程序工具，民主等同於定期的公開選舉、普選權、出版自由等等。杜威所提出的民主顯然與這種類型的民主截然不同，他指出，如果我們按照上述方式來理解民主，實際上就誤解了民主的本質含義，杜威提出了一種更為寬泛和豐富的民主概念。他表示，民主並不僅僅指的是國家以及相應的程序工具，民主的政治機構也不是民主的最終目的和價值。相反，民主是一種方法，是一種真正人道的、生活方式的方

法，從這不難發現，杜威將其知識論的基本精髓應用到了對民主的理解之中。首先，民主比我們剛才所提到的那種特殊的政治形式要寬泛得多，它不僅僅只涉及到政治與政治程序，民主還具有更寬廣、更深刻的意蘊，那就是我們要對民主作工具性的思考，它是政治和政府方面的一種手段（迄今所發現的最好的手段），民主有助於建立更廣泛的人類交往以及實現個體健全的人格發展，這點正如杜威所說的：「民主是一種生活方式一社會的和個人的，儘管我們可能未能領會這一提法所蘊含的全部意義。」[1] 杜威把民主理解為一種生活方式，這是從生存論意義上來理解民主的，民主不僅源於人的現實生活，而且民主的目的和歸宿也來自人的現實生活，民主是實現一種真正人道的生活方式的工具和方法。

　　作為生活方式的民主，它體現為一種共同體的形式。那麼，什麼樣的共同體才是民主的呢？杜威指出，民主的共同體有著共同的目標、信念和知識。換言之，共同體是指在目標、信念、要求、知識等方面具有一致性的一群人，這群人協調地參與到群體的共同生活中，並有目的地分享著經驗，從這個意義上說，民主就是一種共同體的生活，它是關於共同體生活的明確意識，「第一個要素，不僅表明有著數量更大和種類更多的共同利益，而且更加依賴對作為社會控制因素的共同利益的認識。第二個要素，不僅表示各社會群體之間更加自由的相互影響（這些社會群體由於要保持隔離狀態，曾經是各自獨立的），而且改變社會習慣，透過應對由於多方面的交往所產生的新情況，社會習慣得以不斷地重新調整，這兩個特徵恰恰就是民主社會的特徵。」[2] 杜威把民主理解為一種共同體的生活，他的這一思路更多的是從社群主義的角度來思考的，相對而言，在個人和社會的關係中，杜威相對更注重社會的方面。進一步說，在這樣的民主共同體內，傳統的風俗習慣已沒有了最高的權威，個體可以充分參與到共同體行為與價值的活動之中，透過個體的參與，個體和共同體都得到了成長和提高，這樣就能保證更多的人們從中獲取更大的利益。

　　作為一種生活方式的民主，它體現為一種人類相互交往的形式，在這種民主的人類交往中，個體積極參與到討論、辯論以及政治審議中。杜威認為，民主表現為人們交往的方式，它首先存在於最局部的人類交往中，民主是從

家庭開始的，家庭就是那種互為鄰居的共同體，杜威的這一觀念意味著民主
不是從國家開始。源於家庭的民主可從日常生活中所有事件與關係的態度中
體現出來，民主的表現形式就是：鄰居們聚集在街頭巷尾反覆討論那種未受
檢驗的新聞，或者朋友們在起居室與公寓裡，自由的辯論。除此以外，杜威
還認為，民主要求我們對商談（discuree）以及合理的辯論進行集體探究。
換言之，作為一種交往的形式，民主要求我們共同關注和長期參與到商談中
去，在民主的商談中，人們只能收集對自己有利的證據來證實某些問題，商
談後所作的結論和決定都不是最終的，而只能被看作是嘗試性的假設與行為
的提議，它須接受未來經驗的檢驗以及修正，在這一系列的過程中，社會地
位與聲望等等都與商談無關。「民主的政府形式只是人類智慧所設計出的適
應歷史上一個特殊時期的最好的手段。但它們基於這樣一種觀念，即不經他
人同意，任何個人或有限的人群都不具備足夠的智慧和美德來臺理他人；此
一陳述的積極意義即，所有受到社會組織影響的人都必須參與創製和管理這
些組織。一方面，每個人生活的社會組織將影響他人的所做、所樂於所求；
另一方面，在民主制度下，他因此在塑造這些組織時應享有發言權。」[3]

　　商談在杜威的民主中是一個重要的概念，它是實現民主生活方式的重要
手段。杜威提出，將科學方法與商談聯繫起來，即民主的商談可採用科學的
實驗方法，或者說採取科學探究的態度和勇氣來進行商談。杜威將科學的方
法應用於民主，意味著將自然主義方法介入到了政治哲學的研究典範中，在
一定程度上拓展了政治哲學的研究視野。

　　最後，為了實現民主的生活方式，杜威還提出在所有的社會機構和普遍
的社會交往中實施和擴展民主態度和實驗方法。基於教條主義和權威主義占
據著工廠、學校和公共空間，市場圖像、有害的口號及噪音預先控制了政治
理念和社會理想，因此，如果要發展民主的生活方式，就要提倡批判性的探
究精神和審議性的討論態度。杜威指出，實現民主生活方式的障礙在於我們
的機構和態度，因而我們要為追求民主而進行鬥爭。為了實現民主的理想，
須改造和修復現有的社會條件。換言之，為了實現民主生活方式，最關鍵之
處在於發展教育，發展教育是實現民主的根本手段和環節，「我說過，民主
與教育是一種雙向關係，因為不僅是民主本身是一項教育原則，而且離開了

我們通常所認為的狹義上的教育一在家庭，尤其是在我們心目中的學校裡所進行的教育，民主就不能維持，更談不上發展。學校是傳播任何社會集團所重視的任何價值與目標的核心機構。它不是唯一的手段，但它是首要的手段、基本的手段和最審慎的手段，透過這種手段，任何社會團體所重視的價值以及試圖實現的目標得到傳播，供個人思考、觀察與選擇。」[4]

　　既然教育是實現民主的首要手段，那麼學校就應成為合作性的探究中心，而不再是那種供人們獲取機械技能的職業訓練中心，工廠也應轉變成為合作與共享的工作場所，家庭及其成員要應體現民主共同體的性質。杜威指出，只要我們每一個人盡力將實驗性的探究方法應用於所承擔的義務以及信念和價值之中，以協商的精神滲透到社會交往中，那麼民主的生活方式就能實現。由上可知，杜威將民主、教育和科學方法結合起來，在一定程度上拓寬了政治哲學的研究視野。雖然他對民主的理解是一種烏托邦式的理想主義，但是在政治哲學的發展史上，無疑也是一個有意義的探索。不僅如此，正因為杜威將民主的這種理想推及應用到教育生活中，所以美國在短短的時間內，成為世界的教育大國。毋庸置疑，杜威的民主理念有很多合理的地方，對社會的發展有著重要的意義與價值。

註釋

[1] 杜威：《新舊個人主義——杜威文選》，孫有中等譯，上海社會科學院出版社，1997 年，第 7 頁。

[2] 杜威：《新舊個人主義——杜威文選》，孫有中等譯，上海社會科學院出版社，1997 年，第 3—4 頁。

[3] 杜威：《新舊個人主義——杜威文選》，孫有中等譯，上海社會科學院出版社，1997 年，第 25—26 頁。

[4] 陳亞軍：《哲學的改造——從實用主義到新實用主義》，中國社會科學出版社，1998 年，第 39 頁。

第 8 章 杜威實用社會知識論的影響及其現代意義

　　杜威實用社會知識論是傳統知識論走向現代知識論這一發展過程中的產物，其知識論問世以來，得到了很多哲學家的認同，例如，G.H. 麥德，查理 .W. 莫里斯、西德尼 . 胡克、阿瑟 .E. 墨菲……，這些哲學家秉承杜威實用社會知識論的基本論點，並對其中某些問題作了適當的修正和補充，他們從不同的角度促進了杜威實用社會知識論的發展，擴大了杜威實用社會知識論的影響。從 19 世紀末到上個世紀 30 年代，實用主義輝煌了 30 年，此後便開始遭到冷落。20 世紀 70—80 年代以來，在美國掀起一場實用主義復興的思潮，該思潮被人們稱為新實用主義運動，新實用主義運動的崛起引起了人們對杜威思想的重新關注，這些新實用主義者如羅蒂、奎因、普特南、伯恩斯坦等人，再次舉起杜威實用主義的大旗，特別是羅蒂，受杜威影響較深，他的很多理論直接衣缽傳自於杜威，例如，其行為主義知識論對傳統「模式哲學」的批判便是對杜威實用社會知識論的繼承與發展。奎因自認為他的自然主義學說以及行為主義語義學等思想是在杜威的影響下形成的。普特南也繼承了杜威反二元論傾向以及真理觀，但同時對杜威的功能主義作了某種程度的修正和補充。最後，本書認為，在傳統知識論走向現代知識論這個階段中，杜威所倡導的實用社會知識論順應現代西方哲學變革的潮流，表徵著美國哲學中實用主義與分析哲學、歐洲大陸哲學（尤其是後現代主義思潮）的結合，透過新實用主義者對杜威實用社會知識論某些思想的繼承與發展，體現了分析哲學的實用主義化以及實用主義的後現代化，體現了歐洲大陸哲學對美國實用主義的影響，正是基於這個維度，杜威實用社會知識論在現代知識論發展中凸顯出了其重要的現代意義與價值，是現代西方哲學知識論發展中的一個重要環節。

▎8.1 杜威實用社會知識論的主要繼承者

　　杜威實用社會知識論問世以來，獲得了很多哲學家的認同和關注，他們繼續推進杜威實用社會知識論的基本路線，從不同的角度促進了杜威實用社會知識論的發展，擴大了杜威實用社會知識論的影響，以下內容乃是本書對杜威實用社會知識論繼承者之思想所作的簡要介紹：

8.1.1 強調社會情境重要性的哲學家及其主要思想

　　在前面的章節中，我們提到，杜威把認識發生的背景稱為情境主義，這是杜威實用社會知識論的一大典型特徵，在情境主義理論中，杜威尤為強調社會情境的重要性，他的這一思路在 G.H. 麥德，查理 .W. 莫里斯、西德尼 . 胡克、H.C. 布朗等人那裡得到了響應，這些人不約而同地繼承杜威強調社會情境重要性的基本特徵，著重從社會性方面來研究認識的產生與發展，當然，在他們的思想中，又各有千秋。

　　G.H. 麥德是這些人中頗有特色的一位思想家。首先，麥德繼承了杜威強調科學方法重要性的傾向。和杜威一樣，麥德拒斥傳統知識論在主客體之間作二元劃分的思路，他主張，應把知識論問題同科學方法結合起來。在麥德那裡，知識論問題主要是：首先，我們能夠直接感知的世界與我們不可能感知的原子和亞原子世界之間的問題，這些知識論問題往往是科學家自身感興趣的問題。在科學研究中，科學家們所提出的預設和解決問題的方案引起了哲學家們的思考，進入到哲學家研究的領域之中，成為知識論探究的問題，這些預設和方案包含著自然過程的系統性和整體性的特徵，這種特徵反映到知識論中，使得知識論探究已不是認識的主體與客體之間的關係問題，而是自然的統一性整體性的問題，以及個人經驗在自然中所處的地位等等。由於將科學方法介入到知識論中，那麼知識論問題便是一個行動的問題，它是一個有關自然界的問題。在此，麥德認為知識論的內容是有關人與自然的關係問題，整合性和統一性成為研究知識論的視角。另外，麥德還強調，知識論問題發端於人們所經驗到的後果，然後返回到對該後果行之有效的世界。換

言之，知識論問題的出發點乃是人們所經驗到的事物的效果，其次才回溯到該事物的過程。

其次，在知識論研究中，麥德尤為強調認識產生和發展的情境，顯然，這點是受到杜威的影響。麥德認為，認識存在於某種境況之中，認識中產生的意義和真理依賴於其中的境況，認識中的境況不是絕對的、固化的、靜止的，而是相對的、變化的，在某一境況中已知是真的或者是已確定的事物，在另一境況中則有可能是假的或者是不確定的。秉承杜威在知識論研究中重視生物學的思路，麥德也強調認識境況中的生物學因素。他認為，有機體與其生存的境況是相互依存、相互作用的關係，一旦境況發生變化，那麼對該事物的認識就應有所變化，進一步說，境況的變化會引起該事物的概念、命題、判斷等等的改變。麥德對認知過程的境況做了細緻的研究，他表示，當認知過程的境況出現不確定因素或者是疑難狀況的時候，探究就開始了，麥德把認知的發生歸於有問題的境況，這一點和杜威情境主義是一致的。但是，他比杜威走得更遠，因為在麥德那裡，認知的目的不僅僅是解決疑惑的問題境況，更主要是促使某種活動能夠順利開展。舉例來說，人與世界的關係是透過一種行動或者一種活動方式體現出來，當不確定的、疑惑的境況出現後，這種行動或活動方式就會陷入到失衡的狀況中去，此時人們追求知識的原因就在於對它能幫助人們重新恢復均衡的狀況。麥德主張，在認知的探究中，首先應調查那種存在的問題事實，這些問題必須是大量的、確鑿的，而不只限於少量的、已查明的事實。在探究中也許會有許多主觀性的因素，例如不確定的假說、錯誤、幻覺等等，它們會影響認知的探究，但是，只要我們依據科學的方法，這些主觀性的因素就有可能被消除。

最後和杜威相似，麥德強調認識境況的社會性方面。在他看來，社會性乃是認識的起源和本質，注重認識的社會性是麥德知識論的重要特徵和顯著特徵，正是依據社會性這一概念，麥德提出了其知識論思想，社會性成為麥德知識論的基石。麥德的社會性理論源於杜威實用社會知識論中社會性這一概念，但是在有關什麼是社會性這一問題上，兩者有所不同。麥德認為，社會性表現為一種行動的特徵，他把社會性理解為一種行動，這種行動能夠引起認識對象中同自己特徵相似的某種活動。舉例來說，當有機體被置於某種

與它相對立的境況之中時，該有機體才能凸顯出自己的特徵，這也就是說，有機體首先是一種社會性的存在，然後才是自我的存在。麥德認為，整個自然界都普遍存在著這種社會性的行動，它的範圍不僅僅侷限在人類和動物界，同時還擴大到地球和太陽的關係之中。他強調，我們認識中產生的概念也屬於社會工具，認知探究中所利用的工具同樣是社會的產物，探究的結果也是社會性的結果。在他看來，公共世界乃是第一位的、最重要的，它預先設定在私人世界之中。在經驗中，個人立場來自於公共立場，而公共立場並不是建立在個人立場之上。所謂的假說、懷疑、錯誤甚至主觀經驗等等都是由社會性引起的，其原因在於我們生存和活動的世界是社會的世界，由於社會的世界產生了各種各樣的問題，然後才導致假說、錯誤等等的產生。以上表明，麥德受到杜威重視社會性這一傾向的影響，進而提出了自己的知識觀，其中，社會性乃是麥德知識論的核心。

除麥德以外，強調認識境況中社會性因素的人還有查理 .w. 莫里斯、H.C. 布朗、西德尼 . 胡克等人。查理 .W. 莫里斯高度讚揚了杜威，他認為杜威的知識論不僅能夠避免其他知識論所產生的嚴重錯誤，同時還是論述廣義客觀相對主義的最佳理論。西德尼 . 胡克更是繼續推進杜威工具主義的基本路線，他強調工具的概念不僅具有目的性的能動性特徵，還具有交易的特徵，這也就是說，證明的邏輯和發現的邏輯是一致的，思想的工具與交換中的錢幣的功能是相同的。胡克從實用主義角度對社會性問題作了大量的研究，寫下了很多的論著。

8.1.2 強調廣義情境論的哲學家及其主要思想

強調廣義情境論的知識論同樣衣缽於杜威情境主義路線，注重從生物情境、社會情境、歷史情境等綜合因素來研究知識論，其特徵主要是：不侷限於某個單一情境來論述認識，而是把認識置於一種廣泛的情境之中加以研究，因此被稱為廣義情境論的知識論，其代表人物是：艾迪遜 .W. 穆爾，路易斯 .E. 漢恩、阿瑟 .E. 墨菲、J. 魯溫伯格、斯特芬 .C. 佩普爾、A.F. 本特雷等等，下面我們選取其中幾個代表人物作簡單介紹。

　　艾迪遜 .W. 穆爾繼續發揚杜威強調連續性、情境主義以及真理觀中的客觀成分等特徵，促進了杜威實用社會知識論的發展。首先，認識表現為一種關係性的存在，它是一個連續的過程。穆爾從認識中的邏輯因素和非邏輯因素之間的相互關係來討論連續性。在他看來，認識中的邏輯因素和非邏輯因素既相互區別，又相互聯繫，這種聯繫就體現為一種連續性。兩者雖然有所區別，但是從功能上說，它們是相互聯結在一起的。認識中的非邏輯因素正因為與邏輯因素相互聯結，然後才導向了邏輯性。然而，認識中的非邏輯方面並沒有退出認識的過程，相反，它們表現為感覺、語詞、假說等等形式參與到認識過程中。在這一系列的連續過程中，認識始終都表現出一種行為、操作的過程。基於此，穆爾反對將認識中的邏輯因素和非邏輯因素相互對立的觀點。

　　其次，基於認識中的邏輯因素和非邏輯因素之間的連續性，穆爾堅持認識與其對象的連續性和相關性，由此他反對旁觀者式的知識論，因為那種旁觀者式的認識圖式是在孤獨的、精神的、心理的狀態下發生的，其結果只能忽視認識過程中的連續性和相關性的傾向。穆爾和杜威一樣，都把認識視為一種探究活動，一種操作活動，在認識的過程中，認識的主體與客體不分離，它們是一種連續性的存在方式，科學資料不是僅被髮現的感覺資料，它是操作的結果，認識對象也是在認識探究過程中發現的。

　　再次，穆爾堅持認識同其社會境況之間也體現出連續性的方式。認識從一開始就發生在社會境況之中，它不能離開社會境況而獨立存在。當然，認識主體中也具有社會的內涵，而認識中的工具一概念、思想、假說以及認識的資料等等，都來自於社會，並受到社會的制約。穆爾主張從實用主義角度討論意識，他認為，實用主義者都堅持意識的社會來源和社會功用，意識產生於社會境況之中，而且也不斷地發展於社會境況之中，意識是社會境況的一種功用。在此，穆爾宣稱，如果沒有意識到認識中的社會性，那麼就會陷入到唯我論的狀態。他指出，那些批評實用主義的人是因為沒有看到實用主義者強調認識的社會性方面，所以才導致將實用主義看作是一種唯我論。

　　最後，穆爾繼承杜威真理觀的基本論點，把真理看作是效用和工具。他指出，認識過程中的社會境況和自然境況是一種連續性的存在，真理就形成於這種連續性之中。在這種連續性裡，真理是將不符合人意的境況轉化成符合人意的境況的結果。與杜威所不同的是，穆爾在其真理觀裡儘量保留了傳統的真理觀內容，真觀念不僅僅體現為效用和工具，而且還是以效用和工具的方式來產生效用和工具的觀念。舉例來說，如果拔出一顆牙齒帶來了某種滿足，那麼這顆牙齒引起疼痛的觀念就不是真觀念，只有當拔掉了那顆牙齒後，並止住了疼痛，那麼，該觀念才是真的。穆爾的真理觀意味著，觀念的真理性在於該觀念的結果始於該觀念之中，它不必與真實命題的結果完全一致。以此為基礎，穆爾認為追求真理的目的在於消除認識中的模糊不清的地方，以及阻礙認識向前發展的障礙，而不僅僅為了滿足某種需要。

　　除穆爾以外，阿瑟 .E. 墨菲在杜威的知識論裡找到了客觀相對主義的根源，他認為杜威實用社會知識論中的相對主義將客觀性和相對性統一起來，消除了傳統知識論中一元論與二元論的衝突。我們知道，杜威在其知識論裡強調了客觀性的成分，他認為，知覺中所包含的相對事件實際上是自然界和外在世界的客觀事實，有機體之間的相互作用也是在自然條件下實現的，我們所經驗到的事物也是自然中存在的事物，對於杜威的這些理論，墨菲表示了認同。然而他指出，需要淨化杜威情境主義中的客觀相對主義，所謂的淨化就是要把杜威實用社會知識論中的客觀相對主義與杜威所強調的後果的理論區分開來。同樣的，斯特芬 .C. 佩普爾也大力宣揚杜威的情境主義理論。他強調，認識與倫理選擇、審美評價具有很多相似的地方，認識與廣義的境況相互聯繫，認識所指向的實在，是鮮活的歷史事件，這些實在都具有各自開放的特徵。佩普爾宣稱，真理是工具式結構的產物，他承認或許存在著完全確定的事實，但他又否認這些有可能存在著的確定事實能夠證實認識。在經驗論問題上，佩普爾和杜威一樣，也是個徹底的經驗主義者，他主張要依據經驗的證據對範疇加以檢驗。J. 魯溫伯格遵循杜威情境主義路線，他認為，知識論中所使用的感覺資料不能視為認識的真正起點，因為這些感覺資料不是「前分析的」，它們只是「後分析的」資料，換言之，這些資料不是在分析開始時就存在的，而只是在分析結束的時候發現的。路易斯 .E. 漢恩則依

據杜威的情境主義理論，創立了有關知覺的一系列學說，他反對把知覺建立在感覺資料基礎上的觀點。漢恩認為，知覺具有實踐的基礎和審美的基礎，而基本的實在則是那種具有特定模式的事件和認識標準操作的客體。A.F. 本特雷對杜威的情境主義作了大量的研究，他和杜威一致，強調了認識的行為主義和生物學上的相互作用。

　　總體而言，以上這些人都秉承杜威實用社會知識論的基本精神，為杜威實用社會知識論的進一步發展和推廣做出了很大的貢獻。

英文參考文獻

1.John Dewey. The Quest for Certainty：a study of the relation of knowledge and action，New York： Minton，Baich & Company，1929.

2.John Dewey. Experience and Nature，Chicago ：London Open Court Publishing company，1926.

3.John Dewey. How we think，Published in Canada by General Publishing Company，1997.

4.John Dewey. The influence of Darwin on Philosophy ：and other essays in Contemporary thought，New York： H： Holt and Co，1910.

5.John Dewey. Reconstruction in Philosophy，2005 年。

6.John Dewey. Art as Experience，New York： London ：Minton，Balch & Company ：G. Allen & Unwin Ltd，1934.

7.John Dewey. Individualism ：Old and New，London ：G. Allen & Unwin Ltd，1931.

8.John Dewey. Liberalism and Social action，New York ：G. P. Putnam，1935.

9.John Dewey. A common Faith，New Haven ：Yale University Press，1934.

10.John Dewey. Philosophy and Civilization，New York ：Minton. Balch & Company，1931.

11.John Dewey. Human nature and Conduct ：an Introduction to Social Psychology，New York ：H ：Holt and Company，1922.

12.John Dewey. German Philosophy and Politics，New York ：H ：Holt and company，1915.

13.John Dewey. Knowing and the Known，Boston ：Beacon Press，1960.

14.John Dewey. Freedom and Culture，New York ：G . P . Putnam』s Sons，1939.

15.John Dewey. Logic ：The Theory of Inquiry，New York ：H ：Holt and Company，1938.

16.John Dewey. Theory of the Moral life，New York：N. Y：Irvington Publishers，1996. c. 1960.

17.John Dewey. The later Works，CarlDondale：Southern Illinois Univ. Pr：1985—1988.

18.John Dewey. Outlines of a Critical theory of ethics，New York；Greet Wood Press，1969.

19.John Dewey. Principles of instrumental Logic ：John Dewey 』 s Lectures in ethics and Political ethics 1895—1896 / edited by Donald F. Koch，Carbondate，Il ：Southern Illinois University Press，1998.

20.John Dewey. The school and Society，Bristol ：Thoemmes Press，2002.

21.John Dewey. Democracy and Education on introduction to the Philosophy of education，Bristol ：Thoemmes Press，2002.

22.John Dewey. The moral writing of John Dewey ：Amherst. N. Y ：Prometheus Books，1994.

23.Hook Sidney. John Dewey ：an intellectual portrait，Amherst. N. Y：Prometheus Books，1995.

24.Michael V Belok. The philosophy of John Dewey，Meerut ：Anu Books，2001.

25.Shook John R. Dewey』 s empirical theory of Knowledge and reality. Nashville ：Vanderbilt University Press，2002.

26.W V Quine. Ontological relativity and other essays，New York：Columbia University Press，1969.

27.Paul K. Moser，Dwayne H. Mulder，J. D. Trout. The Theory of Knowledge，New York，Oxford university Press，1998.

28.H. S. Thayer. Pragmatism ：The Classic Writings，Hackett Publishing company Indianapolis / Cambridge，1970.

29.William J. Gavin. In Dewey 』 s Wake ：Unfinished Work of Pragmatic Reconstruction，State University of New York Press，2002.

30.Sandra B. Rosenthal，CarlR. Hausman，Douglas R. Anderson. Classical American Pragmatism，University of Illinois Press Urbana and Chicago，1999.

31.Robert B. Westbrook. John Dewey and American Democracy，Cornell University Press，1991.

32.Joseph Margolis. Reinventing Pragmatism——American Philosophy at the End of Twentieth

Century，Cornell University Press，2002.

33.John R. Shook. Dewey 』 s Empirical Theory of Knowledge and Reality，Vanderbilt University Press， 2000.

34.Philip W. Jackson. John Dewey and the Philosopher』s Task，Teachers College Press，2002.

35.F. Thomas Burke. Dewey 』 s Logical Theory，Vanderbilt University Press，2002.

36.Thomas C. Dalton. Becoming John Dewey，Indiana University Press，2002.

37.Terry Hoy. Toward a Naturalistic Political Theory： Aristotle，Hume，Dewey，Evolutionary Biology ，and Deep Ecology，Praeger Westport，Connecticut London，2000.

38.Victor Kestenbaum. John Dewey and the Transcendent， The University of Chicago Press， 2002.

39.Donald F. Koch. Principles of Instrumental Logic： John Dewey』 s Lectures in Ethics and Political Ethics，1895—1896，Southern Rlinois University Press，1984.

40.Michael Eldridge. Transforming Experience： John Dewey』 s Cultural Instrumentalism，Vanderbilt University Press，1998.

41.William Rehg and James Bohman. Pluralism and the Pragmatic Turn，The MIT Press，2001.

8.2 實用主義的興盛、衰落與新實用主義的崛起

8.2.1 實用主義的興盛與衰落

從美國實用主義哲學的發展史來看，實用主義哲學開始於皮爾士，詹姆士使實用主義達到了成熟，而杜威則將實用主義推致到頂峰，他系統深入地論述了實用主義思想，將實用主義應用到了眾多的領域，推廣到了全社會。例如，杜威將實用主義應用到了教育、道德、政治、藝術等領域之中，使得實用主義在美國各領域中獲得了較高的聲譽，以致於實用主義成了美國文化的代名詞，杜威對實用主義的這一切成就可謂是功不可沒。

作為實用主義哲學的極大成者，杜威秉承皮爾士、詹姆士實用主義的基本論點，同時又對二人的實用主義理論作了種種補充和完善，由此構建起了實用主義系統化的理論框架，將實用主義發揮到了極致。杜威在把實用主義推向頂峰的時候，他也為古典實用主義的發展劃上了句號。

從 19 世紀末到上個世紀 30 年代，實用主義輝煌了 30 年，在這 30 年裡，儘管實用主義沒有占據美國主要的哲學舞臺，因為就算在實用主義興盛之日，舊式的唯心主義與新式的自然主義仍然控制著美國主要大學哲學系。但是，實用主義仍然是那一階段中充滿活力、具有美國特色、受人關注的哲學派別。杜威去世後，雖然實用主義的基本立場仍被保存，但分析哲學運動已取代它而成為美國主流哲學，實用主義走向了蕭條和衰落。實際上，此現像在杜威晚年時便已開始出現。杜威之後實用主義走向衰落的原因主要有以下兩個方面：

第一、實用主義的衰落與其自身哲學特點密切相連。因為實用主義強烈反對哲學專業化，他們認為，哲學專業化的結果會使得哲學遠離現實的社會生活，產生異化，於是「反對將哲學的反思本身作為哲學的對象，反對將邏輯提升到生活之上，反對將形式的探討與內容分開。」[1] 很顯然，實用主義的這一傾向與當時美國哲學的主流是有些格格不入的。而二戰後的一個時期正是哲學的專業化時期，在這一時期，哲學並沒有表現出像前一階段那樣，即哲學與神學等其它社會科學結盟。相反，而是與數學和自然科學等緊密聯繫，精確化和系統化成為哲學追求的一大傾向。如此一來，實用主義就很難融入到哲學主流中，很難進入到主流的學術界中。另外，杜威去世後，實用主義接班人也寥寥無幾，很難擔當實用主義繼續發展的重任。詹姆士的學生培裡對實用主義的發展做出了重要的貢獻，但是他熱衷於「新實在論」的主張，成為了該流派的主要代表人物。胡克是杜威的學生，但他的興趣又主要不在實用主義理論，而是運用實用主義理論去探討社會哲學，探討馬克思主義，以上這些方面不利於實用主義的發展，所以導致實用主義日益走向衰落了。

第二、實用主義的衰落與時代的科學發展水平有著密切的關聯。從一般意義上來看，實用主義哲學建立在 19 世紀達爾文進化論基礎之上，它詮釋問題往往以達爾文生物學、心理學等經驗自然科學為據，並採取宏觀視界探討哲學問題，而對現代數學、物理學等自然科學相對重視不夠！與此同時，二戰後，一些歐洲的科學家，如卡爾納普、塔斯基等人，他們紛紛移居美國，這些哲學家們往往從物理學、數學背景來闡釋問題，注重符號邏輯、語言結

構的分析，在這種方式影響之下，嚴格、精確的特點開始成為哲學的精神。很快地，以邏輯實證主義為代表的分析哲學便牢牢地控制了美國各主要大學的哲學繫，影響到了新的一代年輕人。相反，實用主義哲學在他們的眼裡便成了模糊的、頭腦不清的哲學。再加上古典實用主義哲學家們關心的主要不是理論系統構造的精深問題，而是現實的實際問題，他們哲學的目的在於應用獨特理智去解決社會問題，改造世界，這種典範和當時的美國哲學主流區別很大。在上述所言的這些因素的影響之下，實用主義便走向衰落了。

8.2.2 新實用主義的崛起

實用主義衰落後，並沒有銷聲匿跡，它一直頑強地存在著。近些年來，實用主義在某種程度上實現了一定的復興，人們稱之為新實用主義運動。上個世紀 70 年代後期，以羅蒂、奎因、普特南等人為代表的新實用主義開始登上了哲學舞臺，引起了人們的普遍關注。這種復興並不是說新實用主義像皮爾士到杜威那個階段那麼昌盛，更不能說它支配了美國哲學界，但它已經不是像邏輯實證主義佔有絕對優勢時那樣沉寂或者成為否定性的東西。新實用主義復興的過程主要是，新實用主義哲學家們都不同程度地放棄了分析哲學而歸入到實用主義門下，其中，儘管一些美國哲學家們不是很樂意接受人們以實用主義稱呼其哲學，在他們那裡，他們更情願把自己稱為其他的主義。值得一提的是，這場實用主義的復興並不僅僅侷限於哲學界，在文學批判、政治學以及神學等領域，也出現了復活實用主義的思潮。除哲學以外其它領域的代表人物有：F. 蘭特瑞恰、W. 沙利文、D. 沙林、S. 菲什、S. 沃林、M. 沃爾茲、B. 巴伯以及 J. 斯托特等一批思想家。

新實用主義崛起的原因有多種解釋。實用主義思想家 J.E. 史密斯（John. E.Srnth）說了三點：

第一、行動的性質以及它與思維和認知的關係成為人們所關注的主要問題。政治理論家們和社會科學家們在政策的決策以及社會工程方案的選擇方面注重於行動；生物醫學倫理學、生態學等等也注重行動的性質，而知識、信念和行動的關係歷來是所有實用主義者所關注的焦點。

第二、在對現代科技文化的眾多批判中，自然科學和人文價值的關係受到人們特別的重視。而這個問題不論是詹姆士還是杜威都曾有過大量的論述。他們（特別是杜威）已經預言，科學世界觀改變人們傳統的道德、宗教觀念和價值但並沒有清楚地告訴人們應以什麼樣的價值來取代它們。

第三、實用主義對於經驗的改造，使它和當代存在主義、現象學等密切相關，從而獲得一種現代感。

[2] 羅蒂的學生 C. 維斯特對實用主義復興的原因這樣描述道：「傳統哲學的形象受到廣泛的懷疑。人們不再將它看作是一種先驗的探究模式，一種為大寫的真、善、美提供基礎的理性法官。第二，哲學的先驗概念受到懷疑，這導致人們熱衷於探究知識與權力，認識與控制、話語與政治之間關係。第三，對於權力（power）的關注使人道主義的研究返回到人類歷史的最初要素，這就是在各個領域中表現出來的人類力量。維斯特認為，這些基本的條件為實用主義的復興奠定了基礎。因此，實用主義對以知識論為中心的哲學的否定，對人類權力的強調以及根據宗教或倫理理念來改變社會等級的做法在一個後現代社會中引起了人們廣泛的興趣。」[3] 另一位新實用主義者伯恩斯坦則這樣認為：「怎麼說明實用主義復興的原因？為什麼一在這個時刻一會存在如此強大的生命力和豐富內容，令實用主義傳統得以復原並獲得新的激勵力量？……這些問題的部分答案與最近的現代 / 後現代之爭有關。」對於實用主義復興，不論是哪種解釋，這一現象只能說明實用主義成為一支強大的力量，正在影響著當今美國哲學界。對此，學者陳亞軍這樣評論道：「實用主義的聲音在美國的各個學術領域乃至思想領域正在成為強勢的聲音，實用主義的思維方式在美國各人文學科正在成普遍的思維方式。這是實用主義復活的真正標誌，因為只有當實用主義走出了哲學家的象牙之塔，真正對社會生活產生巨大的影響時，傳統實用主義的理想才能說真正得到了實現，實用主義的復活才真正成為現實。」[4]

美國新實用主義的崛起是在分析哲學的土壤中發生的，這些新實用主義者中大多數人具有分析哲學訓練的背景。羅蒂是新實用主義思潮中的主要力量，被視為是新實用主義最重要的代表人物，其著作《哲學與自然之鏡》被

人們稱為是新實用主義的經典之作。另一位代表人物是普特南，羅蒂把普特南稱為「最重要的當代實用主義者」，普特南在語言哲學、科學哲學、心靈哲學乃至數理邏輯方面都作過重要的貢獻。理查德 . 伯恩斯坦也是新實用主義運動中受人關注的人物，雖然他致力於論述實用主義理論，但主要把精力投入到關注社會政臺層面的實用主義分析。最後一個新實用主義的代表人物是考耐爾 . 維斯特（Cornel West），他是羅蒂的學生，其哲學特點是把實用主義精神具體化，他主張實用主義學說的政治倫理意義。

除上述新實用主義人物之外，還有奎因、戴維森等人與新實用主義思潮密切相連。雖然奎因拒絕使用實用主義這個名稱，並在很多方面與實用主義格格不入，而且其哲學也沒有擺脫過分析哲學的語言。但是，奎因受實用主義的影響很大，例如，在前面本書中所論及到的，他受皮爾士、杜威的影響很大，因此，可以說他為實用主義的復興創造了條件。相應地，戴維森也被視為是新實用主義的另一同盟者，他主要從分析哲學的角度來闡述實用主義主張。羅蒂高度評價了戴維森，他說：「我把戴維森看作是當代分析哲學家中整體論派與實用主義派的最高發展。」[5]

從歷史階段上說，新實用主義的發展可以分為兩個時期：第一個時期是上個世紀80年代，早期的羅蒂、普特南、奎因、戴維森致力於修正分析哲學，他們借用實用主義哲學來修正分析哲學，可以說這一階段是對分析哲學的補充，所論述的議題也主要是在哲學領域內展開，內容涉及到語言的意義、指稱、合理性、真理、實在論等分析哲學所關心的問題。第二個時期是羅蒂從分析哲學轉向實用主義，進而關注社會文化批評這一時期，與此同時，普特南也將哲學與日常生活相聯繫，他關注倫理、政治議題。實用主義的復興不只是在哲學領域，同時還蔓延到其它的學術領域或思想領域中，新實用主義思潮在美國逐漸成為一股強大的思潮。

8.2.3 總結：新實用主義對杜威實用社會知識論的繼承與發展

總體而言，在新實用主義復興古典實用主義的這股思潮中，作為美國古典實用主義的集大成者——杜威獲得了他們的關注，新實用主義者羅蒂、奎因、普特南、塞拉斯、戴維森、伯恩斯坦等人皆從杜威實用社會知識論中吸

取養分，來構建自己的哲學思想。透過新實用主義對美國古典實用主義的關注與重視這個視域，杜威哲學重新登上了美國哲學的舞臺，在許多重大問題上產生著廣泛的影響。

20 世紀 70 年代復興的杜威實用主義主要表現出一種實用主義和分析哲學相結合的哲學方向，這其中，杜威實用社會知識論對分析哲學的影響是這場實用主義復興思潮中一個重要的問題，即其對分析哲學主體產生了重要的影響，例如奎因、古德曼、塞拉斯、戴維森、普特南等人將杜威實用社會知識論的某些觀點與分析哲學相結合，使得其分析哲學呈現出了實用主義化的傾向；而羅蒂、伯恩斯坦等人則將杜威實用社會知識論的某些觀點與歐洲大陸某些哲學流派（主要是後現代主義）結合到一起，使得其實用主義呈現出了後現代主義的傾向。進一步說，在新實用主義思潮的形成和發展中，所形成的分析哲學實用主義化研究方向（奎因、塞拉斯、古德曼、戴維森、普特南等人）和實用主義後現代化研究方向（羅蒂、伯恩斯坦、哈貝馬斯等人）都與杜威實用社會知識論有著密切的關聯。

一方面，在將杜威實用社會知識論與歐洲大陸哲學相結合的研究方面，羅蒂、伯恩斯坦等人成為這一方向的主要代表。羅蒂宣稱應建立一種知識論行為主義和整體性的知識論。他提倡的這種新知識論建立在反傳統形而上學二元論基礎之上，主張行動先於認識，實踐先於理論，一旦取消傳統知識論，那麼哲學就要重新改寫了，哲學成為一種後哲學，這種後哲學是一種無基礎的、無本質的、無中）的多元的文化。當然，一旦系統哲學被拋棄後，新的哲學就接近於解釋學的東西，它是治療性的、對話性的、反諷性的、遊戲性的、隨機性的、協同性的，它不再具有任何霸權和權威，而只是參與文化對話的一種話語，它的功能在於使人幸福，發現真理，如此一來，哲學改造就實現了，哲學轉變為一種類似於文化批判的東西。

羅蒂所倡導的後哲學是在對傳統知識論問題的分析解構中完成的，正是從知識論問題出發，羅蒂一步步地建構起了自己的哲學思想，可以說知識論問題的探討是羅蒂哲學的出發點和根本問題。羅蒂在構建其理論框架的時候，深深受到杜威實用社會知識論的影響，從本書我們對羅蒂知識論所作的大致

介紹中，不難發現，羅蒂對哲學的改造和杜威對哲學的改造是一脈相傳的，在很多時候他樂於以杜威的某些理論作為自己的哲學原點來建構自己的哲學體系，「杜威是我最為敬仰的哲學家，也是我最願意成為其弟子的哲學家。杜威是美國實用主義的奠基人之一，它是一位花了 60 年時間試圖使我們擺脫柏拉圖和康德束縛的哲學家。」[6] 不僅如此，羅蒂所提倡的知識論行為主義、整體性的知識論以及種族中；論思想等等與杜威實用社會知識論基本主張趨於一致，正是基於這點，他把杜威稱為英雄，稱自己為「杜威主義者」。進一步說，杜威實用社會知識論所強調的行為、效果、社會性等觀念影響到了羅蒂。在杜威實用社會知識論思想的啟發下，羅蒂提出了自己的知識論主張，其哲學中所包含著的濃郁的批判精神以及實用主義色彩正是杜威實用社會知識論所倡導的。雖然羅蒂衣缽於杜威實用社會知識論基本路線，但其哲學似乎比杜威走得更遠，杜威僅僅透過改造知識論來達到改造哲學的目的，杜威並沒有否定傳統知識論，而羅蒂則主張取消傳統知識論，將哲學導向後哲學形式。如果說杜威實用社會知識論中所表現出的相對主義是一種溫和相對主義，那麼，羅蒂則是一種極端相對主義。當然，羅蒂的新實用主義思想並非杜威思想的翻版，因為不同時代背景下的學術思想必然使得二者有所不同，對此，我們應該加以區分。

另一方面，在將杜威實用社會知識論的某些觀點與分析哲學相結合的研究方面，奎因、普特南、戴維森等人成為這一方向的主要代表。本書在前面論述到，除羅蒂深受杜威實用社會知識論的影響之外，奎因、普特南等人也不同程度地受到了杜威實用社會知識論的影響。其中，奎因哲學中杜威的影子較多，奎因所倡導的自然主義認識論和行為主義語義學等理論的形成與杜威實用社會知識論有著密切的關連。具體而言，杜威實用社會知識論中所包含的自然主義和行為主義傾向對奎因影響很大，藉此，他將杜威知識論中的自然主義、實用主義或者工具主義、社會實踐性、不確定性等觀點運用到其認識論的眾多方面，形成了自然主義認識論，其行為主義的意義理論、語言學習理論、翻譯的不確定性思想等等都體現了杜威知識觀的基本原則和精神，深化和發展了杜威實用社會知識論，顯然，這和杜威實用社會知識論是一脈相傳的。但是我們也應看到，奎因在繼承和發展杜威思想的同時，其自然主

義和杜威的自然主義也有很大的區別，如果從對待科學的態度來說，那就是奎因自然主義的程度也許要比杜威自然主義深得多，例如，在其自然主義認識論思想中，認識論已經被自然化了，此時知識論包含於科學中，哲學也同化於科學之中了。而杜威的經驗自然主義則不是這樣的，雖然他重視科學，儘管其自然主義內涵著很多科學的因素，但是他是從工具主義的角度上來重視科學的，即將科學作為一種工具來證明自己學說的有效性與合理性。正是基於杜威從工具主義的維度來理解科學，因而使得其與奎因的自然主義有了很大的不同。換言之，正因為杜威從工具主義維度上來對待科學，因而使得科學並沒有取代知識論的哲學優先地位，它依然從屬於知識論哲學，哲學的地位依然是第一位的。而奎因自然主義對科學的重視則是到了崇拜的程度，也就是本體論意義上的科學主義了，上述所言乃是二者的差異之處。

同樣的，這一方向的另一代表人物普特南的哲學中也包含著杜威的很多影子。杜威不僅在批判和拒斥傳統形而上學二元論方面對普特南產生了重要的影響，在真理觀方面也對普特南的影響很大。普特南後期在真理觀問題上所提出的真理概念指的是一種「理想化的合理的可接受性」，即合理的可接受性的一種理想化，這一理念是從經驗的層面上說的，其中蘊含著工具主義和社會實踐性的烙印，區別於傳統真理觀中的先驗真理，與杜威的「有保證的可斷定性」有著一定的共同之處，也是對杜威工具主義真理觀的一種發展和繼承。不過，儘管普特南繼承了杜威反二元論的批判精神，但同時對杜威的功能主義作了某種程度的修正和補充。在杜威那裡，由於應用科學及其方法來建構知識論，雖然他是從工具主義立場來探討科學及其方法，但是也表現出對科學及其方法的推崇，在這種思路下，杜威會將科學及其方法演化為一種權威性的象徵，普特南關注到了這一現象，在他看來，不能完全把實用性視為合理性構想的根據。為此，他對杜威的這一思想提出了自己不同的看法。

綜上所述，在反二元論、反基礎主義、反本質主義方面，上述所言的這些新實用主義者們繼承了杜威的批判精神，無論是羅蒂，還是奎因、普特南、戴維森等人，都以杜威為楷模，並從各自不同的角度批判了形形色色的二元論、本質主義和基礎主義。在堅持實用主義、工具主義、自然主義和行為主

義的理論中，新實用主義者們繼續推進杜威的路線，把認識看作是一個自然統一的關係性存在的過程，並從工具主義以踐性方面知識論。在對重學方的思上，這些新實用主義者們也表示了某種程度的肯定。在真理觀上，他們都對杜威工具主義真理觀建立的運思前提——對傳統二元論的否定與批判表示了贊同，這一點尤其體現在羅蒂和奎因身上。由此出發，他們與杜威所做的工作相似，從經驗的層面來認識真理，反對超驗或者先驗的真理觀，以及真理符合理論，而後或多或少地將杜威的工具主義運用於自己的真理觀上，無論是羅蒂的「種族中心論」、普特南的「理想化的合理的可接受性」，還是奎因的證據理論，都包含著工具主義的成分，都和杜威所提出的「有保證的可斷定性」有著一定的淵源。從以上意義上說，他們的真理觀乃是對杜威工具主義真理觀的繼承與發展。

總體而言，這些新實用主義者對杜威實用社會知識論的關注與研究，並不是放棄自己原有的思想與立場，而是立足於其各自的思想（例如後現代主義、分析哲學立場等）來實現與杜威思想的有機結合，將杜威某些思想吸取到自己的思想中。當然，在繼承和推進杜威實用社會知識論的同時，新實用主義者們分別從各自的角度修正和補充了杜威的知識論，促進了杜威實用社會知識論在現時代的發展和創新，使杜威實用社會知識論在現時代重新獲得了生命力。

註釋

[1] John.E.Smith.Purpose&Thought.The University of Chicago Press，1978，p.9—10.

[2] C.West.American Evasion of Philosophy.Wisconsin University Press，1989，p.3——4.

[3] 理查德 .J. 伯恩斯坦：「實用主義的復興」《學術思想評論》第一輯，遼寧大學出版社，1997 年，第 401 頁。

[4] 陳嘉明、江怡等著：《實在、心靈與信念——當代美國哲學概論》，人民出版社，2005 年，第 106 頁。

[5] 理查德 . 羅蒂：《哲學與自然之鏡》，李幼蒸譯，商務印書館，2003 年，第 462 頁。

[6] 羅蒂：《後形而上學希望——新實用主義社會、政治和法律哲學》，張國清譯，上海譯文出版社，2003 年，第 94 頁。

結語

　　上述論述構成了本書的主要內容，杜威從考察近代知識論問題出發，走向了近代知識論的反叛，他的這一思路與當代西方哲學發展脈絡是契合的，無論是維根斯坦還是海德格爾，都有著這樣的思路。其中，對傳統形而上學二元論的思考是杜威構建其實用社會知識論的關鍵之處。我們知道，對二元論的批判所導致的改造哲學意味著哲學自身的轉化和重建，它涉及到整個現代西方哲學的前提和出發點，或者說，它展現了西方哲學自身的當代變革與發展，而這樣的一種現代哲學變遷又在杜威實用社會知識論中獲得了淋漓盡致的體現，從這個意義上說，杜威實用社會知識論在現代哲學史上具有承前啟後的作用，其知識論不僅具有近代知識論的特徵，又有現代知識論的萌芽，它是近代哲學走向現代哲學發展過程中的產物和重要環節。

　　杜威實用社會知識論的魅力是在解構和重構傳統知識論的過程中體現出來的，所謂的重構也可以理解為超越，而要做到對傳統知識論的超越，首先就必須對傳統知識論展開批判，正是在批判傳統知識論的過程中，杜威形成了自己的哲學品格，以至於批判性成為杜威實用社會知識論的典型特徵。由批判傳統哲學開始，杜威開拓出了一種新的哲學視野：透過重建經驗概念和經驗方法，他使哲學能夠超越傳統知識論的前提，而在一種「前認識」或者「前反思」的生存論領域內探索重建的可能性。杜威提出的知識論體現了工具主義的色彩，它並沒有消解哲學的意義，而是讓哲學在現實生活中展開富有成效的思辨活動，讓哲學建立在生活的土壤之中，成為對生活本身，對事實本身的探究活動。正是基於這個原因，杜威並沒有讓自己的哲學活動侷限於純思辨領域，相反，他將知識論作為一種方法論應用到改造哲學、道德、教育、民主等領域中去，解決現實問題，為社會服務，為大眾服務，為普通人謀幸福。

　　杜威是怎麼說的，就是怎麼做的。在其漫長的一生中，我們可以發現杜威不是一位關閉在書齋之內的職業哲學家，相反，他積極投身到社會和政治事務中去。在美國經濟大蕭條期間，杜威建議胡佛救濟事業，可惜未能生效，

杜威對當時民主和共和兩黨的某些利益傾向深感失望，繼而與自由主義者組織「獨立政治行動同盟」（League for Independent Political Action），他被推選為首任主席。1929 年股市崩盤經濟動盪中，他與同盟諸人士醞釀成立第三黨，呼籲社會與政治改造。在羅斯福「新政」中，杜威贊成羅斯福領導之進步黨關於直接民選、創製權與婦女參政的政策，並為爭取婦女參政權演講，參加遊行示威！在美國處於 20 世紀最為艱難的歲月裡，他不僅是哲學家，「還是教育改革的先驅、政治黨派的組織者、政治家的顧問'爭取勞工、婦女權利、和平事業和民權鬥爭的戰士。……杜威一生的事業足以證明，在改造社會方面，哲學可以發揮卓有成效的作用，而這一切正是他的首要任務和責任。」[1] 作為一個有「反叛精神」的思想家，杜威敢於挑戰傳統和權威，對一切未經證實的事物和信仰表示質疑，並將這種挑戰付諸於實踐，這種勇氣令人欽佩，他對哲學前途命運和人類前途命運賦予了強烈的關懷精神，這種哲學品格和境界更令人感動，其哲學思想和精神值得人們的研究和學習。

從古典實用主義的發展歷程來看，杜威實用社會知識論源於詹姆士哲學，在很多方面，兩者的基本立場趨於一致，例如，二者都把認知視為一種在經驗中發揮引導作用的行為，認知的價值是工具性的，都把真理看作是可證實的判斷，意義是預期的經驗等等。然而，在繼承詹姆士哲學的時候，杜威實用社會知識論又表現出自己的特色，例如，在經驗問題上，杜威更多地強調經驗的客觀性和外在性，其知識論的主要傾向是生物學的，而不是心理學的。探究的理論所要闡明的主要問題是科學和常識，而不是宗教與形而上學的問題。相應地，對於證實問題來說，杜威更為重視社會的和公眾的反應，而不是個體自我的心理特徵，以上事例表明，杜威實用社會知識論和詹姆士哲學有著明顯的差別。

在我看來，杜威實用社會知識論表現出的兩個特徵應引起人們的重視。

第一、杜威實用社會知識論是一種工具主義知識論，具有後現代主義的視野。其基本特徵是：知識是實用性的，它由作為工具的概念所構成，其目的是使有問題的、疑惑的情境得到緩解，情境主義成為該知識論的背景性事件，該知識論可作為一種工具和方法應用到政治、文化、教育等領域，解決

現實問題，從這個意義上說，杜威的知識論已不僅僅具有本體論意義了，它更具有一種工具性的價值意義，此時知識須立足於現實、依附於現實才能獲得自身的價值，如此一來，以知識論為主的哲學就要重新改寫，一旦哲學成為一種工具和方法，它就不再具有任何權威，它是偶然的、無中心的、無基礎的。很顯然，杜威的這一思路具有後現代主義的某些特徵。正基於此，羅蒂將杜威的這一思路繼續發揚光大。一方面，羅蒂繼承了杜威反二元論、反本質主義、反基礎主義、反表象主義傾向，倡導知識論行為主義和整體性的知識論；另一方面，羅蒂宣稱取消傳統知識論，將哲學變為一種解釋學之類的東西，它是治療性的、對話性的、反諷性的、遊戲性的、隨機性的、協同性的，它不再具有任何霸權和權威，而只是參與文化對話的一種話語，其功能在於使人幸福，發現真理，這樣，哲學就轉變為一種類似於文化批判的東西，對此，學者蘇珊．哈克這樣評論道：「羅蒂對杜威拋棄了知識論傳統的做法不勝神往。但他的這種神往是勉強的，因為杜威注意『知性的自然化』，注意科學的研究方法代替『知識的旁觀者理論』（Dewey，1929，pp.195，196）；而羅蒂卻聲稱知識論不需要後繼者主體（successor subject）並且也絕不歡迎知識論向科學轉變，而是期望未來的後哲學成為一種文化流派或文學批評的風格。」[2] 從這不難發現，杜威實用社會知識論具有後現代主義的萌芽，顯然，這一點和現代哲學的發展方向是不謀而合的。

　　第二、杜威實用社會知識論是一種從工具主義立場出發的行為主義知識論，該知識論滲透著自然主義的意蘊，從某種意義上說，具有現代性的視野。其基本特徵是：杜威立足於工具主義維度，將認知視為是一種「探究」的過程，探究的過程就是行為的過程，它在本質上是實驗性的，該理論是在他自然主義思想的影響下形成的，換言之，正因為工具主義包含於杜威知識論裡，因而導致了其哲學上的自然主義。杜威相當推崇科學及其方法的重要性，他將科學方法模式引入到知識論的研究之中，使得哲學和科學結盟，對此，H.S.塞耶等人評價道：「在杜威看來，以傳統方式理解的真理與知識的意義已經變得值得懷疑了，這是近代科學革命性發展的結果，是源於科學的技術與近代工業主義的社會巨變的結果。因而，近代實驗科學的有效方法與程序自身就成了知識的可靠獲取與批判前進的典範——實驗探究的方法為一種新的知識

觀與真理觀提供了新的模型，並且確實為之提供了特有的條件與經驗辨明。」
[3] 因此，這種思路必然導致認知具有實驗和行為的性質，知識已不再是確定性的、靜止的知識，它變成了預言和控制自然之變化進程的實踐性事件。由於知識論以科學中的實驗方法（行為的方式）來建構，杜威的知識論被稱為「實驗性的認知理論」。很顯然，杜威實用社會知識論的這一特徵具有現代哲學的典型特徵，即凸顯出了自然主義的意蘊。我們知道，現代社會的發展與自然科學息息相關，自然科學已全方位地浸入到人類社會的每一個角落，面對時代的這一特徵，哲學作為時代精神的產物，作為人類活動的一種反思，不能忽視自然科學給人類所帶來的衝擊和挑戰，哲學應關注科學給人類帶來的這場根本性變革，哲學重視科學的時代特徵在杜威實用社會知識論中獲得了展現，杜威將自然科學與知識論研究結合起來，具有了現代性的視野，其知識論就一直貫穿著自然主義方法，正是他的這一視角，才導致了行為主義知識論的產生。杜威實用社會知識論的這一傾向得到了哲學家奎因等人的關注和響應，在杜威自然主義的影響下，奎因建構起了自然主義認識論和行為主義語義學等理論，毋庸置疑，杜威實用社會知識論的這一特徵值得人們的研究和重視。

　　杜威實用社會知識論在推動哲學發展的同時，它自身也表現出很多問題和侷限性，例如，杜威反對哲學專業化，主要依靠生物學和粗糙的邏輯來構建知識論，忽視符號邏輯和數學的基本特徵，杜威幾乎沒有在意過邏輯和數學的精確化和系統化特性，隨著社會的發展，他的這一構建模式就被時代所淘汰，其哲學只能讓位於以現代數學和物理學武裝起來的，以論證精緻、推理嚴格為特徵的邏輯實證主義了，從某種意義上說，正是杜威實用社會知識論構建方式的侷限性，才導致了其哲學的衰落。另外，杜威將自然主義引入到知識論的研究之中，特別是引入到二元論的批判之中，這一視角使得其知識論具有客觀相對主義的傾向，這是有價值的。然而，他的這一做法也並沒有解決問題。的確，人類的認識是自然的表現，但是這種認識是作為整體的自然還是自然中吸引我們興趣的那部分？在這個問題上，杜威的論證懸而未決。此外，杜威實用社會知識論注重未來，它是實驗性的，具有向前看而非向後看的傾向，這樣一來，杜威就難以依靠過去的和以往的事件來研究哲學。

　　上述事實表明，杜威實用社會知識論在促進現代知識論發展的同時，也呈現出了諸多問題。的確，歷史上任何一個哲學家、任何一個哲學體系似乎總是「有問題的」，隨著社會和歷史的變化，這種「問題」會越來越多，越來越「有問題」，正是這些「問題」觀念，才遭到人們的指責、批評，甚至是予以否定。實際上，從哲學發展的歷史來看，我們對哲學家及其思想的研究和解讀是一個歷史的過程，反映出當時歷史和時代的特色，時過境遷，一切理論都會呈現出各自的「問題」。另一方面，對哲學家思想的解讀和研究也是一個參與的過程，對話的過程，更是一個批判的過程，正是在這種對話與批判的過程中，哲學理論才煥發出新的生機和活力，也正是在這種溝通中，哲學才得以發展，哲學是無止盡的，哲學的魅力也正在於此。今天我們重讀杜威思想也是如此，從一定意義上說，杜威所主張的那些理論體系在現代視野裡，似乎已經過時，但是，杜威所提出的問題則永遠不會過時，正是在回答他所提出的這些問題上，新的哲學產生了。杜威重構知識論的思想僅僅是西方哲學發展史上的一個環節、一朵浪花，其知識論也會被其他哲學家繼續重構，哲學在不斷的重構中，哲學走向了未來。

註釋

[1] （美）H.S. 康馬傑：《美國精神》，南木等譯，光明日報出版社，1988 年版，第 146 頁。

[2] Nicholas Bunnin& 燕宏遠等：《當代英美哲學概論》（下冊），社會科學文獻出版社，2001 年，第 706 頁。

[3] 《杜威全集 . 中期著作（1899-1924）》第六卷（1910—1911）：王路等譯，華東師範大學出版社，2012 年，第 1 頁。

後記

　　從本書的主要內容看，關於知識論的問題，例如，知識是什麼？知識從哪裡獲得的？檢驗知識的標準又是什麼？知識向何處去？……這些問題在近現代西方哲學史上，是個仁者見仁、智者見智的問題，它沒有終極的答案，有的只是哲學家們在不同歷史時期對此問題的一種反思。面對這些知識論問題的紛爭，杜威也參與到了其中，與其他哲學家所不同的是，他並不試圖回答傳統知識論所提出的問題，因為在他看來，我們需要的不是「解決」這類問題，而是「超越」它們，這種超越意味著知識論問題上的實踐轉向，意味著他所提出的實用社會知識論是在一種「前認識」或者「前反思」的生存論領域內探討知識論及其基本問題的。杜威的這一思路貫穿著工具主義的原則，側重於認知以及知識的應用，因而使得其旨趣主要在於讓哲學回歸現實，建立在現實生活的情境狀態中，成為對生活本身、對現實本身的探究活動，如此一來，知識的價值從根本上說是實踐的，它不僅僅是解釋世界，更主要是改變世界。基於此，杜威並沒有讓自己的哲學活動侷限於純思辨領域，相反，他將哲學與道德、教育、政治等領域緊密聯繫，從而從實踐上去解決現實問題，為社會服務，為大眾服務，為普通人謀幸福。杜威的這一理念是有價值的，有意義的，正是在這個問題上，他獲得了新實用主義的認同。今天，當我們重讀杜威的時候，當我們反思杜威對知識論問題的反思時，也許杜威實用社會知識論的啟示正在於此。

國家圖書館出版品預行編目（CIP）資料

杜威實用社會知識論及其現代價值研究：基於新實用主義的視角
/ 劉寬紅 編著 . -- 第一版 . -- 臺北市：崧燁文化，2019.10
　　面；　公分
POD 版

ISBN 978-986-516-066-1(平裝)

1. 杜威 (Dewey, John, 1859-1952) 2. 學術思想 3. 實用主義

145.51　　　　　　　　　　　　　　　　　　108016865

書　　名：杜威實用社會知識論及其現代價值研究：基於新實用主義的視角
作　　者：劉寬紅 編著
發 行 人：黃振庭
出 版 者：崧燁文化事業有限公司
發 行 者：崧燁文化事業有限公司
E - m a i l：sonbookservice@gmail.com
粉 絲 頁：　　　　　網　址：
地　　址：台北市中正區重慶南路一段六十一號八樓 815 室
8F.-815, No.61, Sec. 1, Chongqing S. Rd., Zhongzheng
Dist., Taipei City 100, Taiwan (R.O.C.)
電　　話：(02)2370-3310 傳　真：(02) 2388-1990
總 經 銷：紅螞蟻圖書有限公司
地　　址：台北市內湖區舊宗路二段 121 巷 19 號
電　　話:02-2795-3656 傳真 :02-2795-4100　　網址：
印　　刷：京峯彩色印刷有限公司（京峰數位）

　　本書版權為千華駐科技出版有限公司所有授權崧博出版事業有限公司獨家發行
電子書及繁體書繁體字版。若有其他相關權利及授權需求請與本公司聯繫。

定　　價：550 元
發行日期：2019 年 10 月第一版
◎ 本書以 POD 印製發行